浙江省普通高校"十三五"新形态教材
电气工程、自动化专业规划教材

电气控制与 PLC 技术

钱 懿 主编

王培良 杜树新 副主编

电子工业出版社
Publishing House of Electronics Industry
北京·BEIJING

内 容 简 介

本书分为电器应用分类及继电器-接触器控制技术、三菱 FX 系列 PLC 及其应用技术、系统设计实例与实训指导三部分，全新梳理目前电气控制系统中常用的电气设备和低压电器，侧重电机基本控制电路的思考设计过程，并以 FX 系列 PLC 为例，介绍 PLC 基本知识、模拟量处理、通信技术、编程语言及其应用实例。

本书遵循工科专业实践应用性课程教学要求，内容切合实际工程应用的教学原则。内容组织上贴合应用需要，注重电气控制与 PLC 技术的衔接，PLC 技术部分侧重常用指令和工程应用举例。最后以先进物流装备领域的关键电气控制技术为例，结合初高级电工技能证培训考级的相关知识，从电气配盘接线技能出发，到新版本 PLC 软件的使用介绍，让学生更快地上手实践，并与企业岗位需求接轨。

本书留有笔记区域，将视频、动画以二维码的形式插在本书中，并配有习题和解答，既方便学生参与课程的线上、线下混合式教学活动，又方便学生自学梳理书中的重点和难点。

本书可以作为高等院校自动化、电气工程及其自动化、测控技术与仪器、机械工程及其自动化、机械电子工程等相关专业的教材或参考书，也可以作为相关技术人员的自学用书。

未经许可，不得以任何方式复制或抄袭本书之部分或全部内容。
版权所有，侵权必究。

图书在版编目（CIP）数据

电气控制与 PLC 技术／钱懿主编. —北京：电子工业出版社，2021.3
ISBN 978-7-121-40637-9

Ⅰ. ①电… Ⅱ. ①钱… Ⅲ. ①电气控制－高等学校－教材②PLC 技术－高等学校－教材　Ⅳ. ①TM571.2 ②TM571.6

中国版本图书馆 CIP 数据核字（2021）第 034510 号

责任编辑：孟　宇
印　　刷：北京盛通数码印刷有限公司
装　　订：北京盛通数码印刷有限公司
出版发行：电子工业出版社
　　　　　北京市海淀区万寿路 173 信箱　邮编：100036
开　　本：787×1092　1/16　印张：15.75　字数：302 千字
版　　次：2021 年 3 月第 1 版
印　　次：2025 年 3 月第 7 次印刷
定　　价：59.80 元

凡所购买电子工业出版社图书有缺损问题，请向购买书店调换。若书店售缺，请与本社发行部联系，联系及邮购电话：(010) 88254888，88258888。

质量投诉请发邮件至 zlts@phei.com.cn，盗版侵权举报请发邮件至 dbqq@phei.com.cn。
本书咨询联系方式：mengyu@phei.com.cn。

前　言

我国紧密围绕重点制造领域关键环节，开展新一代信息技术与制造装备融合的集成创新和工程应用。在这一发展过程中，电气控制与 PLC 技术作为当今装备控制领域的一块重要基石，在各个领域得到了越来越广泛的应用。

技术发展的需求注定了"电气控制与 PLC 技术"是电气工程、自动化类本科教学中一门理论与实践能力兼顾，注重培养学生掌握先进制造业领域中技术的课程。该课程突出实用性和先进性，培养具有"岗位胜任力"的工程技术人才。让毕业生能以更好的姿态投入先进制造业与"互联网+"相融合的技术发展浪潮中去。

此外，为了贯彻全国本科教育会议精神，深入推进浙江省高校教育信息化工作，促进"互联网+教育"背景下"十三五"高校教材的建设工作，编者利用互联网信息技术开展线上与线下教学结合的教材形态建设，充分发挥新形态教材在课堂教学改革和创新方面的作用，不断提高课程教学质量。

本书是以上述内容为宗旨编写的，不仅为了解决现有教材中知识陈旧、内容呆板不能激发学生对知识的创新应用能力，以及知识体系缺少与长三角地区物流装备制造业产业集群相适应的问题，还为了配合作者在"浙江省高等学校在线开放课程共享平台"上的精品课程——湖州学院"电气控制与 PLC 技术"的网上课堂教学。

传统的教材往往分为两个部分：电气控制部分和 PLC 技术部分。电气控制部分的电器分类的内容理论性太强，没有锻炼学生对电气控制设计选型的能力；电器举例说明已经与现有技术脱节；典型继电器接触器控制电路单一、原理描述类似，缺少不同变化的思考创新。PLC 技术部分缺少指令的梳理和编程实例对于指令介绍的支撑；缺少与长三角地区装备制造业产业集群相适应的应用案例引入。

本书针对上述问题和读者需求，具有以下创新点：①知识体系中插入具有线上课堂视频、音频、动画、作业的二维码，引入紧跟技术发展现状的智能电气知识；②采用问题导向式教学模式，将问题设置在章节前、章节中、章节后，利用问题反映重点和难点内容；③对电气控制电路和 PLC 编程电路采用填空式教学方法，针对不同电路选择不同原理的分析，从而提高电路设计的灵活性，激发学生的思考与创新；④以长三角地区装备制造业产业集群为切入点，将电气控制与 PLC 技术的实践、创新与该行业的技术人员岗位能力需求相结合，编写系统设计实例。

本书分为三部分。第 1 章与第 2 章为第一部分，本部分按照全新的结构归纳基础知识体系，在介绍继电器-接触器控制技术时，对部分电路进行类比和多种设计电路分析。第 2 章～第 8 章为第二部分，本部分依托学校 PLC 实验室，介绍三菱 FX 系列 PLC 及其应用技术，并将 PID 控制编程知识与特殊模块充分结合，使学生对生产中常用的特殊模块进行深入了解。第 9 章与第 10 章为第三部分，本部分从长三角地区装备制造业产业人才需求出发，介绍先进物流装备领域的典型应用案例，并通过电工技能知识的引入对最新编程软件操作进行梳理，同时介绍电气控制与 PLC 技术实际应用的注意事项。

全书由钱懿负责统稿，第一部分由钱懿、王培良编写，第二部分由钱懿、杜树新、蒋永峰编写，第三部分由钱懿、王培良、杜树新编写。

本书在编写过程中参考了已有电气控制与 PLC 方面的教材和资料，一并在书后的参考文献中列出，在此表示衷心感谢。鉴于作者的学识水平有限，书中不妥之处在所难免，希望同行专家与使用本书的教师及读者提出宝贵意见。

编者

2020.12

目 录

第1章 常用低压电器 ... 1

1.1 常用低压电器概述 ... 2
- 1.1.1 低压电器分类 ... 2
- 1.1.2 低压电器型号 ... 2
- 1.1.3 低压电器结构 ... 3

1.2 配电类低压电器 ... 8
- 1.2.1 刀开关 ... 8
- 1.2.2 低压断路器 ... 10

1.3 控制类低压电器 ... 12
- 1.3.1 接触器 ... 12
- 1.3.2 中间继电器 ... 15

1.4 主令电器 ... 17
- 1.4.1 按钮 ... 17
- 1.4.2 位置开关 ... 18
- 1.4.3 万能转换开关 ... 22

1.5 保护类低压电器 ... 23
- 1.5.1 熔断器 ... 23
- 1.5.2 热继电器 ... 24

1.6 检测类低压电器 ... 27
- 1.6.1 电压继电器 ... 27
- 1.6.2 电流继电器 ... 27
- 1.6.3 时间继电器 ... 28
- 1.6.4 速度继电器 ... 32
- 1.6.5 温度继电器 ... 33

1.6.6 液位继电器 33
1.7 智能电器 34
　　1.7.1 智能电器的定义与分类 34
　　1.7.2 智能电器的新技术 35
　　1.7.3 智能电器的举例 37
习题 1 39

第 2 章 电气控制基本电路 43

2.1 电气控制的基本知识 44
　　2.1.1 常用图形符号和文字符号 44
　　2.1.2 电气控制原理图 44
　　2.1.3 电器元件布置图 47
　　2.1.4 电气接线图 47
2.2 三相笼型异步电动机的点动控制与长动控制 48
　　2.2.1 低压电器的选择 49
　　2.2.2 单向全压点动控制 49
　　2.2.3 单向全压长动控制 50
　　2.2.4 点动和长动混合控制电路 50
2.3 三相笼型异步电动机的正反转控制 51
　　2.3.1 低压电器的选择 51
　　2.3.2 三相笼型异步电动机正-停-反控制电路 53
　　2.3.3 三相笼型异步电动机正-反-停控制电路 53
　　2.3.4 自动往返行程控制电路 54
2.4 多点控制和顺序控制 55
　　2.4.1 三点启停控制电路 55
　　2.4.2 顺序启动控制 55
　　2.4.3 电气控制系统中电流及电压的检测与保护 ... 59
2.5 三相异步电动机的降压启动 61
　　2.5.1 低压电器的选型 62
　　2.5.2 定子串电阻降压启动和定子接自耦变压器降压启动 ... 62
　　2.5.3 星-三角降压启动 65

  2.5.4 三相绕线式异步电动机的启动 67

2.6 三相异步电动机的制动控制 70
  2.6.1 反接制动控制电路 70
  2.6.2 能耗制动控制电路 73

2.7 三相异步电动机的有级调速控制 77
  2.7.1 三相笼型异步电动机的有级调速控制原理 77
  2.7.2 双速电动机控制电路 78

2.8 C650 卧式车床电气控制电路 80

习题 2 85

第 3 章 PLC 基本知识 86

3.1 PLC 的发展与应用 87
  3.1.1 PLC 的由来和定义 87
  3.1.2 PLC 的发展趋势与应用 88

3.2 PLC 的构成 90
  3.2.1 PLC 硬件 90
  3.2.2 PLC 软件 92
  3.2.3 PLC 的工作原理 94

3.3 FX 系列 PLC 的系统配置 95
  3.3.1 FX 系列 PLC 型号名称的含义 95
  3.3.2 FX_{2N} 系列 PLC 系统硬件配置 96
  3.3.3 FX_{2N} 系列 PLC 的安装及接线 96

3.4 FX_{2N} 系列 PLC 的编程元件 100
  3.4.1 输入继电器与输出继电器 100
  3.4.2 辅助继电器、状态继电器 101
  3.4.3 定时器 103
  3.4.4 计数器 104
  3.4.5 数据寄存器 106
  3.4.6 指针 107

习题 3 107

第 4 章　PLC 基本指令及梯形图编程 ········ 109

4.1　FX$_{2N}$ 系列 PLC 的基本指令 ········ 110
4.1.1　逻辑处理指令 ········ 110
4.1.2　逻辑功能指令 ········ 112
4.1.3　步进顺控指令 ········ 114

4.2　梯形图的编程规则要点 ········ 115
4.2.1　梯形图的编程规则 ········ 115
4.2.2　控制系统设计经验 ········ 116
4.2.3　梯形图编程的步骤 ········ 118

4.3　常用基本环节的编程 ········ 121
4.3.1　集中与分散控制电路 ········ 121
4.3.2　优先控制电路 ········ 122
4.3.3　比较控制电路 ········ 123

4.4　梯形图编程应用实例 ········ 123

习题 4 ········ 126

第 5 章　PLC 顺序功能图编程 ········ 128

5.1　顺序功能图编程基本思想及编程基本知识 ········ 129
5.1.1　顺序功能图编程基本思想 ········ 129
5.1.2　顺序功能图编程基本知识 ········ 130

5.2　顺序功能图的编程方法 ········ 132
5.2.1　顺序功能图的基本形式 ········ 132
5.2.2　顺序功能图的编程规则 ········ 133
5.2.3　常用的特殊辅助继电器 ········ 133

5.3　顺序功能图编程实例与经验设计方法 ········ 134
5.3.1　单流程编程实例 ········ 134
5.3.2　选择性流程编程实例 ········ 136
5.3.3　并行性流程编程实例 ········ 138

习题 5 ········ 139

第 6 章 常用功能指令及其编程应用 ... 142

6.1 功能指令的基本规则 ... 143
6.1.1 功能指令的表示 ... 143
6.1.2 指令的形态与执行形式 ... 144
6.1.3 位元件和字元件 ... 145
6.1.4 不同数据长度之间的传送 ... 145
6.1.5 变址寄存器 ... 146
6.1.6 操作数的形式 ... 146

6.2 常用功能指令及其编程举例 ... 147
6.2.1 程序流向控制指令 ... 147
6.2.2 数据比较指令 ... 153
6.2.3 数据转换指令 ... 154
6.2.4 算术运算指令 ... 155
6.2.5 逻辑运算指令 ... 157
6.2.6 数据处理指令 ... 158
6.2.7 其他常用功能指令 ... 158

6.3 功能指令编程实例 ... 162

习题 6 ... 164

第 7 章 FX 系列 PLC 模拟量处理 ... 166

7.1 模拟量处理模块基本知识 ... 167
7.1.1 基本性能指标 ... 167
7.1.2 转换接口 ... 168
7.1.3 模块安装位置与地址编号 ... 169

7.2 FX_{2N}-4AD 模拟量输入模块及编程设置 ... 170
7.2.1 输入与输出的关系及调整 ... 170
7.2.2 编程实例 ... 173

7.3 FX_{2N}-4DA 模拟量输出模块及编程设置 ... 174
7.3.1 输入与输出的关系与调整 ... 174
7.3.2 编程实例 ... 177

7.4 模拟量的闭环调节及 PID 指令应用 ·············· 178
    7.4.1 PID 调节的数学依据 ·············· 178
    7.4.2 PID 指令及应用要点 ·············· 179
    7.4.3 PID 指令应用举例 ·············· 182
习题 7 ·············· 184

第 8 章 FX 系列 PLC 通信技术 ·············· 185

8.1 FX 系列 PLC 通信基础 ·············· 186
    8.1.1 通信接口与传输介质 ·············· 186
    8.1.2 串行通信接口标准 ·············· 187
8.2 并行通信与 N:N 通信 ·············· 188
    8.2.1 并行通信 ·············· 188
    8.2.2 N:N 通信 ·············· 190
8.3 计算机连接与无协议通信 ·············· 195
    8.3.1 串行通信协议 ·············· 196
    8.3.2 RS 通信指令与无协议通信 ·············· 197
8.4 CC-Link 现场总线通信技术 ·············· 201
    8.4.1 CC-Link 的特点 ·············· 202
    8.4.2 CC-Link 网络连接设备 ·············· 202
习题 8 ·············· 205

第 9 章 常见物流设备电气控制系统实例 ·············· 206

9.1 货运电梯控制系统 ·············· 207
    9.1.1 低压继电器控制电路设计与分析 ·············· 207
    9.1.2 PLC 硬件接线及 I/O 口地址分配 ·············· 207
    9.1.3 梯形图编程 ·············· 208
9.2 分拣传送计数平台电气控制系统 ·············· 209
    9.2.1 分拣传送计数平台简介 ·············· 210
    9.2.2 控制要求分析 ·············· 210
    9.2.3 PLC 硬件接线及 I/O 口地址分配 ·············· 211
    9.2.4 程序设计 ·············· 212

9.3 立体车库控制系统 213
      9.3.1 车辆存取控制方案 214
      9.3.2 PLC 硬件接线及 I/O 口地址分配 214
      9.3.3 程序设计 215

第 10 章 实训指导 220

10.1 电气配电箱接线技能 221
   10.1.1 配电箱接线安装要求 221
   10.1.2 电气控制箱接线安装要求 221

10.2 使用 PLC 改造继电器-接触器控制电路的方法 224
   10.2.1 改造思路 224
   10.2.2 C650 车床主轴电动机控制电路改造 226

10.3 PLC 编程软件及使用 228
   10.3.1 GX Works 2 软件介绍与安装 228
   10.3.2 GX Works 2 的使用 228

参考文献 237

第1章

常用低压电器

本章主要介绍目前电气控制系统中常用的电气设备和低压电器。本章主要内容是电气控制系统基础，尤其是继电器-接触器控制系统基础。

通过学习本章内容，读者应掌握低压电器的结构、工作原理和符号，熟悉常用低压电器的型号，了解选用、安装及使用低压电器的原则。

【视频】
绪论

【任务】
通过网络课堂或学习之后的内容,为不同用途的低压电器找到符合其定义的电器产品。
1. 配电类:
___
___
___
2. 控制类:
___
___
___
3. 指令类:
___
___
___
4. 保护类:
___
___
___
5. 检测类:
___
___
___
6. 智能类:
___
___
___

1.1 常用低压电器概述

低压电器是指工作在交流额定电压 1200V 及以下和直流额定电压 1500V 及以下的电路中,对电能的生产、输送、分配和使用起控制、调节、检测、转换及保护作用的电气设备。低压电器种类繁多,无论是低压供电系统还是电力拖动控制系统,都是由用途不同的各类低压电器组成的。

1.1.1 低压电器分类

低压电器种类很多,从功能、用途、构造和工作原理等方面均可以对其进行不同的分类。但对于低压电器的使用初学者来说,了解低压电器的用途更重要。

(1) 配电类低压电器:具有较强的分合能力,限流效果好,动稳定和热稳定性能优良,用于电力配电系统实现电能输送和分配。部分产品兼有保护类低压电器的功能。

(2) 控制类低压电器:具有一定的通断负载能力,可通过某种动作,产生信号传递,用于控制电路和系统电力。

(3) 指令类低压电器:具有更好的防护性能,频繁接收直接的激励作用,用于控制电路和系统(一般指控制电路)发出控制指令。

(4) 保护类低压电器:具有正常状态下稳定维持电力输送或信号传输,且能在发生特定故障时保护主控电路或用电设备的能力。

(5) 检测类低压电器:具有将电量(电压、电流)或非电量(如转速、时间、温度、压力、水位)的变化转换为控制信号,接通或断开控制电路的能力。

(6) 智能类低压电器:具备可通信联(组)网,进行远距离控制或传递数据的能力。

此外,对于各类电动机、指示灯及蜂鸣器等电器控制系统中的执行对象,本章不展开介绍。

1.1.2 低压电器型号

我国编制的低压电器产品型号适用于 12 类产品:刀开关和转换开关、熔断器、断路器、控制器、接触器、启动器、控制继电器、主令电器、电阻器、变阻器、调整器、电磁铁。

低压电器产品型号的组成形式及含义如下。

①②③-④⑤/⑥⑦

①：类组代号（用英文字母表示，最多可以有 3 个英文字母，见表 1-1）。

②：设计代号（用数字表示，位数不限，其中两位及两位以上的首位数字为"9"表示船用，"8"表示防爆用，"7"表示纺织用，"6"表示农业用，"5"表示化工用）。

③：特殊派生代号（用汉语拼音字母表示，表示全系列在特殊情况下变化的特征，一般不用）。

④：基本规格代号（用数字表示，位数不限）。

⑤：通用派生代号（用汉语拼音字母表示，见表 1-2）。

⑥：辅助规格代号（用数字表示，位数不限）。

⑦：特殊环境条件派生代号（用汉语拼音字母表示，见表 1-3）。

【资料】：
GB/T 20939—2007 电气技术中的文字符号制订通则。

【任务】
根据表 1.1 查找资料，找到每种低压电器的型号代码。

1.1.3 低压电器结构

利用电磁机构可将电能转化为机械能，从而低压电器通断电路的方式在低压电器中应用广泛，我们通常将电磁式电器的结构作为低压电器结构的典型代表，其结构主要由电磁机构和触点系统两部分组成。

1. 电磁机构

电磁机构通常采用电磁铁的形式，由吸引线圈、铁芯和衔铁三部分组成。电磁机构在吸引线圈内通入一定电流，进而产生足够大的磁场并吸引衔铁向铁芯运动，衔铁带动可动的触点朝静止的触点运动，通过不同的接触形式，实现电路的接通。常见电磁机构的结构如图 1-1 所示。通常电磁机构的结构不同，导致衔铁与铁芯的接触效果不同，故不同结构适用于不同的电流导通环境，具体如下。

【任务】
电磁机构的吸力特性和反力特性分别是什么？

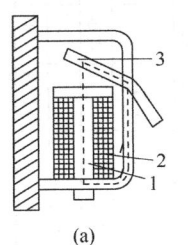 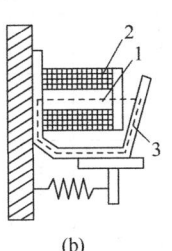 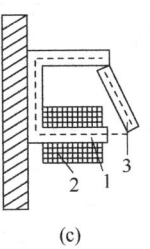 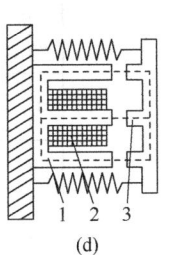

图 1-1　常见电磁机构的结构

1—铁芯；2—吸引线圈；3—衔铁

表 1-1 低压电器产品型号表组代号表

代号	名称	A	B	C	D	G	H	J	K	L	M	P	Q	R	S	T	U	W	X	Y	Z
H	刀开关和转换开关				刀开关		封闭式负荷开关		开启式负荷开关					熔断器式刀开关	刀形转换开关						组合开关
R	熔断器			插入式			汇流排式			螺旋式	密闭管式					有填料管式			限流	其他	塑料外壳式
D	断路器		板形元件			鼓形				照明	灭磁	平面			快速			框架式	限流	其他	
K	控制器		悬臂式			高压		交流								凸轮				其他	
C	接触器							减压				中频			时间					其他	
Q	启动器	按钮式		磁力						电流					手动		油浸		星-三角	其他	综合
J	控制继电器								主令控制器					热	时间	通用		温度		其他	中间
L	主令电器	按钮													主令开关	足踏开关	旋钮	万能转换开关	行程开关	其他	
Z	电阻器		板形元件	冲片元件		管形元件									烧结元件	铸铁元件			电阻器	其他	
B	变阻器		悬臂式						励磁		频敏		启动		石墨	启动调速	油浸	液体启动	滑线式	其他	
T	调整器			电压									牵引								
M	电磁铁		保护器							铃								起薰			制动
A	其他			插销	灯		接线盒														

表 1-2 通用派生代号表

派生字母	意义
A、B、C、D 等	结构设计稍有改进或变化
J	交流、防溅式
Z	直流、自动复位、防震、重任务
W	无灭弧装置
N	可逆
S	有锁住机构、手动复位、防水式、三相、三个电源、双线圈
P	电磁复位、防滴式、单相、两个电源、电压
K	开启式
H	保护式、带缓冲装置
N	密封式、灭磁
Q	防尘式、手牵式
L	电流式
F	高返回、带分励脱扣

表 1-3 特殊环境条件派生代号表

派生字母	说明	备注
T	按湿热带临时措施制造	
TH	湿热带	
TA	干热带	此项派生代号加注在产品全型号后
G	高原	
H	船用	
Y	代工防腐用	

(1) 拍合式：如图 1-1(a)、图 1-1(b)、图 1-1(c)所示，其衔铁的棱角转动磨损较小，铁芯一般用电工软铁支撑，体积小巧，吸力较小，接触稳定性弱，适用于通断小容量电流。

(2) 直动式：如图 1-1(d)所示，衔铁做直线运动，铁芯一般用硅钢片叠加制成，体积较大，吸力较大，接触稳定性强，适用于通断大容量电流。

吸引线圈的作用是将电能转化为磁能。按通入电流种类分为直流电磁线圈和交流电磁线圈，它们的区别具体如下。

(1) 对于交流电磁线圈，为了减小因涡流造成的能量损失和温升，铁芯和衔铁用硅钢片叠铆而成。由于其铁芯存在磁滞和涡流损耗，线圈和铁芯都发热，因此交流电磁机构的吸引线圈设有骨架，使铁芯与线圈隔离，并将线圈制成短而厚的"矮胖"形，这样做有利于铁芯和线圈的散热。

（2）对于直流电磁线圈，铁芯和衔铁可以用整块电工软钢制成。因其铁芯不发热，只有线圈发热，所以将直流电磁机构的吸引线圈做成长而薄的"瘦高"形，且不设线圈骨架，使线圈与铁芯直接接触，这样有利于散热。

【问题】减少反力特性的方法是？

2. 触点系统

（1）触点的结构和接触形式

每对触点均由静触点和动触点组成。动触点与电磁机构的衔铁相连，当接触器的电磁线圈通电时，衔铁带动动触点动作，使接触器的常开触点闭合，常闭触点断开。

如图 1-2 所示的触点形状分别是点接触（见图 1-2(a)）、面接触（见图 1-2(b)）和线接触（见图 1-2(c)），触点的接触面越大，则允许通过的电流也越大。为了消除触点在接触时的振动，减小接触电阻，在触点上装有接触弹簧，该弹簧在触点刚闭合时产生较小的压力，闭合后压力增大。

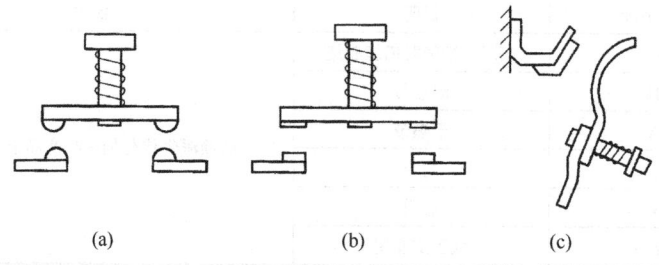

图 1-2 触点形状

【问题】能够让电弧产生的电流量值是多少？

当一个具有较大电流的电路突然断电时，如触点间的电压超过一定数值，触点间空气在强电场的作用下会产生电离放电现象，在触点间隙产生大量带电粒子，形成炽热的电子流，称为电弧。电弧伴随高温、高热和强光，可能造成电路不能正常切断、烧毁触点、引起火灾等事故。因此对切换较大电流的触点系统必须采取灭弧措施。

（2）常用的灭弧装置

① 电动力灭弧。桥式触点在分断时具有电动力灭弧能力。当触点打开时，在断口中产生电弧，同时也产生图 1-3 中的磁场。根据左手定则，电弧电流要受到指向外侧的力 F 的作用，使其迅速离开触点而熄灭，这种灭弧方法多用于小容量交流电器中。

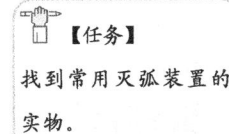

【任务】

找到常用灭弧装置的实物。

② 磁吹灭弧。该灭弧方式在触点电路中串入吹弧线圈，如图 1-4 所示。该线圈产生的磁场由导磁夹板引向触点周围，其方向由右手定则确定（由图 1-4 中的×表示），触点间的电弧所产生的磁场，其方向如⊕和⊙所示。这两个磁场在电弧下方的方向相同（叠加），在弧柱上方的方向相反（相减），所以弧柱下方的磁场强于其上方的磁场。在下方磁场的作用下，电弧受力的方向为 F 所指的方向，在 F 的作用下，电弧被吹离触点区，经引弧角引进灭弧罩，使电弧熄灭。

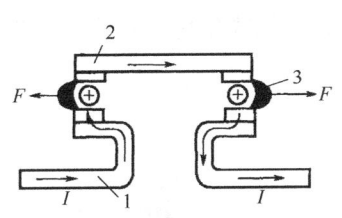

图 1-3 双端口结构触点的电动力灭弧装置

1—静触点；2—动触点；3—电弧

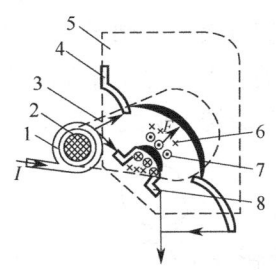

图 1-4 磁吹灭弧装置

1—磁吹线圈；2—铁芯；3—导磁夹板；
4—引弧角；5—灭弧罩；6—磁吹线圈磁场；
7—电弧电流磁场；8—动触点

③ 栅片灭弧。灭弧栅是一组薄钢片，它们彼此间相互绝缘，如图 1-5 所示。当电弧进入栅片时，被分割成一段段串联的短弧，而栅片就是这些短弧的电极，这就使每段短弧上的电压达不到燃弧电压，进而使电弧迅速熄灭。此外，栅片还能吸收电弧热量，加速电弧的冷却。由于栅片灭弧装置的灭弧效果在交流电中要比在直流电中好得多，因此在交流电中常采用栅片灭弧。

④ 窄缝灭弧。这种灭弧方法是利用灭弧罩的窄缝来实现的。灭弧罩内有一个或数个窄缝，缝的下部宽上部窄，如图 1-6 所示，当触点断开时，电弧在电动力的作用下进入窄缝内，窄缝的分割降压、压缩及冷却去游离作用，加快电弧的熄灭。灭弧罩通常用耐弧陶土、石棉水泥或耐弧塑料制成。

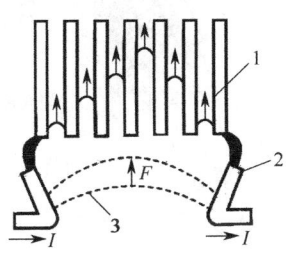

图 1-5 栅片灭弧装置

1—灭弧栅片；2—触点；3—电弧

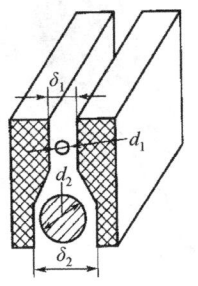

图 1-6 窄缝灭弧罩的横截面

【动画】
闸刀开关

【问题】
通过网上相关视频回答为什么刀开关安装时要保证接通状态时手柄朝上？

【笔记】
刀开关（非负荷型）的符号

刀开关（负荷型）的符号

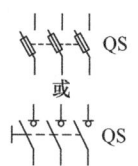

1.2 配电类低压电器

1.2.1 刀开关

刀开关（又称闸刀开关）只用于手动控制容量较小、启动不频繁的电动机。传统老式刀开关是不带熔丝（非负荷型）的，如图 1-7 所示。目前使用的刀开关一般都增加了具有保护功能的熔丝（负荷型）。现阶段常用的刀开关的主要类型有开启式负荷刀开关、封闭式负荷刀开关、熔断器式刀开关和旋转手柄式刀开关。

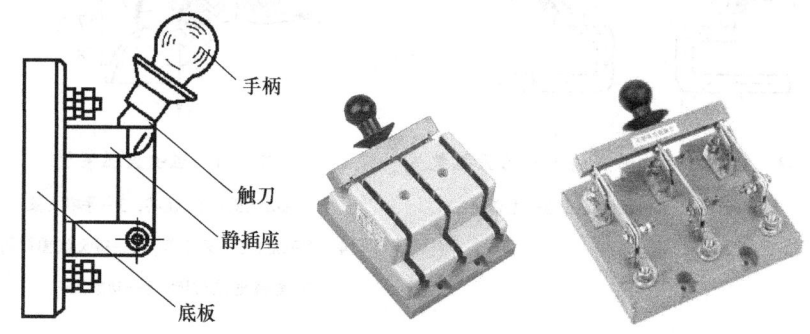

图 1-7　传统老式不带熔丝（非负荷型）的刀开关

1. 开启式负荷刀开关

（1）开启式负荷刀开关又称胶盖闸刀开关，它是由刀开关和熔体组合而成的一种电器，刀开关作为手动不频繁地接通和分断电路用，熔体作为短路和严重过载保护用。开启式负荷刀开关正常使用状态和短路保护状态分别如图 1-8(a)和图 1-8(b)所示。

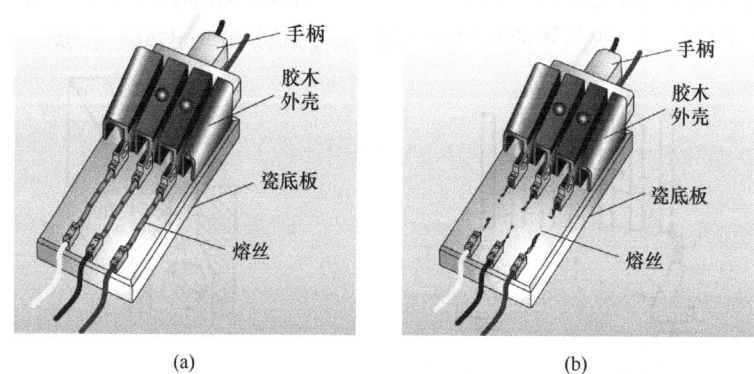

图 1-8　开启式负荷刀开关正常使用状态和短路保护状态

(2）使用开启式负荷刀开关的注意事项如下。

① 开启式负荷刀开关必须垂直安装在控制屏或开关板上,不能倒装,即接通状态时手柄朝上。

② 安装接线时,刀闸的上桩头接电源,下桩头接负载。接线时进线和出线不能接反,否则在更换熔断丝时会发生触电事故。

2. 封闭式负荷刀开关

（1）封闭式负荷刀开关又称铁壳刀开关,是在闸刀开关基础上改进设计的一种开关。它由刀开关、熔断器、速断弹簧等组成,并装在金属壳内,其结构如图1-9所示。该刀开关采用侧面手柄操作,并设有机械锁装置,使箱盖打开时不能合闸,刀开关合闸时,箱盖不能打开,保证用电安全。手柄与底座间的速断弹簧使开关通断动作迅速,灭弧性能好。

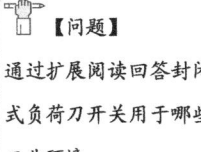

【问题】

通过扩展阅读回答封闭式负荷刀开关用于哪些工业环境。

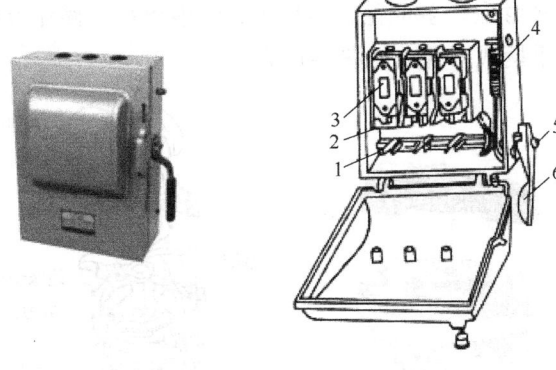

图1-9 封闭式负荷刀开关

1—动触点；2—静夹座；3—熔断器；4—速断弹簧；5—转轴；6—手柄

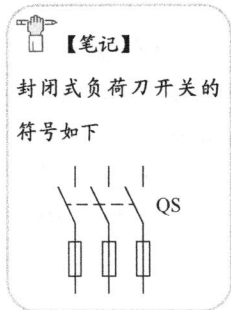

【笔记】

封闭式负荷刀开关的符号如下

（2）使用封闭式负荷刀开关的注意事项如下。

① 为了安全,在铁壳刀开关的钢质外壳上装有机械联锁装置,当壳盖打开时,不能合闸,合闸后,壳盖不能打开。

② 操作时,必须注意不得面对铁壳刀开关拉闸或合闸,一般用左手操作合闸。若更换熔丝,必须在拉闸后进行。

3. 熔断器式刀开关

熔断器式刀开关又称熔断器式隔离刀开关,它是以熔丝或带有熔丝的载熔件作为动触点的一种隔离开关,如图1-10所示。熔断器式刀开关用于具有大短路电流的配电电路和电动机电路中,作为电源开关、隔离开关、应急开关及电路保护用,但一般不能直接开关单台电动机。熔断器式刀开关是用来代替各种低压配电装置刀开关和熔断器的组合电器。

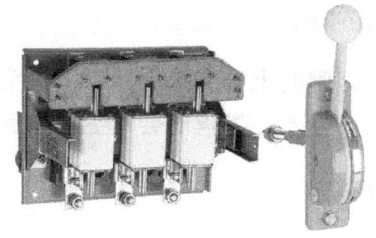

图 1-10 熔断器式刀开关

4. 旋转手柄式刀开关

旋转手柄式刀开关又称转换刀开关,实质上它是一种特殊刀开关,只不过一般刀开关的操作手柄是在垂直于安装面的平面内向上或向下转动的,而该刀开关的操作手柄则是在平行于其安装面的平面内向左或向右转动的。它具有多触点、多位置、体积小、性能可靠、操作方便、安装灵活等特点。旋转手柄式刀开关如图 1-11 所示。

【笔记】
旋转手柄式刀开关的符号
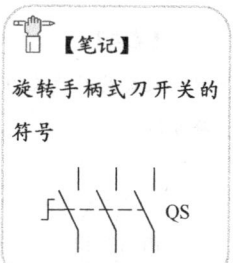

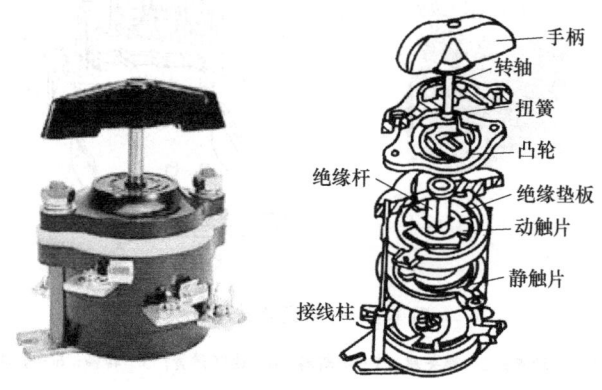

图 1-11 旋转手柄式刀开关

【问题】
旋转手柄式刀开关多用于什么电路中?

旋转手柄式刀开关由多节触片分层组合而成,其上部是由凸轮、扭簧、手柄等零件组成的操作机构,该机构由于采用了扭簧储能,可使开关快速闭合或分断,即能获得快速动作,从而提高开关的通断能力,使动静触点的分合速度与手柄旋转速度无关。

1.2.2 低压断路器

低压断路器俗称(自动)空气开关,它不仅可以接通和分断正常负载电流、电动机工作电流和过载电流,还可以接通和分断短路电流。在不频繁操作的低压配电电路或开关柜(箱)中作为电源开关使用,并对电路、电气设备及电动机等实行保护，当发生严重过电流、过载、短路、断相、漏电等故障时，低压断路器能自动切断电路，起到保护作用，其应用十分广泛。低压断路器按用途分有配电（照明）、限流、灭磁、漏电保护等几种；按结构分有框架式（万能式 DW 系列）、塑壳式（装置式 DZ 系列）、限流式、直流快速式、灭磁式和漏电保护式 6 类。电力拖动控制系统中常用 DZ 系列塑壳式断路器如图 1-12 所示。

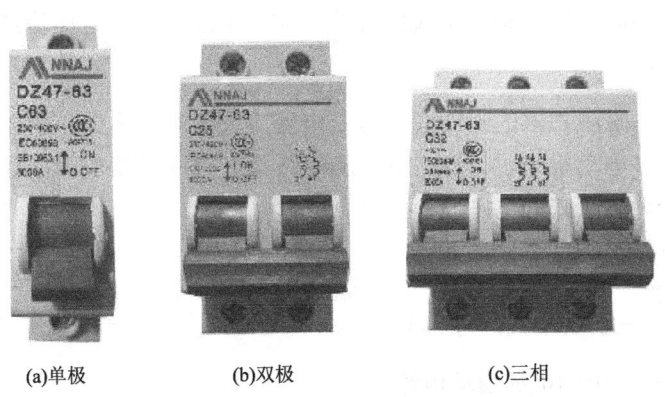

(a)单极　　　　(b)双极　　　　(c)三相

图 1-12　常用 DZ 系列塑壳式断路器

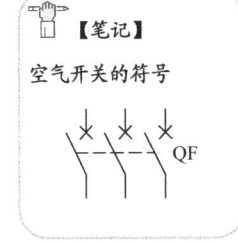

【笔记】

空气开关的符号

1. 低压断路器的工作原理

低压断路器的工作原理图如图 1-13 所示。低压断路器的 3 副主触点串联在被保护的三相主电路中。

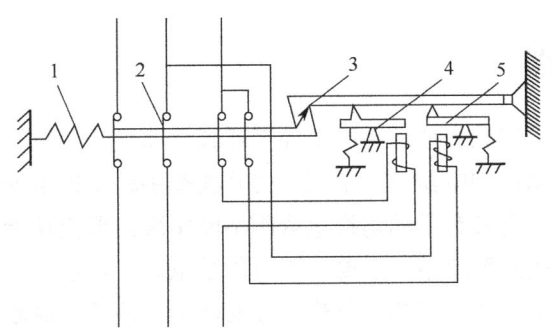

图 1-13　低压断路器的工作原理图

1—弹簧；2—主触点；3—搭钩；4—电磁脱扣器；5—欠电压脱扣器

【动画】

低压断路器

搭钩钩住弹簧，使主触点保持闭合状态。当电路正常工作时，电磁脱扣器中的线圈产生的吸力不能将衔铁吸合。当电路发生短路时，电磁脱扣器的吸力增大，将衔铁吸合，并撞击杠杆，将搭钩顶开，在弹簧的作用下切断主触点，实现了短路保护。当电路上的电压下降或失去电压时，欠电压脱扣器的吸力减弱或失去吸力，衔铁被弹簧拉开，撞击杠杆，将搭钩顶开，切断主触点，实现了失压保护。

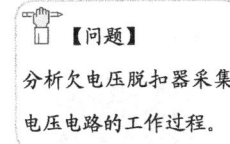

【问题】

分析欠电压脱扣器采集电压电路的工作过程。

2. 使用低压断路器的注意事项

（1）根据电气装置的要求确定低压断路器的类型，如框架式、塑壳式等。

（2）低压断路器的额定电压与额定电流应不小于电路的正常工作电压和正常工作电流。

（3）热脱扣器的整定电流应与所控制的电动机的额定电流或负载额定电流一致。

（4）电磁脱扣器的瞬间脱扣整定电流应大于负载电路正常工作时的峰值电流。对电动机来说，DZ 型低压断路器电磁脱扣器的瞬间脱扣整定电流值 I_Z 的计算公式为

$$I_Z \geqslant KI_{st}$$

式中，K——安全系数，可取 1.7。

　　　I_{st}——电动机的启动电流。

（5）初步选定低压断路器的类型和各项技术参数后，还要与其上、下级开关进行保护特性的协调配合，从总体上满足系统对选择性保护的要求。

1.3 控制类低压电器

1.3.1 接触器

接触器是用来频繁地远距离遥控接通或分断交、直流主电路及大容量控制电路的自动控制电器。其不同于刀开关类手动切换电器，也不同于低压断路器，因为它具有手动切换电器所不能实现的遥控功能。接触器在电力拖动和自动控制系统中，主要控制对象是电动机，也可用于控制电热设备、电焊机及电容器组等其他负载。接触器不仅能遥控通断电路，而且还具有欠电压和零电压释放保护、操作频率高、工作可靠、性能稳定、使用寿命长及维护方便等优点。

1. 分类与结构

接触器是电力拖动与自动控制系统中重要的一种低压电器，也是有触点电磁式电器的典型代表。接触器按主触点通过电流的种类可分为交流接触器（CJ）和直流接触器（CZ）两种，分别如图 1-14 和图 1-15 所示，其中两幅图(a)的辅助触点均在主触点的两边，两幅图(b)的辅助触点均在主触点的顶部。

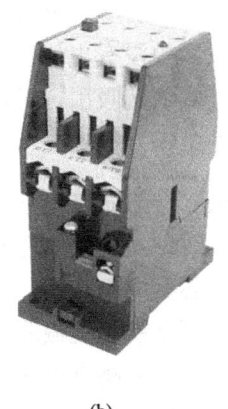

(a)   (b)

图 1-14 典型交流接触器

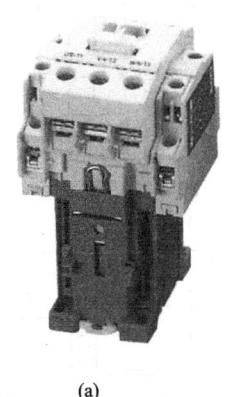
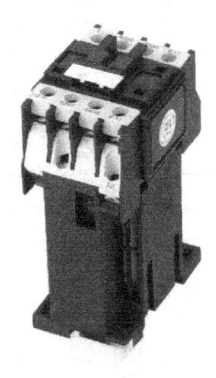

(a)   (b)

图 1-15 典型直流接触器

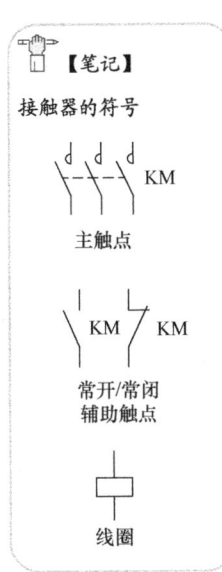

【问题】
1. 在接触器的外壳上如何通过数字来识别常开触点和常闭触点？
2. 交流接触器与直流接触器在外形上的本质区别是什么？

【笔记】
接触器的符号

主触点

常开/常闭辅助触点

线圈

无论是交流接触器还是直流接触器，其都主要由电磁机构、触点系统组成，通断大电流的接触器还具有灭弧装置。

触点系统由主触点和辅助触点组成。主触点在控制对象的主电路中，控制主电路的运行。辅助触点一般容量较小，常用在控制电路中，它分为常开触点和常闭触点，但不是每个接触器都有这两种辅助触点。接触器的外壳上通常用 NO（Normal Open）表示常开，NC（Normal Close）表示常闭，每对触点均由静触点和动触点组成，其中动触点与电磁机构的衔铁相连。

2. 工作原理

以常用的交流接触器工作原理为例进行说明。当电磁线圈接收指令信号得电后，铁芯被磁化为电磁铁，产生电磁吸力，当克服弹簧的反弹力时，使可动铁芯吸合，带动触点动作，即动断触点分开，动合触点闭合。当线圈失电后，电磁铁失磁，电磁吸力消失，在弹簧的作用下触点复位。

交流接触器的不通电状态（复位状态）如图 1-16(a)所示，当电磁接触器的电磁线圈中没有电流流过时，固定铁芯就不再是电磁铁，从而可动铁芯无法被固定铁芯吸引，可动铁芯在弹簧张力作用下维持触点的常规静止状态（未受激励）。

交流接触器的通电状态如图 1-16(b)所示，当电磁接触器的电磁线圈中有电流流过时，在固定铁芯和可动铁芯之间有磁力线通过，形成磁电路，由于固定铁芯变成电磁铁，因此可动铁芯被固定铁芯吸引。由于这个吸引力的作用与可动铁芯机械联动的主触点及辅助触点受到向下的力，主触点闭合的同时，辅助触点中的动合触点闭合，动断触点断开，这就是电磁接触器的"动作"。

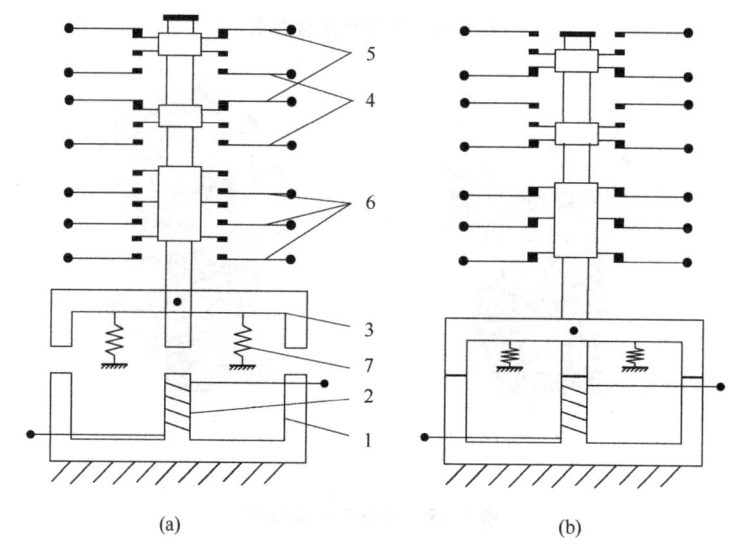

图 1-16　交流接触器的不通电与通电状态图

1—固定铁芯；2—吸引线圈；3—衔铁；4—常开（动合）辅助触点；5—常闭（动断）辅助触点；
6—主触点；7—复位弹簧

交流接触器线圈的工作电压应为其额定电压的 85%～105%，这样才能保证接触器可靠吸合。例如，电压过高，交流接触器磁路趋于饱和，线圈电流将显著增大，有烧毁线圈的危险；反之，电压过低，电磁吸力不足，可动铁芯吸合不上，线圈电流达到额定电流的十几倍，线圈可能过热烧毁。

因此，接触器本身的电磁机构实现了欠电压保护和失电压保护。当电源电压由于某种原因而严重下降或电压消失时，接触器电磁吸力急剧减小或消失，衔铁自行释放，各触点复位，断开触点电路，电路的驱动对象（电动机等）停止工作。当电源电压恢复正常时，接触器线圈不能自动通电，驱动对象不会自行工作，只有在操作人员再次发出启动指令时，才会重新工作，进而避免事故的发生。

3. 选用接触器的注意事项

（1）接触器主触点的额定电压大于或等于负载额定电压。

（2）接触器主触点的额定电流大于或等于1.3倍的负载额定电流。

（3）对于接触器线圈额定电压的选择，当电路简单、使用电器较少时，可选用额定电压220V或380V；在电路复杂、使用电器较多或不太安全的场所，可选用额定电压36V、110V或127V。

（4）接触器的触点数量、种类应满足控制电路的要求。

（5）对于操作频率（每小时触点通断次数）的要求，当通断电流较大且通断频率超过规定数值时，应选用额定电流大一级的接触器型号。否则，会使触点严重发热，甚至熔焊在一起，造成电动机等负载缺相运行。

1.3.2 中间继电器

1. 中间继电器与接触器的区别

中间继电器与接触器不同的是，中间继电器的触点对数较多，如图 1-17 所示。图 1-17(a)是具有两对常开/常闭触点的中间继电器，图 1-17(b)是具有三对常开/常闭触点的中间继电器，所有触点没有主触点与辅触点之分，各对触点允许通过的电流大小是相同的，其额定电流约为 5A。因此对于工作电流小于 5A 的电气控制回路，可用中间继电器代替接触器实施控制。

【视频】

中间继电器

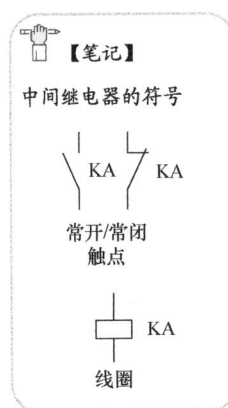

【笔记】

中间继电器的符号

常开/常闭触点

线圈

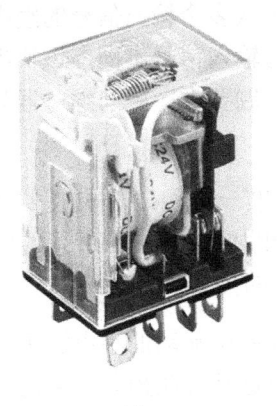

(a)

(b)

图 1-17 常用的中间继电器

2. 中间继电器的工作原理

中间继电器的结构及工作原理与接触器的结构及工作原理类似，中间继电器是由缠绕于铁芯的线圈的电磁铁部分、安装于衔铁上的铁片带动动触点与静触点组合而成的，如图1-18(a)所示。

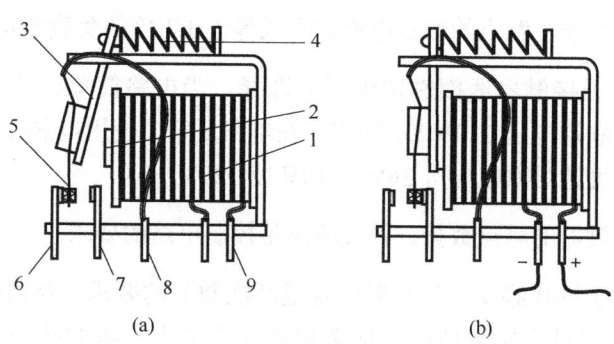

图1-18 中间继电器的结构

1—直流线圈；2—铁芯；3—衔铁；4—复位弹簧；5—动触点；6—常闭触点；7—常开触点；
8—动触点外接端子；9—线圈电源端子

如图1-18(b)所示，当电流流过线圈时，铁芯变成电磁铁，可动铁芯被吸引，受到吸引力的作用，动触点也向下移动，与固定常开触点接触构成闭合电路。当线圈中无电流流动时，铁芯不再是电磁铁，可动铁芯不再受到吸引，由于复位弹簧伸展，受到向上的力的作用，动触点也向上方移动，于是与常开触点脱离接触而使电路断开，并回到如图1-18(a)所示的未受激励状态。

3. 中间继电器的功能

中间继电器是将一个输入信号变成一个或多个输出信号的继电器，输出信号的数量、大小、类型及逻辑均可以与输入信号不同，该输出信号传递到其他电气控制电路中，并产生所需的控制要求。中间继电器具体有以下4种功能。

（1）信号的分支：对于中间继电器的单一输入，若构成多个输出触点，则可以同时控制多台设备。例如，使用如图1-18(b)所示的中间继电器，电磁线圈的电信号可以转换成三个电路的控制信号。

（2）信号的放大：通过对中间继电器线圈中流动的小电流进行输入或切断操作，可以对输出触点电路中的大电流进行开闭控制，从而实现对被控制电流的放大。

（3）信号的转换：因为中间继电器的线圈和触点是电绝缘的，所以可以分别处理不同性质的信号。

（4）信号的反转：当利用中间继电器的动断触点时，若输入为 OFF，则输出为 ON；若输入为 ON，则输出为 OFF。即将输入信号与输出信号进行反转。

中间继电器的功能举例如表 1-4 所示。

表 1-4　中间继电器的功能举例

电磁线圈 A、B 端电流信号状态	常开触点动合 C、D 端电流信号状态	中间继电器 功能
1A	5A	放大
直流	交流	转换
通电	不通电	反转

1.4　主令电器

主令电器是指用作闭合或断开控制电路，以发出指令或控制程序的开关电器，它包括按钮、位置开关、万能转换开关等。

1.4.1　按钮

按钮是一种通过人力按压动作实现短时接通或断开小电流电路的主令电器，它不直接控制主电路的通断，而是在控制电路中发出手动"指令"去控制接触器、中间继电器等电器，再由它们去控制主电路，故也称"主令电器"。

【视频】
主令电器

按钮的种类很多，一般红色表示紧急，绿色表示自动运行启动，黄色表示手动，黑色一般用于转换信号，如图 1-19(a)所示。

按钮一般由按钮帽、复位弹簧、常开/常闭触点、外壳和支柱连杆等组成，如图 1-19(b)所示。

动合（常开）触点是指在原始状态（电器未受外力或线圈未通电）时，静触点与动触点处于分开状态的触点。

动断（常闭）触点是指在原始状态（电器未受外力或线圈未通电）时，静触点与动触点处于闭合状态的触点。

【视频】
按钮

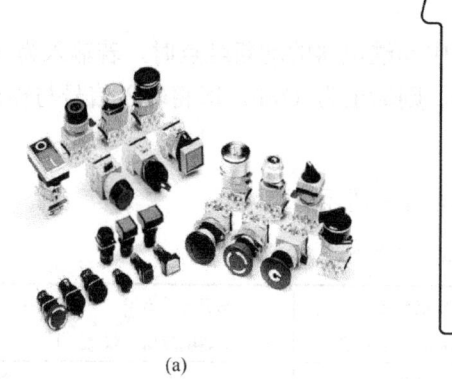

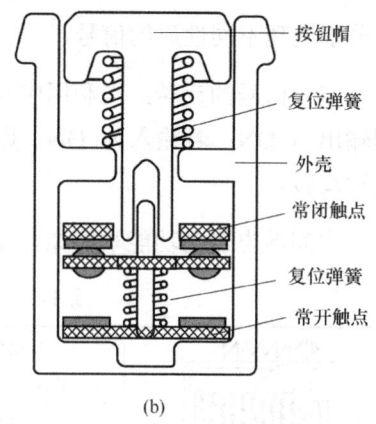

图 1-19 按钮的外形及结构示意图

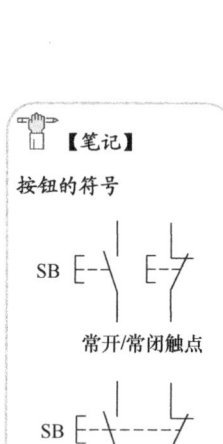

【笔记】
按钮的符号

常开/常闭触点

复合按钮

对于动合按钮，若未按下，则触点是断开的；若按下，则触点闭合接通。当松开后，按钮在复位弹簧的作用下复位断开。在控制电路中，动合按钮常用来启动电动机，也称启动按钮。

动断按钮与动合按钮相反，若未按下，则触点闭合；若按下，则触点断开。当手松开后，动断按钮在复位弹簧的作用下复位闭合。动断按钮常用于控制电动机停车，也称停车按钮。

复合按钮是将动合按钮与动断按钮组合为一体的按钮，即具有动断触点和动合触点。若未按下，则动断触点闭合，动合触点断开；若按下，则动断触点先断开，动合触点后闭合。当松开后，在复位弹簧的作用下，动合触点先断开，动断触点后闭合。复合按钮用于联锁控制电路中。

1.4.2 位置开关

1. 位置开关的作用和类型

位置开关又称限位开关，是一种常见的小电流主令电器。在电气控制系统中，位置开关用于顺序控制、定位控制和位置状态的检测。位置开关分为两类：一类是以机械行程直接接触驱动作为输入信号的行程开关和微动开关；另一类是以电磁信号（非接触式）作为输入动作信号的接近开关。

2. 位置开关的构造和原理

（1）行程开关。行程开关是利用生产机械运动部件的碰撞使其触点动作来实现接通或分段控制电路的，进而达到控制目的。通常，这类开关用来限制机械运动的位置或行程，使运动机械在一定位置或行程自动停止、反向运动、变速运动或自动往返运动等。行程开关由操作头、触点系统和外壳组成，如图 1-20 所示。按其结构行程开关可分为直动式（按钮式，见

图 1-20(a))、滚动式（自动复原式，见图 1-20(b)）、微动式（见图 1-20(c)）和双轮旋转式（见图 1-20(d)）。

直动式行程开关的动作原理与按钮的动作原理类似，所不同的是：按钮是手动控制的，直动式行程开关则由运动部件的撞块碰撞，外界运动部件上的撞块挤压按钮使其触点动作，当运动部件离开后，在弹簧作用下，其触点自动复位。

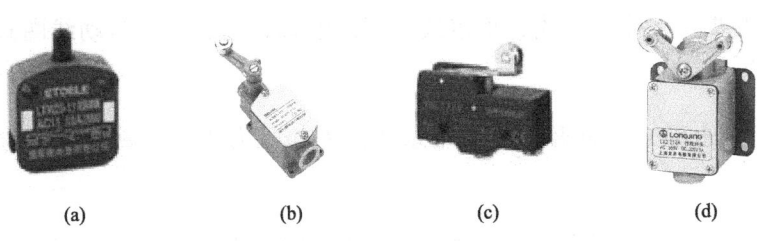

图 1-20　4 种常见的行程开关

【视频】
滚动式行程开关

【视频】
微动式行程开关

滚动式行程开关分为自动复原式和非自动复原式两种，自动复原式的动作原理是：当运动机械的撞块压到行程开关的滚轮上时，传动杠连与转轴一同转动，使凸轮推动撞块，当撞块碰撞到一定位置时，推动微动开关快速动作。当滚轮上的撞块移开时，复位弹簧就使行程开关复位，这类开关是单轮自动复原式行程开关。而双轮旋转式行程开关不能自动复原，它是依靠运动机械反向移动的，撞块碰撞另一滚轮将其复原。

行程开关的结构和外形多种多样，但工作原理基本相同。若行程开关没有受到挤压，如图 1-21(a)所示，则常闭触点的接线端子 2 与共接线端子 1 之间接通，而常开触点的接线端子 4 与共接线端子 1 之间断开；若行程开关受到挤压，如图 1-21(b)所示，则在拉杆和弹簧的作用下，常闭触点分断，接线端子 2 与共接线端子 1 之间断开，而常开触点接通，接线端子 4 与共接线端子 1 之间接通。

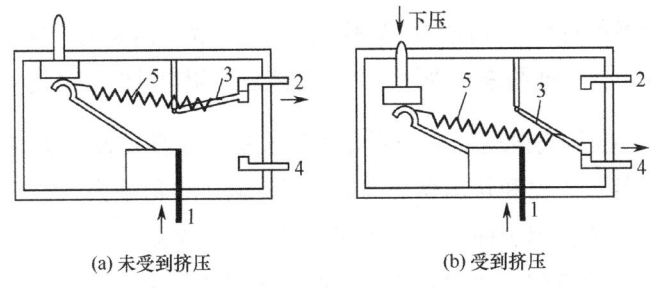

(a) 未受到挤压　　　　(b) 受到挤压

图 1-21　行程开关的动作原理

1—公共接线端子；2—常闭触点；3—拉杆；4—常开触点；5—弹簧

（2）接近开关。接近开关又称非触式行程开关，它可以代替有触点行程开关来完成行程控制和限位保护。由于它具有非接触式触发、动作速度快、可在不同的检测距离内动作、发出的信号稳定、工作稳定可靠、寿命长、重复定位精度高及能适应恶劣的工作环境等优点，所以接近开关在机床、纺织、印刷、塑料等工业生产中应用广泛。

接近开关因通过内部电路产生控制信号，故又称为无触点行程开关。主要有高频振荡式、霍尔式、超声波式、电容式、差动线圈式和永磁式等。

① 永磁式接近开关是利用永久磁铁的吸力驱动舌簧开关而输出信号的。

② 差动线圈式接近开关是利用被检测物体靠近时产生的涡流及磁场的变化，通过检测线圈和比较线圈的差值进行动作的。

③ 电容式接近开关主要由电容式振荡器及电子电路组成，它的电容位于传感界面，当物体接近时，将因改变了其耦合电容值而振荡，从而产生振荡或停止振荡，使输出信号发生改变。可用各种材料触发电容式接近开关，如固体、液体或粉末状物体。

④ 霍尔式接近开关是以将磁信号转换为电信号输出方式工作的，其输出具有记忆保持功能。其内部的磁敏感器件仅对垂直于传感器端面磁场敏感，若磁极 S 正对接近开关，则该接近开关的输出产生正跳变，输出为高电平；若磁极 N 正对接近开关，则该接近开关的输出产生负跳变，输出为低电平。

⑤ 超声波式接近开关主要由压电陶瓷传感器、发射超声波和接收反射波用的电子装置及调节检测范围用的程控桥式开关等几部分组成。它适用于检测不能触及的目标，其控制功能不受声、电、光等因素的干扰，检测目标可以是固体、液体或粉末状物体，只要是能反射超声波的介质均可。

⑥ 高频振荡式接近开关是用金属触发的，主要由高频振荡器、集成电路或晶体管放大器和输出器三部分组成。其工作原理为：振荡器的线圈在该接近开关的作用表面产生一个交变磁场，当金属物体接近此作用表面时，该金属物体内部产生的涡流将吸取振荡器的能量，致使振荡器停振。振荡和停振这两个信号经过整形放大后，转换成二进制开关信号，并输出接近开关控制信号。

【笔记】
接近开关的符号

在直流电路中使用的接近开关有二线式（2 根导线）、三线式（3 根导线）和四线式（4 根导线）等多种，二线、三线、四线式接近开关都有 NPN 型和 PNP 型两种。通常日本和美国多使用 NPN 型接近开关，欧洲多使用 PNP 型接近开关，而我国则二者都有应用。

NPN 型接近开关和 PNP 型接近开关的接线方式不同，正确使用接近开关的关键就是正确接线，这一点至关重要。对于二线式 NPN 型接近开关，棕色导线（BN）与负载相连，蓝色导线（BU）与零电位点相连；对于二线式 PNP 型接近开关，棕色导线（BN）与高电位相连，负载的一端与接近开关的蓝色导线（BU）相连，而负载的另一端与零电位点相连，如图 1-22 所示。

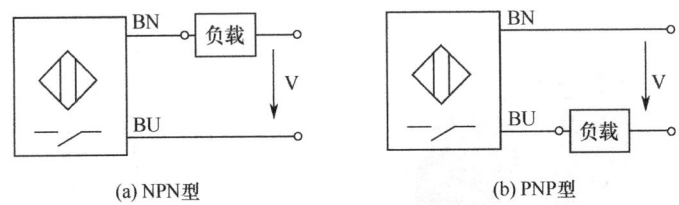

图 1-22 二线式接近开关接线图

【问题】
三线式接近开关与二线式接近开关相比有什么优点？

对于三线式 NPN 型接近开关，棕色导线（BN）与负载的一端及电源正极相连；黑色导线（BK）是信号线，与负载的另一端相连；蓝色导线（BU）与电源负极相连。对于三线式 PNP 型接近开关，棕色导线（BN）与电源正极相连；黑色导线（BK）是信号线，与负载的一端相连；蓝色导线（BU）与负载的另一端及电源负极相连。

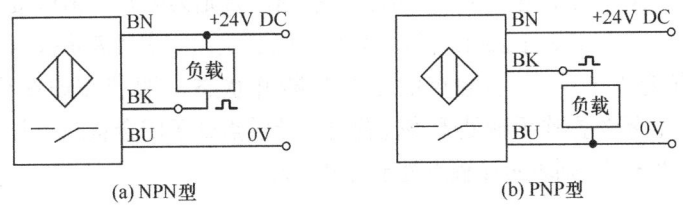

图 1-23 三线式接近开关接线图

四线式接近开关的接线方式与三线式接近开关的接线方式类似，只不过，四线式接近开关多了一对触点而已。

初学者经常不能正确区分 NPN 型接近开关和 PNP 型接近开关，其实只要记住一点：PNP 型接近开关是正极开关，即信号从接近开关流向负载；而 NPN 型接近开关是负极开关，即信号从负载流向接近开关。

1.4.3 万能转换开关

万能转换开关用于多个回路同时切换（多挡式），是实现换接电源和负载的主令电器，因此不能用于频繁接通或断开的电路。

万能转换开关由转轴、凸轮、触点座、定位机构、螺杆和手柄等组成。其外形图和内部结构如图 1-24 所示。当将手柄转动到不同的挡位时，转轴带着凸轮随之转动，使其中一些触点接通，另一些触点断开。转换开关具有寿命长、使用可靠、结构简单等优点，适用于 380V（AC）、220V（DC）及以下的电源、5kW 以下小容量电动机的直接启动，以及电动机的正/反转控制及照明控制的电路中。注意，万能转换开关每小时的转换次数不宜超过 15～20 次。

(a) 外形图　　(b) 内部结构

图 1-24　万能转换开关

万能转换开关的图形符号与文字符号如图 1-25(a)所示，其触点接线表可从设计手册中查到，如图 1-25(b)所示。图 1-25(b)显示了开关的挡位、触点数目及接通状态，其中用"×"表示触点接通，否则为断开，由该接线表可画出其图形符号，如图 1-25(a)所示。其具体画法是：用虚线表示操作手柄的位置，用有无"·"表示触点的闭合和断开状态，即若在虚线位置上画"·"，则表示当操作手柄处于该位置时，该触点处于闭合状态；若在虚线位置上未画"·"，则表示该触点处于打开状态。

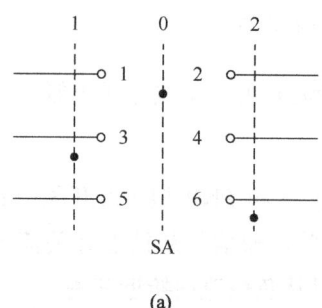

触点	位置		
	1	0	2
1-2		×	
3-4	×		
5-6			×

(a)　　(b)

图 1-25　万能转换开关的图形符号、文字符号及触点接线表

1.5 保护类低压电器

1.5.1 熔断器

熔断器是一种利用热效应原理工作的电流保护电器,即当电流超过熔体额定电流值短暂时间后,该电流使熔体本身产生热量,使自身熔化而分断电路。它广泛应用于低压配电系统、控制系统及用电设备中,作短路和严重过载保护用。

1. 熔断器的结构及分类

熔断器主要由熔体和安装熔体的熔管或熔座两部分组成。熔断器与其他开关电器组合可构成各种熔断器组合电器,如熔断器式刀开关和熔断器式负荷开关等。

熔断器的熔管一般由硬质纤维或瓷质绝缘材料制成,它是封闭或半封闭式管状外壳,熔体装于其内,熔管的结构有利于熔体熔断时熄灭电弧。熔断器按结构形式可分为瓷插式(见图1-26(a))、螺旋式(见图1-26(b))、无填料封闭管式(见图1-26(c))和有填料封闭管式(见图1-26(d))等。

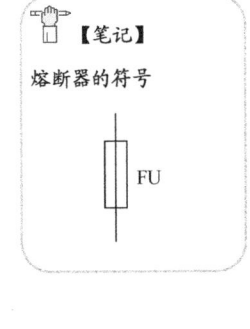

【视频】
熔断器

【笔记】
熔断器的符号

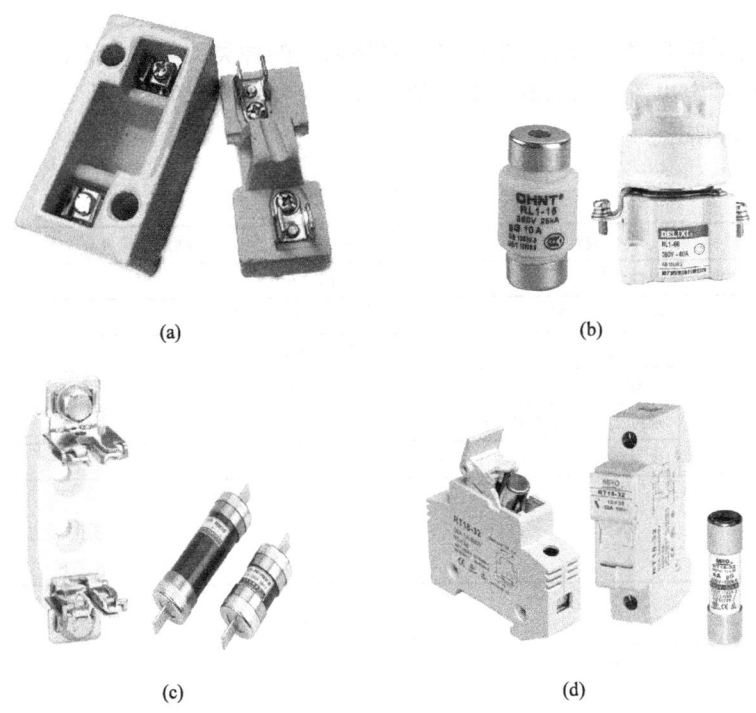

图1-26 常见的几种熔断器

2. 常见的熔断器的特点及主要技术参数

常见的熔断器的特点、用途及主要技术参数如表 1-5 所示。

【问题】
1. 熔断器的熔断时间为什么是短暂的？依据熔体的什么特性？
2. 熔体是否可以用于普通过载保护？
答：

表 1-5 常见的熔断器的特点、用途及主要技术参数

名称	类别	特点、用途	主要技术参数
瓷插式熔断器	RC1A	价格便宜，更换方便 广泛用于照明和小容量电动机的短路保护	额定电流 I_{ge} 为 5～200A，分为 7 种规格
螺旋式熔断器	RL	熔体周围的石英砂可熄灭电弧，熔断管上端红点随熔体熔断而自动脱落 体积小，多用于机床电气设备中	RL1 系列额定电流 I_{ge} 有 4 种规格：15A、60A、100A、200A
无填料封闭管式熔断器	RM	在熔体中，人为引入窄截面熔片，提高断流能力。用于低压电力网和成套配电装置中的短路保护	RM-10 系列额定电流 I_{ge} 为 15～1000A，分为 7 种规格
有填料封闭管式熔断器	RT0	熔断能力强，使用安全，稳定性强。广泛用于短路电流较大的电力网或配电装置中	RT0 系列额定电流 I_{ge} 为 50～1000A，分为 6 种规格
快速熔断器	RLS	用于小容量硅整流元件的短路保护和某些适当过载保护	$I=4I_{Te}$, 0.2s 内熔断 $I=6I_{Te}$, 0.02s 内熔断
	RS0	用于大容量硅整流元件的保护	$I=(4～6)I_{Te}$, 0.02s 内熔断
	RS3	用于晶闸管元件短路保护和某些适当过载保护	

3. 熔断器的选型

对于熔断器的选型，主要是选择熔断器的种类、额定电流、额定电压及熔体额定电流。熔体额定电流的选择是选择熔断器的核心，其选择方法如表 1-6 所示。

表 1-6 熔体额定电流的选择

负载性质		熔体额定电流 (I_{Te})
电炉和照明等电阻性负载		$I_{Te} \geq I_N$
单台电动机	绕线型电动机	$I_{Te} \geq (1～1.25)I_N$
	笼型电动机	$I_{Te} \geq (1.5～2.5)I_N$
	启动时间较长的某些笼型电动机	$I_{Te} \geq 3I_N$
	连续工作制直流电动机	$I_{Te} = I_N$
	反复短时工作制直流电动机	$I_{Te} = 1.25I_N$
多台电动机		$I_{Te} \geq (1.5～2.5)I_{Nmax} + \sum I_{de}$ I_{Nmax} 为功率最大的一台电动机的额定电流 $\sum I_{de}$ 为其他电动机的额定电流之和

1.5.2 热继电器

热继电器是利用电流流过发热元件产生的热量使检测元件受热弯曲

（热效应）来推动动作机构，进而使触点系统闭合或分断的保护电器。主要用于电动机的过载保护及其他电气设备发热状态的控制。常用热继电器的外形及过载前后内部结构如图1-27所示。

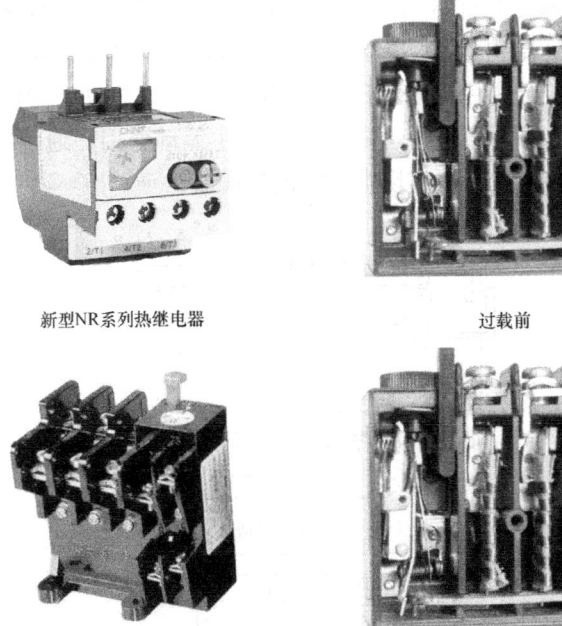

图1-27 常用热继电器的外形及过载前后内部结构

1. 热继电器的外形及动作原理

热继电器的外形如图1-27(a)所示，以JR系列热继电器为例的内部结构动作示意图如图1-27(b)所示。热继电器主要由热元件、双金属片和触点组成，热元件由发热电阻丝制成。双金属片由两种热膨胀系数不同的金属碾压而成，当双金属片受热时，会出现弯曲变形。使用时，把热元件串接于电动机的主电路中，而动断触点串接于电动机的控制电路中。当电动机正常运行时，热元件产生的热量虽能使双金属片弯曲，但还不足以使热继电器的触点动作。当电动机过载时，双金属片弯曲位移增大，推动导板使动断触点断开，从而切断电动机控制电路以起到保护作用。热继电器动作后，要等双金属片冷却后自动复位或手动按下复位按钮复位。热继电器动作电流的调节可借助旋转凸轮来实现。

2. 差动式断相保护热继电器

差动式断相保护热继电器采用差动式断相保护机构，其不同状态的内部结构如图1-28所示。差动机构由上导板1、下导板2及杠杆组成，图1-28(a)

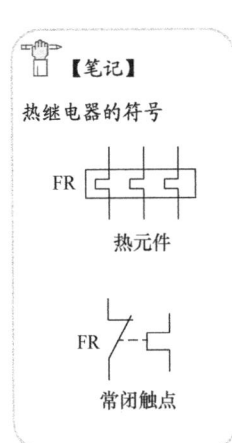

为通电前状态，图 1-28(b)为三相正常通电状态，此时三相双金属片都发热，向左微微弯曲，由于下导板向左移动的距离很小，因此继电器不动作。图 1-28(c)是三相同时过载时的状态，三相双金属片同时向左弯曲，推动下导板 2 向左移动，通过杠杆 5 使常闭触点打开。图 1-28(d)是 W 相断相的情况，这时 W 相双金属片冷却降温，端部向右移动，推动上导板 1 向右移动。而另外两相双金属片温度上升，端部向左弯曲，推动下导板 2 继续向左移动。由于上、下导板一左一右移动，产生差动作用，通过杠杆放大作用，使常闭触点加速打开，实现电动机的保护。

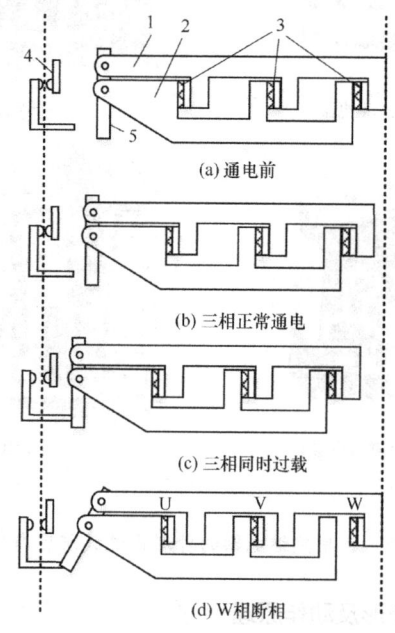

图 1-28 差动式断相保护继电器不同状态的内部结构

1—上导板；2—下导板；3—金属片；4—常闭触点；5—杠杆

3. 热继电器的选用

（1）热继电器的类型选用。一般轻载启动、长期工作的电动机或间断长期工作的电动机，选择两相结构的热继电器；对于电源电压的均衡性和工作环境较差或较少有人看管的电动机，或多台电动机的功率差别较大，可选择三相结构的热继电器；而对于三角型连接的电动机，应选用带断相保护装置的热继电器。

（2）热继电器的额定电流选用。热继电器的额定电流应略大于电动机的额定电流。

（3）热继电器的型号选用。根据热继电器的额定电流应大于电动机的额定电流原则，可通过查表确定热继电器的型号。

（4）热继电器的整定电流选用。热继电器的整定电流是指热继电器长期不动作的最大电流，超过此值即动作。一般将热继电器的整定电流调整到等于电动机的额定电流；对过载能力差的电动机，可将热元件整定电流调整到电动机额定电流的 0.6～0.8 倍；对启动时间较长，拖动冲击性负载或不允许停车的电动机，热继电器的整定电流应调节到电动机额定电流的 1.1～1.15 倍。

1.6 检测类低压电器

检测类低压电器一般指信号类继电器，以及对非电信号进行检测，到达一定值时发生动作的电器。常见的有电压继电器、电流继电器、时间继电器、速度继电器、温度继电器、液位继电器。

【视频】

电压/电流继电器

1.6.1 电压继电器

电压继电器用于电力拖动系统的电压保护和控制。使用时，将电压继电器线圈并联接入主电路，感测主电路的电路电压，其触点接入控制电路中，为执行元件。电压继电器的线圈匝数多、导线细、阻抗大。电压继电器又分为过电压继电器、欠电压继电器和零电压继电器。

（1）过电压继电器。过电压继电器线圈的电压为额定电压值时，衔铁不产生吸合动作，只有当电压是额定电压的 105%～120%时，才产生吸合动作。

（2）欠电压继电器。当电路中的电气设备在其额定电压下正常工作时，欠电压继电器的衔铁处于吸合状态。若出现电压降低的情况，并且低于欠电压继电器线圈的释放电压，则其衔铁打开，触点复位，从而控制接触器及时断开电气设备的电源。通常当欠电压继电器的线圈电压降低到额定电压的 30%～50%时，该继电器释放。

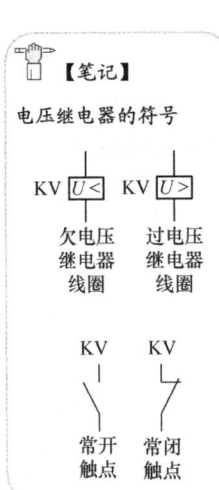

【笔记】

电压继电器的符号

（3）零电压继电器。零电压继电器是当电路电压降低到其额定电压的 5%～25%时，该继电器释放，对电路实现零电压保护。通常用于电路的失压保护。

1.6.2 电流继电器

电流继电器用于电力拖动系统的电流保护和电流控制。使用时，电流继电器线圈串联接入主电路，用来感测主电路的电流，其触点接入控制电路中，为执行元件。电流继电器反映的是电流信号，根据通过继电器线圈电流的大小而动作，进而实现对被控电路的通断控制。电流继电器线圈的匝数

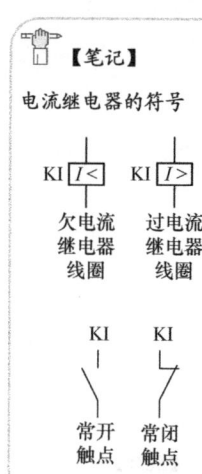

【笔记】
电流继电器的符号

少、导线粗、阻抗小。电流继电器又分为欠电流继电器和过电流继电器。

（1）欠电流继电器。欠电流继电器用于电路欠电流保护，吸引电流为线圈额定电流的 30%～65%，释放电流为线圈额定电流的 10%～20%，因此，在电路正常工作时，衔铁是吸合的，只有当电流减小到某个定值时，继电器释放，控制电路失电，从而控制接触器及时分断电路。

（2）过电流继电器。过电流继电器线圈在额定电流值时，衔铁不产生吸合动作，只有当负载电流超过一定值时才产生吸合动作。

通常，交流过电流继电器的吸合电流整定范围为额定电流的 1.1～4 倍，直流过电流继电器的吸合电流整定范围为额定电流的 0.7～3.5 倍。

常见的电压继电器和电流继电器的外形图如图 1-29 所示。

(a)电压继电器

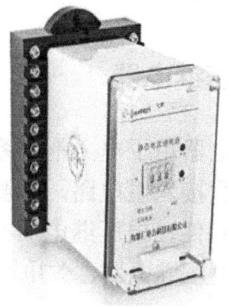
(b)电流继电器

图 1-29　常见的电压继电器和电流继电器的外形图

1.6.3　时间继电器

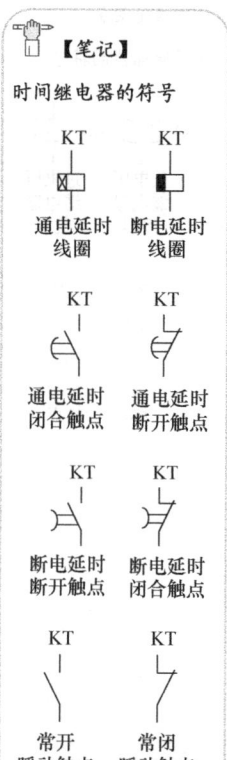

【笔记】
时间继电器的符号

在生产中经常需要按一定时间间隔来对生产机械进行控制，时间继电器就是在电路中起着控制电路通/断动作时间长短的继电器。时间继电器的种类很多，按动作原理可分为电磁式、机械阻尼式、空气阻尼式、电动机式、电子式、可编程式和数字式；按延时方式可分为通电延时型与断电延时型两种。

一般电磁式时间继电器的延时范围在十几秒以内，多为断电延时型，其延时整定精度不是很高和稳定性不是很好，但继电器本身的适应能力较强，在一些要求不太高、工作条件比较恶劣的场合，多采用这种时间继电器，电磁式时间继电器有 JT3 系列。

机械阻尼式（气囊式）时间继电器的延时范围可扩大到数分钟，但整定精度往往较低，只适用于一般场合。机械阻尼式（气囊式）时间继电器有 JS7-A 系列。

电动机式时间继电器的主要特点是延时范围宽，可长达数十小时，重复精度也较高，同步电动机式时间继电器有 JS11 系列。西门子公司引进的 7FR 型同步电动机式时间继电器，其功耗小、性能指标较高，有短延时单量程（7PR10）、单量程（7PR40）和多级量程（7FR41，共有 6 级量程）三种类型，延时范围从零点几秒到数十小时可调。延时整定通过量程整定（当为多级量程时）和延时时间整定两个旋钮进行。除可指示整定的延时值外，还可以指示每个瞬时的剩余延时时间。这种继电器的不足是只有在触点闭合（接通）时才开始延时。

【视频】

空气阻尼式时间继电器

电动式、可编程式和数字式时间继电器的延时范围大，整定精度高，有通电延时、断电延时、复式延时和多制式延时等延时类型，应用广泛。

1. 空气阻尼式时间继电器的结构与工作原理

空气阻尼式时间继电器是利用空气阻尼原理获得延时的，它由传动机构、延时机构、工作触点三部分组成。工作触点是执行机构，由两副瞬时动作触点（一副动合、一副动断）和两副延时动作触点组成。延时机构包括：气室和传动机构。气室内有一块橡皮薄膜，随空气量的增减而移动。气室上面的调节螺钉可调节空气进入气室的速度，从而控制橡皮薄膜形变速度来实现延时的长短变化。传动机构由推杆、活塞杆、杠杆及宝塔形弹簧组成。如图 1-30 所示为 JS23 系列空气阻尼式时间继电器外形及结构示意图。

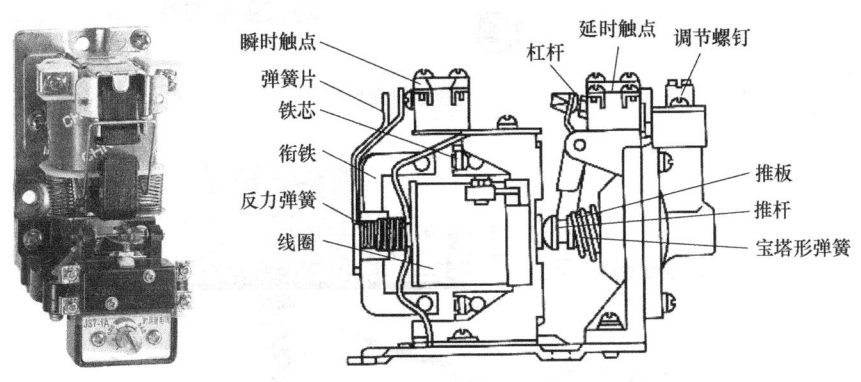

图 1-30　JS23 系列空气阻尼式时间继电器外形及结构示意图

空气阻尼式时间继电器结构简单、价格低廉，但精度低、延时误差大，因此在要求延时精度高的场合不宜采用，其延时范围为 0.4～180s。空气阻尼式时间继电器分为通电延时型和断电延时型。

空气阻尼式通电延时型时间继电器的动作原理图如图 1-31 所示。当该时间继电器线圈通电时，衔铁被吸合，活塞杆在宝塔形弹簧的作用下移动，移动的速度根据进气孔的节流程度而定，各延时触点不立即动作，而要通过传动机构延长一段整定时间后才动作，线圈断电时，延时触点迅速复原。

【视频】
空气阻尼式通电延时型时间继电器

空气阻尼式断电延时型时间继电器

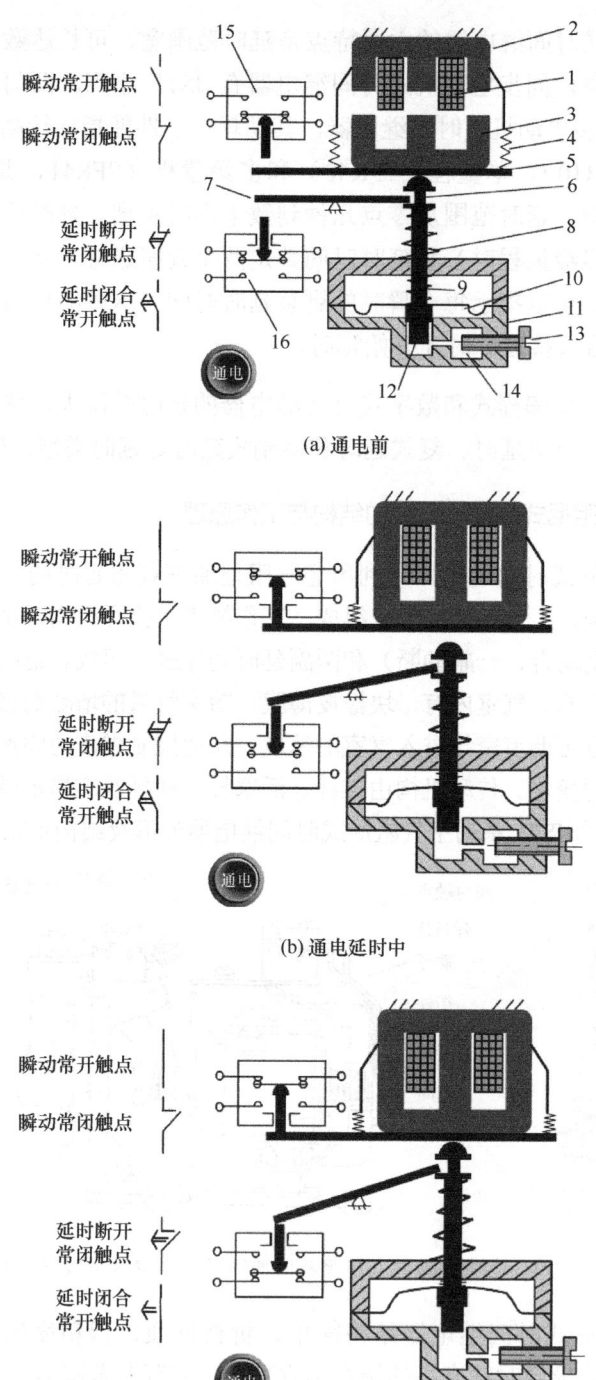

(a) 通电前

(b) 通电延时中

(c) 延时后

图 1-31 空气阻尼式通电延时型时间继电器的动作原理图

1—线圈；2—铁芯；3—衔铁；4—反力弹簧；5—推板；6—活塞杆；7—杠杆；8—宝塔形弹簧；9—弱弹簧；10—橡皮薄膜；11—空气室；12—活塞；13—调节进气螺杆；14—进气孔；15、16—微动开关空气阻尼式断电延时型时间继电器的动作过程如图 1-32 所示。

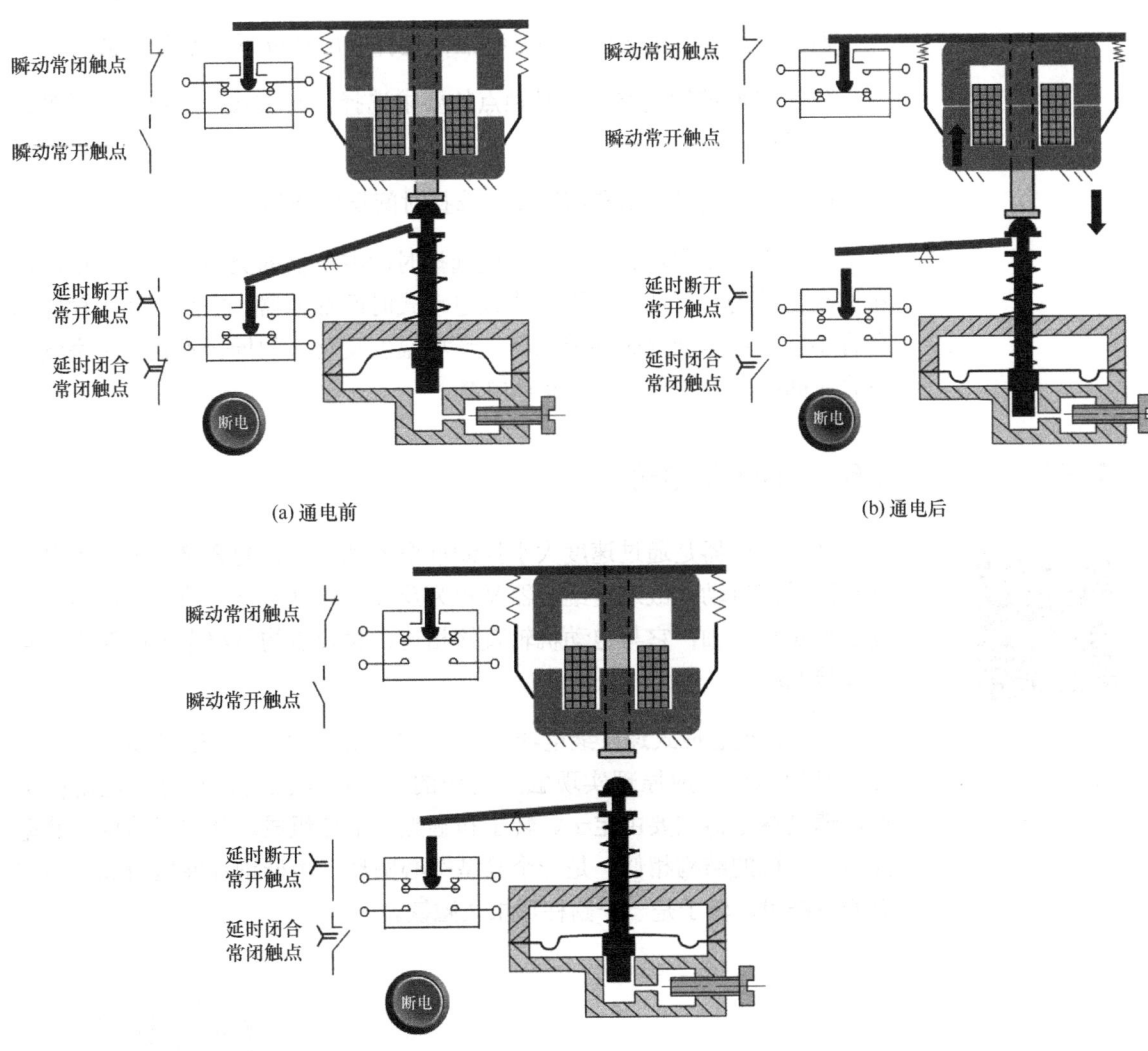

图 1-32 空气阻尼式断电延时型时间继电器的动作过程

空气阻尼式通电延时型和断电延时型时间继电器的共同点是，由于两类时间继电器的瞬动触点不具有延时作用，因此通电时触点立即动作，断电时触点立即复位，即恢复到原来的动合状态或动断状态。

通电延时型与断电延时型两种时间继电器的组成元件是通用的，从结构上说，只要改变电磁机构的安装方向，就可获得两种不同的延时方式，即铁芯与衔铁的位置旋转 180°，当衔铁位于铁芯和延时机构之间时，为通电延时型，而当铁芯位于衔铁和延时机构之间时，为断电延时型。

2. 时间继电器的选择原则

时间继电器种类多样，各具特点，选择时应从以下三方面考虑。

（1）根据控制电路对延时触点的要求选择延时方式，即通电延时型或断电延时型。

（2）根据延时范围和精度要求选择时间继电器类型。

（3）根据使用场合、工作环境选择时间继电器的类型。例如，电源电压波动大的场合可选空气阻尼式或电动式时间继电器，电源频率不稳定的场合不宜选用电动式时间继电器，环境温度变化大的场合不宜选用空气阻尼式时间继电器和电动式时间继电器。

1.6.4 速度继电器

速度继电器是通过速度大小控制继电器动作的，配合接触器实现对电动机的反接制动，故速度继电器又称为反接制动继电器。速度继电器的承受机构是转子轴，它与电动机轴直接相连，执行机构是继电器的触点，实现反接制动。

JY1系列感应式速度继电器的外形及内部结构如图1-33所示，该继电器是利用电磁感应原理实现触点动作的。从结构上看，与交流电动机类似，速度继电器主要由定子、转子和触点三部分组成。其定子结构与笼型异步电动机的结构相似，是一个笼型空心圆环，由硅钢片冲压而成，并装有笼型绕组，转子是一个圆柱形永久磁铁。

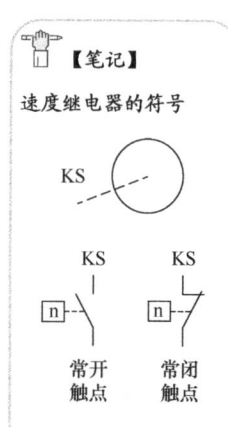

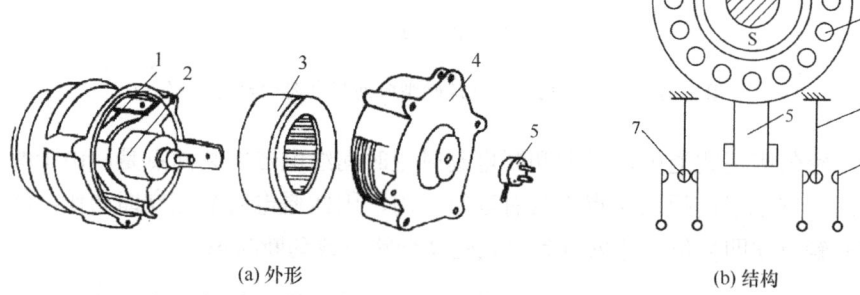

图 1-33　JY1 系列感应式速度继电器的外形及内部结构

1—电动机轴；2—转子；3—定子；4—绕组；5—摆锤；6—静触点；7—动触点；8—簧片

速度继电器的轴与电动机的轴相连，其转子固定在轴上，定子与轴同心。当电动机转动时，速度继电器的转子随之转动，绕组切割磁场产生感应电动势和感应电流，此电流与永久磁铁的磁场作用产生转矩，使定子向轴的转动方向偏转，通过定子柄拨动触点，使动断触点断开、动合触点闭合。当电动机转速下降并接近零时，其转矩减小，定子柄在弹簧力的作用下恢复原位，触点也复原。

常用的感应式速度继电器有 JY1 系列和 JFZ0 系列，JY1 系列感应式速度继电器能在 3000r/min 的转速下可靠工作，JFZ0 系列感应式速度继电器的触点动作速度不受定子柄偏转快慢的影响，故可改用微动开关对其触点进行控制。一般情况下，速度继电器的触点在转速达到 120r/min 以上时动作，当转速低于 100r/min 左右时复位。

1.6.5 温度继电器

电动机过载时，热继电器的发热元件可以间接地反映绕组的温升，进而起到过载保护的作用。然而，热继电器不能检测因电网电压升高，铁损增加引起的铁芯发热，或者其他环境温度的升高。因此，需要利用温度继电器检测温度的升高。

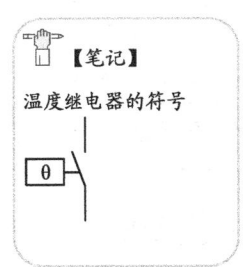

【笔记】

温度继电器的符号

常用的温度继电器主要以热敏电阻式继电器为主体，温度继电器的电路原理图如图 1-34 所示。

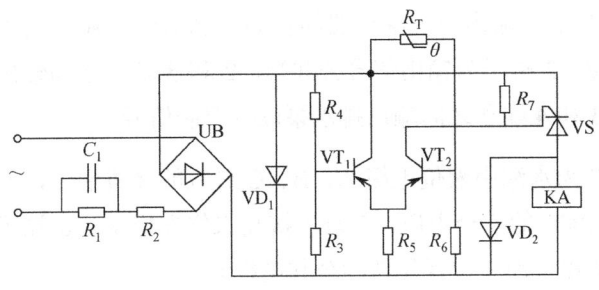

图 1-34　温度继电器的电路原理图

图 1-34 中，R_T 表示各绕组内埋设的热敏电阻串联后的总电阻，它与电阻 R_7、R_4、R_6 构成一个电桥，由晶体管 VT_1 和 VT_2 构成的开关电桥连接在电桥的对角线上。当温度在 65℃ 以下时，R_T 基本为恒定值，且该值比较小，电桥处于平衡状态，VT_1 和 VT_2 均处于截止状态，晶闸管 VS 不导通，执行继电器 KA 不动作。当温度上升到动作温度时，R_T 的电阻值增大，电桥不平衡，使得 VT_1 和 VT_2 导通，晶闸管 VS 也导通，KA 线圈得电吸合，使其常闭触点分断接触器线圈，进而使电动机断电，实现了电动机的过热保护。当电动机温度下降至返回温度时，R_T 阻值锐减，电桥恢复平衡使 VS 关断，KA 断电释放。

1.6.6 液位继电器

某些锅炉和水箱都是根据液位的高低变化来控制水泵电动机的启停

【视频】
JYB-714 型液位继电器接线图

【笔记】
液位继电器的电路符号

（带 4 个断路触点）

的，该控制可由检测液位高低的液位继电器来提供信号。JYB-714 型液位继电器的外形及其 220V 供水泵控制电路图如图 1-35 所示。

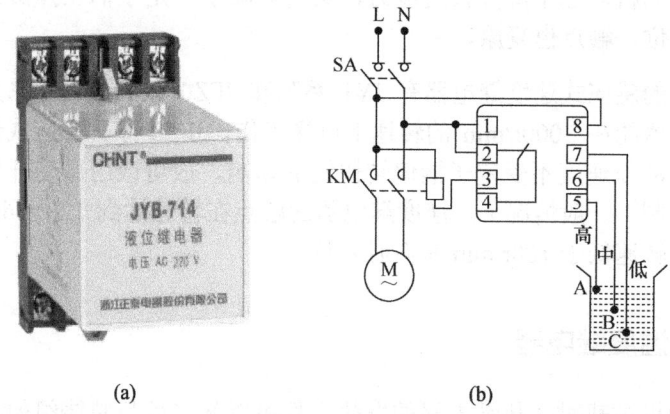

(a)   (b)

图 1-35　JYB-714 型液位继电器的外形及其 220V 供水泵控制电路图

1、8 端子为继电器工作电源接线端子，有交流电 380V 和交流电 220V 两种电源，图 1-35(b)中液位继电器电源为交流电 220V，即 1 端子接 N，8 端子接 L。

2、3、4 端子输出液位继电器的自动控制信号，输出端子工作电压为交流电 220V，2 端子为输出信号公共端，2 和 3 端子之间输出供水泵液位控制信号，3 和 4 端子之间输出排水泵液位控制信号。

5、6、7 为水池中液位电极 A、B、C 对应的接线端子，液位电极端子间为直流电 24V 的安全电压，5 端子接高水位电极 A，6 端子接低水位电极 B，7 端子接水池中位置最低的公共电极 C。

1.7　智能电器

智能电器将传统电器控制技术、传感器技术、电力电子技术、计算机技术和数字通信技术融为一体。一方面使电器设备具有智能化的功能；另一方面使其可以通过通信接口实现与计算机或其他设备之间的双向通信。所以，智能电器已不是单纯的一个产品，而是一个机电结合、强弱电结合的整体，是现代新技术与传统电器技术相结合的新产品。

1.7.1　智能电器的定义与分类

从构成智能电器的核心部件及其功能出发，目前人们对智能电器的定义是:"智能电器是以微处理器为核心,除具有传统电器的切换、控制、保护、检测、变换和调节等功能外,还具有显示、故障诊断、记忆、运算与处理、通信、可自适应电网等功能的电子装置。"智能电器的核心部件是微处理器,与传统电器相比,智能电器的功能有"质"的飞跃,即智能电器是电子装置,而传统电器是电气设备。随着科学技术的发展,智能电器的定义也在不断变化。

智能电器可分为智能电器元件/装置、智能开关柜和智能供配电系统。从电力系统的一次设备和二次设备角度讲,智能电器可分为二次智能设备和一次智能设备。智能电器元件/装置包括智能化(通用)保护测控单元/装置、智能接触器/继电器、智能断路器、智能电力监控器、智能网络电力仪表、智能电能质量监测装置、智能电动机保护(测控)装置、智能变压器/馈线/电容器保护(测控)装置等。

智能供配电系统包括智能低压配电系统、智能配电监控管理系统、智能电动机控制中心(MCC)及智能型预装式/箱式变电站等。

1.7.2 智能电器的新技术

智能电器元件采用电子技术、微机控制技术、现代传感技术、数字信号处理技术、计算机数字通信技术、检测与转换技术、电磁兼容技术、3C技术(通信技术、计算机技术和控制技术的合称)、数据库技术、高级语言编程技术及网络技术等技术。具有自动监测、识别运行环境和测量、保护、记录各种运行状态的历史数据,以及各种数据的现场显示和控制操作命令类型等功能。通过数字通信网络向系统控制中心传递各种现场数据,接收系统控制中心的远方操作与管理。此外,当开关设备的一次开关电器为智能电器元件时,也可以由控制中心直接进行远程智能控制。对于低压配电系统和电动机控制系统中的电器设备,通常必须具备以下主要功能,即过载保护、短路保护、控制、隔离及紧急状态下急停。

1. 智能电器的组成

低压配电系统与电动机控制中心已经形成了智能化监控、保护与信息网络系统,该系统主要由以下4部分组成。

(1)智能开关设备:包括带智能脱扣器的断路器、智能接触器与智能电动机保护器。

(2)监控器:在网络系统中具有参数测量、显示及某种保护功能,替代传统的主令电器、信号电器与测量仪表。

（3）中央计算机与 PLC。

（4）网络元件：用于形成通信网络，主要有现场总线、操作器与传感器接口、地址编码器及寻址单元等。

智能断路器、智能电动机保护器、智能接触器是低压开关柜和电动机控制中心实现智能化的主要电器元件。

2. 典型智能电器的硬件与软件

智能电器由硬件和软件两部分组成。典型智能电器的硬件结构如图 1-36 所示。智能电器的硬件除包含与常规控制电器类似的硬件外，又增加了与电子技术、微机控制技术、3C 技术、数据处理技术等相关的硬件。智能电器的软件可以根据用户的具体需要去设置，进而实现用户设置的各种功能，并将设备的运行状态参数传送给人机界面，以方便用户对设备的运行状态进行实时监控。其输入信号既可以是电压信号、电流信号，又可以是数字信号。模拟信号经变换器和信号调理电路变换、处理后送给 A/D（模数）转换器，数字信号通常经过隔离、处理后再送给微处理器。微处理器是智能电器的核心部件，为实现人机交互，智能电器还由键盘电路、打印接口电路、显示与报警电路、时钟电路、电平信号、触点信号、RS232/RS485 串行通信接口、信息交换接口、现场总线接口、总线控制器、总线收发器、光电隔离等组成。智能电器的软件不仅能够实现电器的控制功能，还能使很多非控制功能在智能电器中实现。如故障定位、事件报告、电量计量及温度估计等数据处理功能。

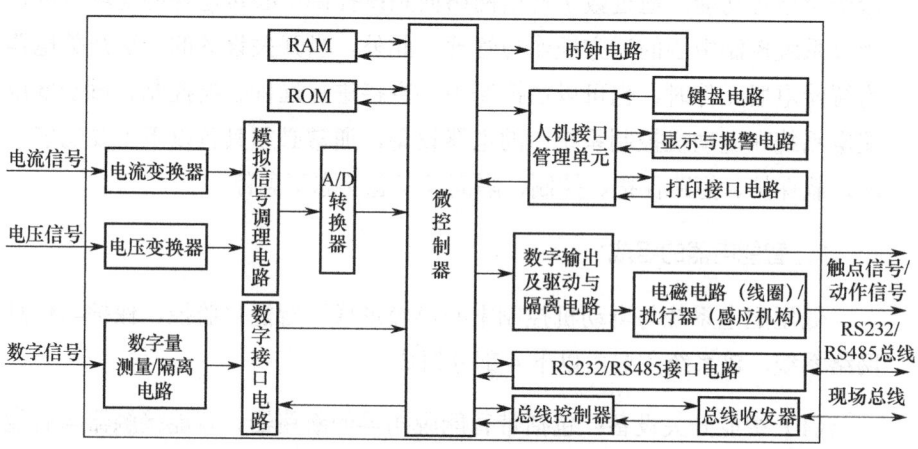

图 1-36　典型智能电器的硬件结构

1.7.3 智能电器的举例

1. 固态继电器简介

由于固态继电器（Solid State Relay，SSR）是由半导体材料制成的，因此又称为半导体继电器。它是一种新型无触点继电器，能够实现强、弱电的良好隔离，其输出信号能够直接驱动强电电路的执行元件，与有触点的继电器相比，具有开关频率高、使用寿命长、工作可靠等突出优点。常见的固态继电器的外形图如图 1-37 所示。

图 1-37　常见的固态继电器的外形图

2. 固态继电器的分类和工作原理

单相固态继电器是具有两个输入端和两个输出端的一种四端器件，如图 1-38 所示。按输出端负载电源类型可分为直流型和交流型两类。

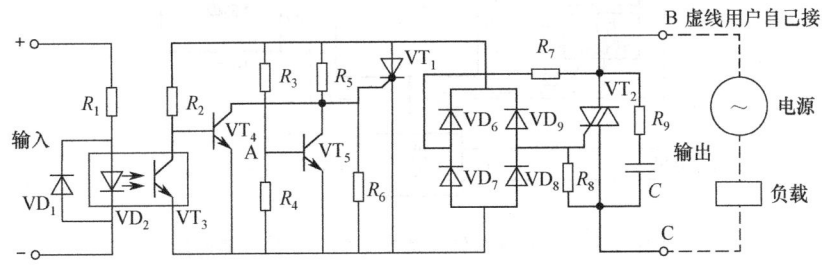

图 1-38　光耦合式交流单相固态继电器的内部电路图

当无信号输入时，发光二极管 VD_2 不发光、光电三极管 VT_3 截止，三极管 VT_4 导通，VT_1 控制门极被箝在低电位而关断，双向晶闸管 VT_2 无触发脉冲，固态继电器两个输出端均处于断开状态。

只要在该电路的输入端输入很小的信号电压,就可以使发光二极管 VD_2 发光,光电三极管 VT_3 导通,三极管 VT_4 截止。若 VT_1 控制门极为高电位,则 VT_1 导通,双向晶闸管 VT_2 可以经 R_8、R_9、VD_6、VT_7、VT_8、VT_9、VT_1 对称电路获得正负两个半周的触发信号,保持两个输出端处于接通状态。

3. 智能接触器

基于分断相位控制的智能交流接触器的结构如图 1-39 所示,包括电磁式交流接触器及信号采集模块、主控模块、供电模块和线圈电流控制模块等。信号采集模块是指采集该交流接触器上任意相线的电流并送给主控模块。供电模块将该交流接触器上线圈产生的交流电转换成直流电并送给主控模块。当主控模块检测到直流电压值小于预设电压时,等待信号采集模块采集的电流到达分断能量之和最小的相位角后,输出分断指令,通过线圈电流控制模块控制线圈电流断开。或主控模块检测到直流电压值大于或等于预设电压值时,输出接通指令,通过线圈电流控制模块控制线圈电流导通。该智能接触器能够通过改变分断策略来减小分断电弧的能量,使得分断电弧能量更小,从而达到延长使用寿命的目的。

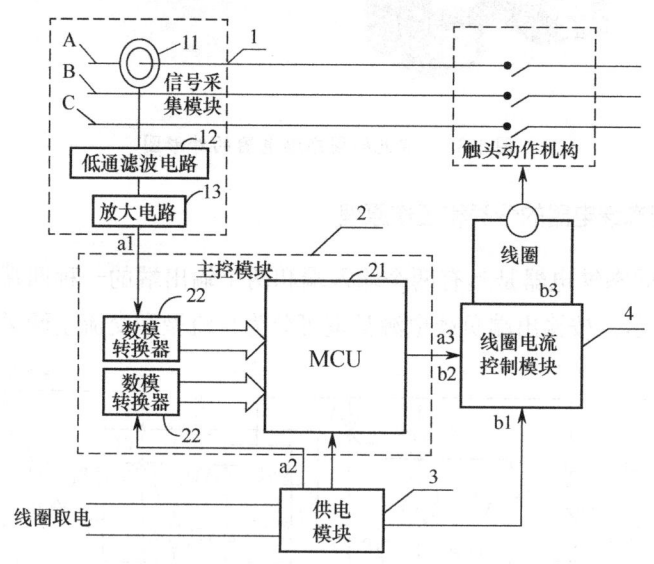

图 1-39 基于分断相位控制的智能交流接触器的结构

4. 智能脱扣器

早期的脱扣器是电磁式的。第一代电子脱扣器以晶体管、稳压管为核心。第二代电子脱扣器以比较集成电路为核心。第三代电子脱扣器以单片机为核心,它是断路器内的智能控制模块,具有显示、三段保护、试验、故障诊断等功能。第三代电子脱扣器由信号采样电路、电源电路、A/D 转换电路、CPU、显示电路、接口电路、脱扣电路等组成。其中脱扣电路是脱扣器的末级电路，是单片机命令的执行机构，直接关系到断路器是否断开、电网是否停电等，故我们称其为智能脱扣器。智能脱扣器的工作原理图如图1-40所示。

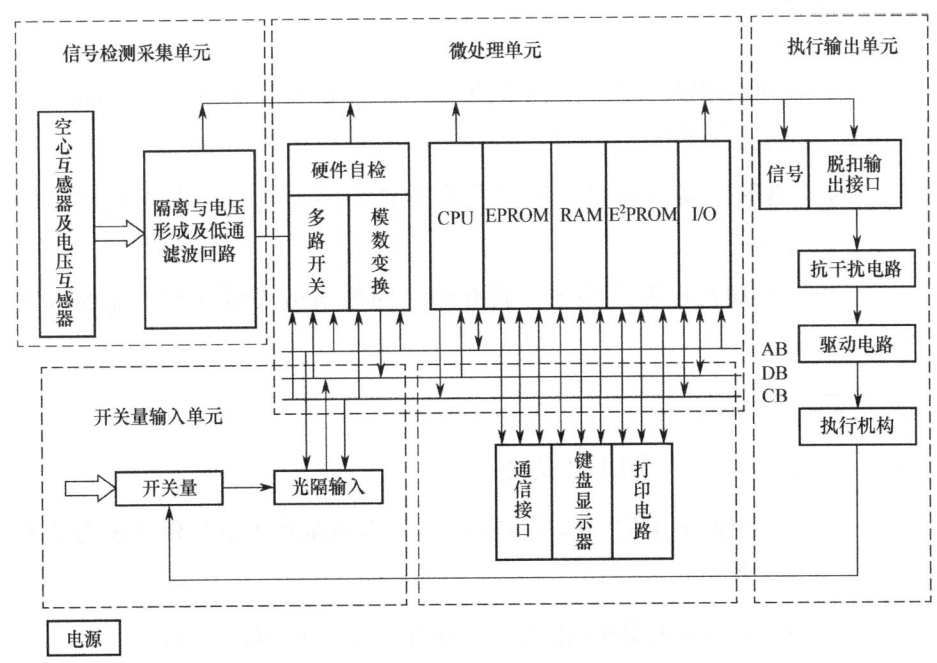

图1-40 智能脱扣器的工作原理图

习题 1

一、填空题

1．在电动机控制电路中，利用_____作为短路保护，利用_____作为过载保护。

2．用热继电器对电动机进行保护，其整定电流值应由_____来确定。热继电器可以用来防止电动机因_____而损坏。

3．中间继电器的作用主要有_____，_____，_____，_____。

4．欠电流继电器在主电路通过正常工作电流时，衔铁已经_____，当主电路的电流_____其整定电流时，衔铁才被_____。

5．开关电器中，用于易燃爆环境的开关是_____，用于控制多个回路的开关是_____。

6．交流接触器的_____触点的额定电流较大，可以用来_____大电流的主电路；_____触点的额定电流较小，一般为_____A。

7．低压断路器又称_____。其热脱扣器作_____保护用，电磁脱口机构作_____保护用，欠电压脱扣器作_____保护用。

8．热继电器是利用双金属片的_____效应而动作的，它的发热元件应_____接于电动机电源回路中。

9．热继电器的整定电流值是指热继电器_____而不动作时的_____电流值。

10．电动机控制电路中，具有潜在的欠压或失压保护功能的电器是_____。

二、选择题

1．关于继电器说法错误的是（　　　）。

　　A．中间继电器的作用中扩展信号点数量用于信号传递使用最为普遍

　　B．电压继电器和电流继电器都有"欠"和"过"两种。

　　C．不是所有的继电器都具有电磁式机构。

　　D．速度继电器是可以识别出具体速度值的。

2．关于电器设备触点说法错误的是（　　　）。

　　A．同一个电器设备的常开和常闭触点一定是同步动作的。

　　B．常开和常闭触点又称为动合触点和动断触点。

　　C．可以通过触点的大小来判断触点是主触点还是辅助触点。

　　D．常开触点的英文代号是NO，常闭触点的英文代号是NC。

3．关于接触器说法错误的是（　　　）。

　　A．无论是交流还是直流接触器，线圈都是发热的。

　　B．接触器额定电压和额定电流指的是线圈能流经的最大电压和最大电流。

　　C．接触器和中间继电器都是电磁式电器。

　　D．接触器的主触点可以作为辅助触点使用，交流接触器可以在触

点上通入直流电流。

4. 判断交流或直流接触器的依据是（　　）。

　　A. 线圈电流的性质

　　B. 主触点电流的性质

　　C. 主触点的额定电流

　　D. 辅助触点的额定电流

6. 关于时间继电器说法错误的是（　　）。

　　A. 空气阻尼式时间继电器的定时准确性要好于晶体管式时间继电器

　　B. 空气阻尼式时间继电器的定时范围比晶体管式的要宽

　　C. 断电延时型空气阻尼时间继电器的延时触头在线圈得电时发生动作

　　D. 空气阻尼式时间继电器具有瞬时触头，动作与电磁机构得电状态同步

三、判断题（正确的在括号内打"√"号，错误的打"×"号）

1. 空气开关既是控制电器又是保护电器。　　　　　　　　　（　　）

2. 主触点额定电流在 20A 以上的交流接触器，都必须配有专门的灭弧装置，没有灭弧装置一定不能使用。　　　　　　　　　（　　）

3. 因为异步电动机直接启动时的启动电流为额定电流的 4~7 倍，所以电路中配置的熔断器的额定电流也应按电动机额定电流的 4~7 倍来选择。　　　　　　　　　　　　　　　　　　　　　　（　　）

4. 按钮开关触点的额定电流一般为 5A，且最好工作在安全电压 36V 等级以下的控制电路中。　　　　　　　　　　　　　（　　）

5. 热继电器是利用热效应来推动动作机构，对于抗过载能力差的电动机，可将热元件整定值调整到电动机额定电流的 1.5 倍。

　　　　　　　　　　　　　　　　　　　　　　　　　（　　）

6. 热继电器可以代替熔断器对电动机进行短路保护，因为只要流经热继电器的电流超过其整定电流值，热继电器会立即动作。（　　）

7. 中间继电器触点数目多，并且没有主、辅触点之分。　　（　　）

8. 热继电器不会因电动机的起动电流过大而动作。因为，电机起动时间一般较短，而热继电器需要一定的滞后时间对大电流做出反应。
（　）

9. 采用了低压断路器，可以对电动机实行无熔丝保护。（　）

10. 熔断器熔体的额定电流是指长时间通过熔体而不熔断的最大电流值。（　）

第2章

电气控制基本电路

本章将主要分析由第1章介绍的低压电器元件构成的几种简单、实用的继电接触器控制系统实例,包括三相交流异步电动机的全压启动控制、点动控制与长动控制、降压启动控制、顺序启停控制、正反转控制、多地控制、制动控制及调速控制。

通过对本章控制线路的学习,读者可掌握常见控制线路的电气原理图设计方法,并能理解较为复杂的电气原理图,正确分析其控制逻辑过程,为后续的PLC控制编程打下坚实的基础。

2.1 电气控制的基本知识

【视频】
电气控制系统的类型和制图标准

电气控制工程技术人员在进行电气控制系统设计时，是用电气控制系统图表达设计思想的，电气控制系统由电器元件按照一定要求连接而成，用图形的方式表示电气控制系统中的元件及其连接关系，表达电气控制系统的结构、功能及工作原理，用于指导电气控制系统的安装、调试、使用及维修。常用的电气控制系统图包括电气控制原理图、电器元件布置图及电气接线图。

2.1.1 常用图形符号和文字符号

【资料】
GB/T 4728《电气简图用图形符号》

电气控制系统图必须按照国家标准，根据电气控制系统设计规范，使用规定的图形符号、文字符号及绘制，使用不同的图形符号表示各种不同的电器元件，使用不同的文字符号说明电器元件的名称、用途、编号及特征。为了便于国际交流与合作，我国参照国际电工委员会（IEC）颁布的有关文件，颁布了 GB/T 4728《电气简图用图形符号》，在该标准中，除按专业规定了各种图形符号外，还规定了符号要素、限定符号和常用的其他符号。电气控制系统图中的图形符号和文字符号必须符合最新的国家标准。

2.1.2 电气控制原理图

使用规定的图形符号和文字符号，按主电路和辅助电路相互分开，根据各电器元件动作顺序等原则绘制的电路图，称为电气控制原理图。该图包括所有电器元件的导电部件和接线端点，但该图不表示电器元件的形状、大小和安装方式。电气控制原理图具有结构简单、层次分明的特点，适于研究分析电路的工作原理，且应用广泛。

1. 绘制电气控制原理图遵循的主要原则

（1）各电器元件采用国家规定的图形符号和文字符号表示。

（2）采用便于阅读的原则来安排各个电器元件在控制电路中的位置。同一电器元件的各部件根据需要可以不绘制在一起，但文字符号必须相同。

（3）图中所有电器元件的触点按各自所处的自然状态（非激励）绘制。例如，继电器、接触器的触点按吸引线圈不通电时的状态绘制，控制器按手柄处于零位时的状态绘制，机械控制的行程开关按其不受外力作用的状态绘制等。

（4）电气控制原理图一般包括主电路、控制电路及辅助电路。绘制时，应将这些电路分开绘制。主电路绘制在图面的左侧或上方，辅助电路绘制在图面的右侧或下方。

（5）各电器元件一般按动作顺序从上到下、从左到右依次排列，可水平布置或垂直布置。有直接电气联系的十字交叉导线连接点用黑点表示，无直接电气联系的交叉导线连接点不画黑点。

2. 电气控制原理图区域的划分与索引

为了便于检索电气线路，方便阅读、分析电路原理，避免遗漏，特意设置了图区编号，现以如图 2-1 所示的某机床电气控制原理图为例，说明电气控制原理图绘制的一般原则。如图样上方的 1、2、3 等数字，图区编号也可设置在图样的下方。图区编号上方的"主轴电动机"等字样，表明对应区域下面电器元件名称或电路的功能，便于理解全部电路的工作原理。

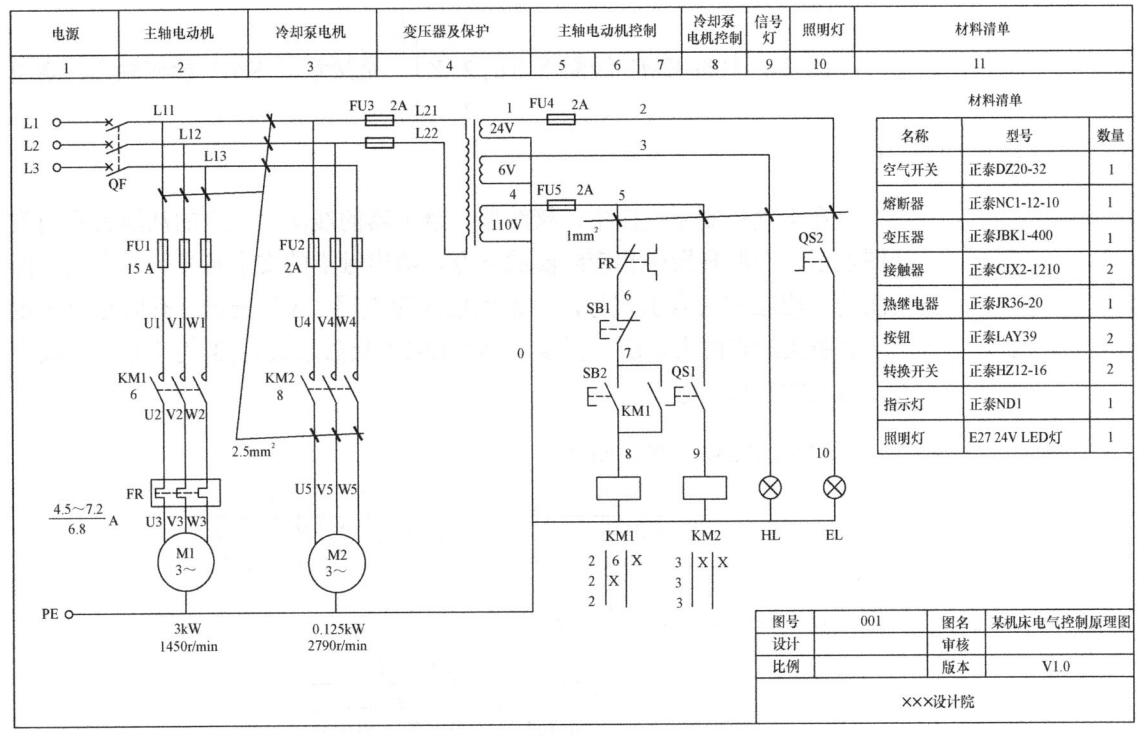

图 2-1 某机床电气控制原理图

符号位置的索引使用图号、页次和图区编号的组合索引法，当与某个电器元件相关的各符号元素出现在不同图号的图样上时，索引代号的组成为

> 【问题】
> 1. 图 2-1 中主轴电动机的热继电器整定值是多少?
> 2. 图 2-1 中变压器转换了几种输出电压?
> 3. 图 2-1 中 SB2 与 SA1 在使用时有什么区别?
> 4. 图 2-1 中 KM2 线圈下方的 X 表示什么意义?

图号/页次·图区编号

而当每个图号仅有一页图样时,索引代号可简化为

图号/图区编号

当某个电器元件相关的各符号元素出现在同一图号的图样上,而该图号有几张图样时,可省略图号,而将索引代号简化为

页次·图区编号

当某个电器元件相关的各符号元素出现在只有一张图样的不同图区时,索引代号只用图区号表示,即

图区编号

图 2-1 中的图区 2 中的 "$\overset{KM1}{6}$" 即为最简单的索引代号,它指出了接触器 KM1 的线圈位置在图区 6。

图 2-1 中的 KM1 线圈下方的 $\begin{array}{c|c} 2 & 6 \\ 2 & X \\ 2 & \end{array}$ X 是接触器 KM1 相应触点的索引代号。

在电气控制原理图中,接触器、继电器的线圈和触点的从属关系用附图表示。在原理图中相应线圈的下方,给出触点的文字符号,并在其下面注明相应触点的索引代号,对未使用的触点用 "X" 表示,有时也可采用上述省去触点的表示法。正泰 CJX2-12-10 接触器具有 3 对主触点,其中一对为常开辅助触点。

对于接触器,含义如下:

左栏	中栏	右栏
主触头所在的区号	常开辅助触头所在的区号	常闭辅助触头所在的区号

对于继电器,含义如下:

左栏	右栏
常开辅助触头所在的区号	常闭辅助触头所在的区号

3. 电气控制原理图中技术数据的标注

电器元件的型号和数据一般用小号字体标注在电器元件索引代号的下面,如图 2-1 中热继电器 FR 的数据标注,其上行表示动作电流的范围,下行表示电流整定值。

2.1.3 电器元件布置图

电器元件布置图用来表明电气设备上所有电动机和电器元件的实际位置，为电气控制设备的制造、安装、维修提供必要的档案资料。图 2-2 为某机床电器元件布置图，在绘制电器元件布置图时，所有能看到的电气设备均用细实线绘制出简单的外形轮廓。

【任务】

根据图 2-1 绘制一份你设计布局的机床电器元件布置图。

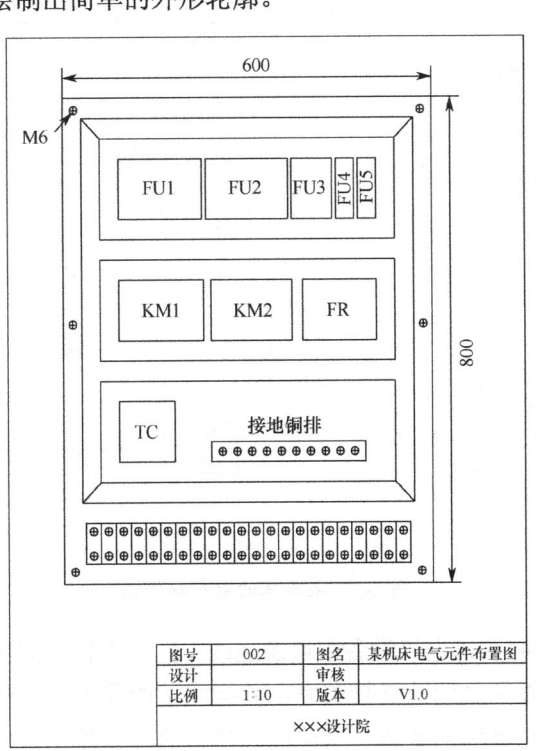

图 2-2　某机床电器元件布置图

2.1.4 电气接线图

电气接线图是用规定的图形符号，按各电器元件相对位置绘制的实际接线图。由于电气接线图在具体施工和检修中能起到电气控制原理图所起不到的作用，所以它在生产现场得到了广泛的应用。

电气接线图是实际接线安装的准则和依据，能清楚地表示各电器元件的相对位置和它们之间的电气连接，电气接线图不但要把同一个电器的各个部件绘制在一起，而且各个部件的布置都要尽可能符合该电器的实际情况。各电器元件的表示要与电气控制原理图一致，以便核对。同一控制柜中的各电器元件之间可以直接进行导线连接，不在同一个控制柜内的各电器元件之间必须通过接线端子进行导线连接。电气接线图中，分支导线应在各电器元件接线端上引出，而不能在端子以外的地方连接。除此之外，应该详细标明导线和所穿管子的型号与规格等。

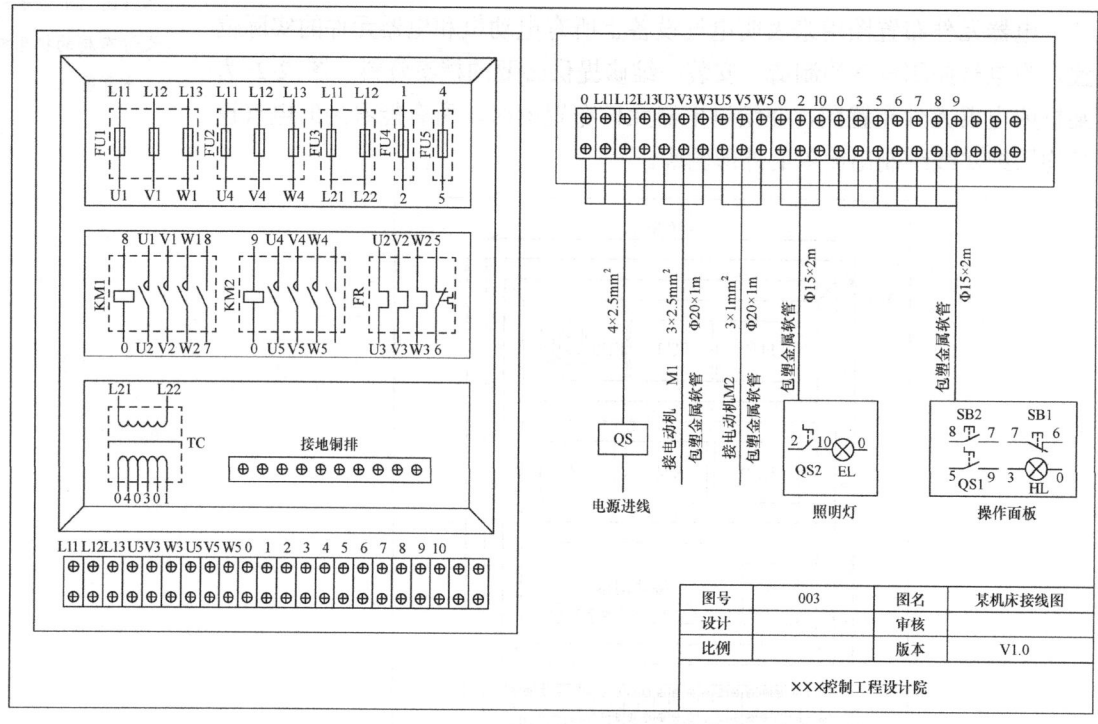

图 2-3　某车床的电气接线图

图 2-3 表明了该电气设备中电源进线、操作面板、照明灯、电动机与机床安装板接线端之间的连接关系，并标注了所采用的包塑金属软管的直径、长度，连接导线的根数、横截面积和颜色。如操作面板与安装板的连接，操作面板上有 SB1、SB2、SA1、HL 电器元件，根据如图 2-1 所示的电气控制原理图，SB1 与 SB2 的一端相连为 7，线号为 0、3、5、6、7、8、9 的导线通过红色导线接到安装板上相应的接线端子上，进而与安装板上的电器元件相连。其他电器元件与安装板的连接关系这里不再赘述。

2.2　三相笼型异步电动机的点动控制与长动控制

【视频】

手动控制、点动控制和长动控制

三相笼型异步电动机在电力拖动设备中占有 85%的使用比例，其启动方式有全压直接启动和降压启动两种。全压直接启动简单、经济，但是启动电流是电动机额定电流的 4~7 倍，会造成电网电压下降，影响同一个电网中其他负载的工作，故有一定使用限制，通常容量小于 10kW 的三相笼型异步电动机可以采用全压直接启动方式，全压直接启动又分为点动控制和长动控制两种情况。

2.2.1 低压电器的选择

在设计全压直接启动电路时，为了满足基础要求，配电类低压电器选择刀开关 QS 和低压断路器 QF。若选择 QS，则为了具有短路保护，还需要熔断器 FU 作为保护类低压电器，而直接用 QF 可以省略主电路的熔断器；主令电器普遍选用按钮 SB，搭配控制类低压电器——接触器 KM，将电压为 36V 以下的控制电路中的启停按钮发出的指令信号通过电磁机构传递到主电路，进而控制主电路的电源通断。

【视频】
直接启动控制

进一步设计时，需要考虑电动机可能出现的过载情况，因此为了提高控制稳定性，还需要选择保护类低压电器——热继电器 FR，FR 用来实现电动机的过载保护。热继电器发热元件串联在电动机定子电路中，在电动机启动时，能经得住启动电流冲击而不动作。当电动机出现长期过载时，热电器元件使双金属片受热弯曲，推动串联在控制电路中的 FR 常闭触点断开，切断接触器 KM 线圈电路，断开电动机电源，进而实现保护。此外，电路中使用的接触器，其本身的电磁机构在电压不足或失去电压时无法工作，所以也具有欠电压和失电压保护。

2.2.2 单向全压点动控制

在实际生产中，生产机械不仅需要连续运转，有时还需要做点动控制，即按下启动按钮，电动机转动，松开启动按钮，电动机停转，点动控制分为单向点动控制和正反向点动控制。

单向全压点动控制线路如图 2-4 所示。其工作过程为：先合上 QS，按下启动按钮 SB，接触器 KM 线圈通电，KM 主触点闭合，电动机 M 通电直接启动运行。松开 SB，接触器 KM 线圈断电，KM 主触点断开，M 停转。

按下按钮，电动机转动，松开按钮，电动机停转，这种控制就称为点动控制，它能实现电动机短时转动。

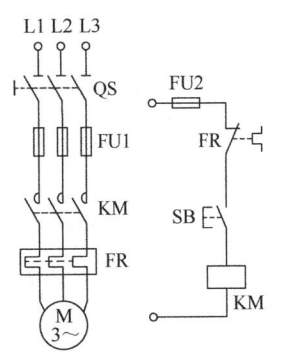

图 2-4 单向全压点动控制线路

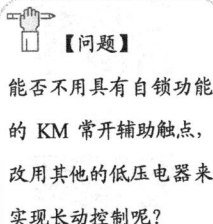
【问题】
能否不用具有自锁功能的 KM 常开辅助触点，改用其他的低压电器来实现长动控制呢？

2.2.3 单向全压长动控制

单向全压长动控制线路如图 2-5 所示。启动时，合上 QS 接通三相电源。按下启动按钮 SB1，交流接触器 KM 线圈得电，KM 主触点闭合，电动机 M 接通电源，直接启动运转，同时与 SB1 并联的 KM 常开辅助触点闭合，使 KM 线圈经两条支路通电。当 SB1 复位时，KM 线圈通过其常开辅助触点继续通电，从而保持电动机的连续运行。这种依靠接触器自身辅助触点使其线圈保持通电的现象称为自锁。用于自锁的辅助触点，称为自锁触点。停止时，按下停止按钮 SB2，KM 线圈断电，其主触点断开，切断三相电源，M 停止运转，同时，KM 的自锁触点恢复常开状态。松开 SB2 后，其常闭触点在复位弹簧的作用下，恢复到原来的常闭状态，为下一次启动做准备。

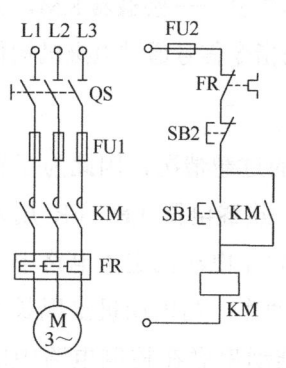

图 2-5 单向全压长动控制线路

2.2.4 点动和长动混合控制电路

在实际生产中，一些机械在调试时需要点动控制，而在正常运转时又需要连续运行，故要求电动机既能实现点动控制又能实现长动控制。

这里用三种方法实现点动和长动混合控制，点动和长动混合控制电路如图 2-6 所示。

【视频】

图 2-6(a)

图 2-6(b)

图 2-6(c)

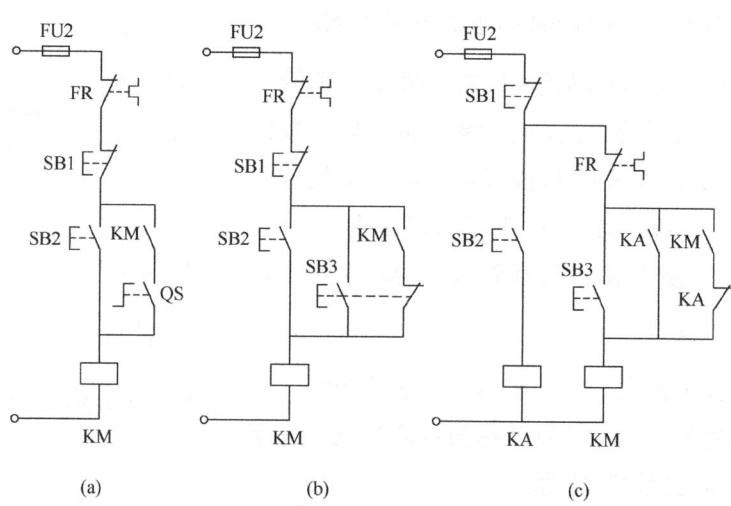

图 2-6 点动和长动混合控制电路

图 2-6(a)是采用手动开关的点动和长动混合控制电路。该电路既可以实现长动控制，又可实现点动控制。点动时，将 QS 断开，按下 SB2 即可实现点动控制。长动时，合上 QS，接入 KM 自锁触点，按下 SB2 电动机即可启动并连续运行。

图 2-6(b)是采用两个按钮的点动和长动混合控制电路。点动时，按下点动按钮 SB3，其常闭触点先断开自锁电路，然后其常开触点闭合，接通控制电路，KM 线圈得电，其主触点闭合，电动机接通电源启动。松开 SB3 时，闭合的常开触点先断开，断开的常闭触点再闭合，KM 线圈断电，其主触点断开，电动机断电停止转动。长动时，按下 SB2，电动机即可启动并连续运行。停止时，按下停止按钮 SB1，电动机停止运行。

图 2-6(c)是利用中间继电器的点动和长动混合控制电路。点动时，按下 SB2，KA 线圈得电，其常开触点闭合，KM 线圈得电，其主触点闭合，电动机旋转。长动时，按下 SB3，KM 线圈得电，其常开触点闭合并自锁，主触点闭合，电动机连续运转。停止时，按下 SB1。

2.3 三相笼型异步电动机的正反转控制

在生产机械工作过程中，通常要求执行机构实现正反两个方向的运行，如机床主轴的正转与反转、工作台的前进与后退、起重机吊钩的上升与下降等，这些都要求拖动电动机可以进行正反转。由电力拖动知识可知，对于三相异步电动机，任意对调三相电源中的两相，即改变三相供电电源的相序，电动机就会反转。因此，电动机正反转控制电路的实质是两个方向相反的单向运行电路。

2.3.1 低压电器的选择

改变电动机的转动方向，必然需要通过指令类电器发出指令，因此通过回顾第 1 章的内容，我们可以快速做出选择：将万能转换开关运用到三相主电路中即可实现电动机的正反转。图 2-7 为转换开关控制电动机正反转电路。

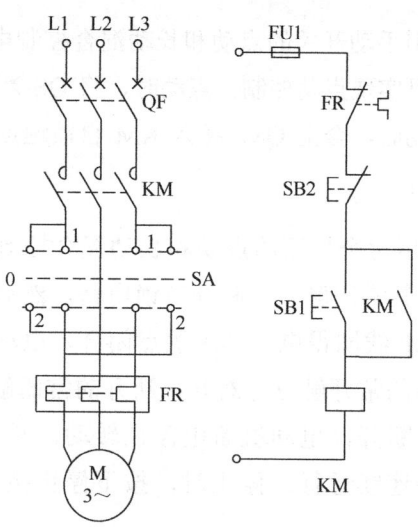

图 2-7 转换开关控制电动机正反转电路

为了保证电动机在控制电路自锁状态下切换运行方向不给电网带来较大冲击，图 2-7 中必须使用低功率电动机，这样限制了该电路的普适性，故必须利用控制低压电器——接触器来改变三相供电电源的相序，进而利用稳定的指令信号驱动主电路电动机的运行。

按照电动机正反转运行操作顺序的不同，正反转控制电路分为正-停-反和正-反-停两种。三相笼型异步电动机正反转控制电路如图 2-8 所示。

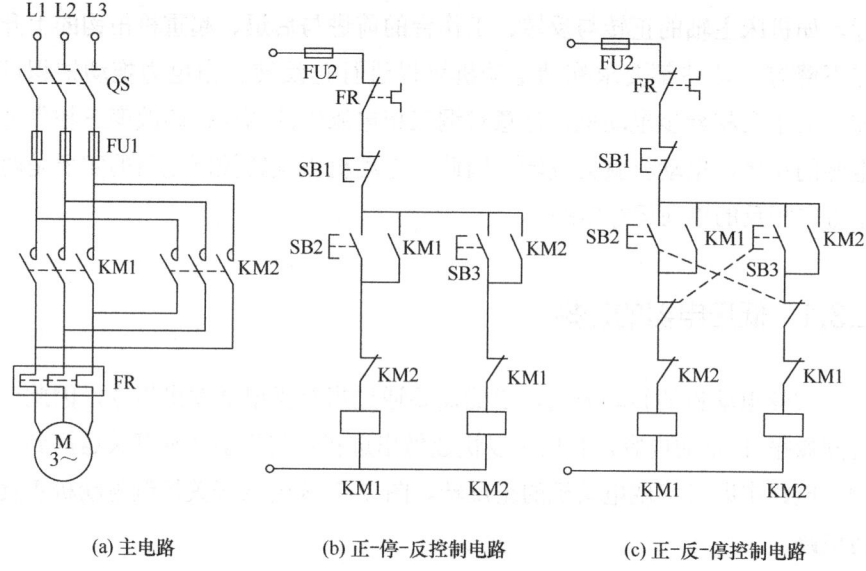

(a) 主电路　　　(b) 正-停-反控制电路　　　(c) 正-反-停控制电路

图 2-8 三相笼型异步电动机正反转控制电路

2.3.2 三相笼型异步电动机正–停–反控制电路

三相笼型异步电动机正–停–反控制电路如图 2-8(b)所示。该电路中两个接触器 KM1、KM2 的常闭触点相互控制,在接触器线圈得电时,利用其常闭辅助触点断开对方线圈的电路,这种利用两个接触器的常闭辅助触点互相控制的方法称为接触器互锁,两对起互锁作用的触点称为互锁触点。

电动机正转时,按下正转启动按钮 SB2,KM1 线圈得电,此时电动机正转。电动机反转时,必须先按下停止按钮 SB1,再按下反向启动按钮 SB3,KM2 线圈得电,KM2 主触点闭合,改变三相电源的相序,此时电动机反转。这种控制电路若要实现电动机正反转的转换,则必须经过停止环节,因此它是正–停–反控制电路。

2.3.3 三相笼型异步电动机正–反–停控制电路

为了提高生产效率,要求直接实现电动机正反转的转换。当电动机正转时,按下反转按钮,电动机立即反转,其控制电路如图 2-8(c)所示。该电路中,正转指令按钮 SB2 和反转指令按钮 SB3 都采用复合按钮,按钮的常闭触点分别串联接入彼此的电路中,这种利用两个指令按钮的常闭辅助触点互相控制的方法称为指令(按钮)互锁。

【视频】

正反转控制

互锁

电动机正转时,按下 SB2,其常闭触点断开,切断 KM2 线圈电源,其常开触点闭合,接通 KM1 线圈,KM1 得电自锁,此时电动机正转。电动机反转时,直接按下 SB3,其常闭触点切断 KM1 线圈电源,其常开触点接通 KM2 线圈并自锁,此时电动机反转。按下停止按钮 SB1,电动机停转。这种控制电路要实现电动机正反转的转换,不必经过停止环节。

之所以在接触器互锁的基础上增加指令互锁,其本质原因是,按照低压电器在电路中的激励顺序,指令类低压电器管控着控制类低压电器,在发出正反转命令的源头进行互锁,使正转指令与反转指令之间转换,而无须通过停止进行过渡。

正转启动按钮 SB2 的常开触点用来使正转接触器 KM1 的线圈自锁通电,其常闭触点串联在反转接触器 KM2 线圈的电路中,用来使 KM2 释放。反转启动按钮 SB3 与正转启动按钮 SB2 原理相似。利用同属指令类低压电器中的行程开关来代替按钮互锁的设置,我们可以设计出自动往返行程控制电路。

2.3.4 自动往返行程控制电路

自动往返行程控制电路应用广泛，如龙门刨床、导轨磨床等。自动往返行程控制电路如图 2-9 所示，这种控制方式通常称为行程控制原则。图中 ST1 为后退转前进的行程开关，ST2 为前进转后退的行程开关，ST3 为后退极限保护限位开关，ST4 为前进极限保护限位开关。电动机启动时，可按下正向或反向启动按钮，若按下前进按钮 SB2，则 KM1 得电吸合并自锁，电动机正向旋转，拖动运动部件前进，当运动部件的撞块压下左端的 ST2 时，ST2 常闭触点断开，切断 KM1 接触器线圈电路，ST2 常开触点闭合，接通反转接触器 KM2 线圈电路，此时，电动机由正转变为反转，拖动运动部件后退，直到运动部件压下右端的 ST1，电动机由反转又变成正转，这样周而复始地拖动运动部件往返运动。需要电动机停止时，按下停止按钮 SB1 即可。

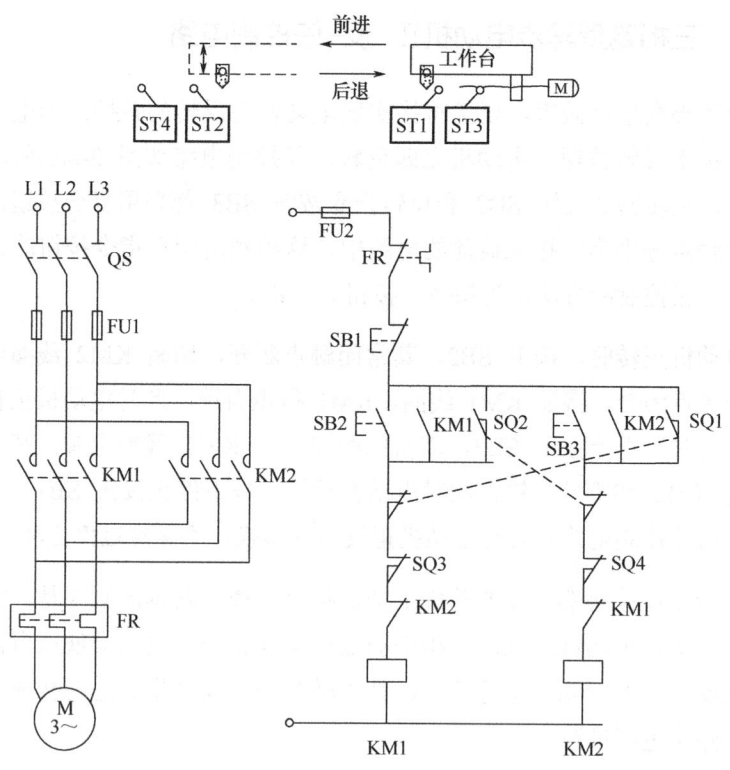

图 2-9 自动往返行程控制电路

自动往返行程控制电路中的运动部件每经过一次循环，电动机就经历两次反接制动，会产生较大的反接制动电流和机械冲击。这种电路只适用于电动机容量较小、循环周期较长、电动机转轴具有足够刚性的拖动系统。

2.4 多点控制和顺序控制

2.4.1 三点启停控制电路

生产机械时，不仅需要一地控制，有时还需要多地控制。生产实践中，有时需要在两处甚至在更多处控制一台电动机。如电梯的控制、物流生产线的控制，以及在一些大型生产机械和设备上，要求操作人员能在不同方位操作和控制电动机，即多点控制。三点启停控制电路如图 2-10 所示，三个启动按钮 SB4、SB5、SB6 和三个停止按钮 SB1、SB2、SB3 分别放置三处，三个启动按钮通过常开触点并联，并与接触器常开触点并联，三个停止按钮通过常闭触点串联，然后串联接入接触器线圈电路中，即能实现三点控制。实现多点控制的接线原则是：启动按钮应并联连接，停止按钮应串联连接。

【视频】

多点控制和顺序控制

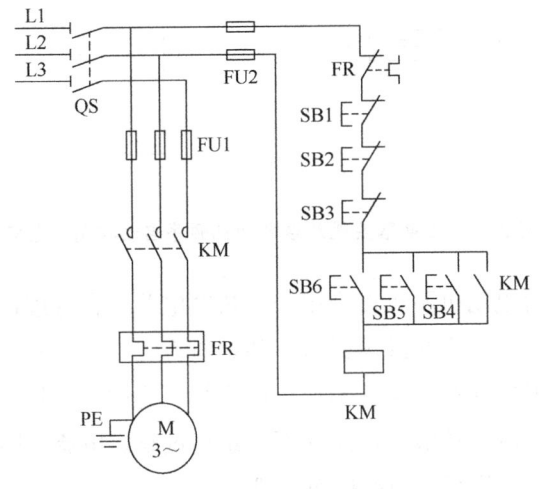

图 2-10 三点启停控制电路

【视频】

多点控制

2.4.2 顺序启动控制

顺序启动控制是指让多台电动机按事先约定的步骤依次动作，在实际生产中有着广泛的应用。有时要求一个拖动系统中多台电动机实现先后顺序工作，例如，电梯需要关门电动机动作完成后，提升电动机才能启动工作，机床中要求润滑电动机启动后，主轴电动机才能启动。顺序启动控制实现的方法包括主电路实现顺序启动控制和控制电路实现顺序启动控制。其中控制电路实现顺序启动控制包括无延时时间要求顺序启动控制，无延时时间要求顺序启动、逆序停止控制，有延时时间要求顺序启动控制等。

【视频】

顺序启动控制

1. 主电路实现顺序启动控制

主电路实现两台电动机顺序启动控制的电路如图 2-11 所示。电动机 M1 和 M2 分别通过接触器 KM1 和 KM2 来控制，KM2 的主触点接在 KM1 主触点的下面，从而保证了只有当 KM1 主触点闭合，并且 M1 启动运转时，M2 才能接通电源运转，M1 与 M2 同时停止。在该线路中，两台电动机分别用两个热继电器为自身进行过载保护。

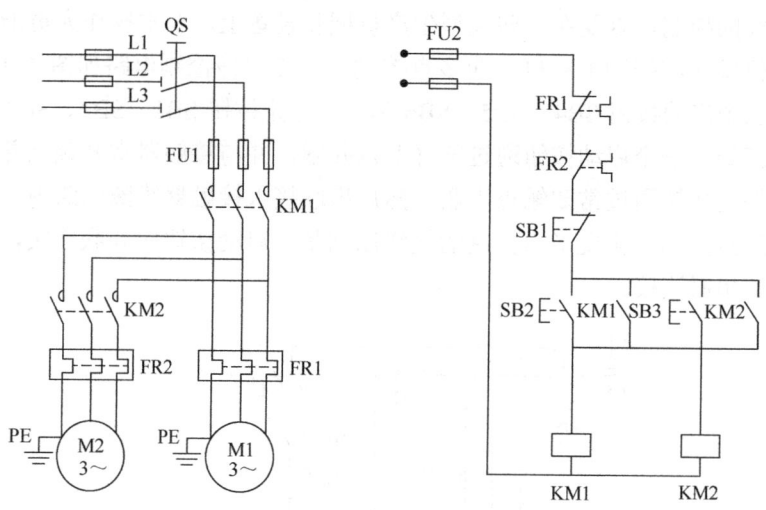

图 2-11　主电路实现两台电动机顺序启动控制的电路

注意：两台电动机不可以合用一台热继电器对自身进行过载保护。因为两台电动机合用一个热继电器时，整定电流应不小于两台电动机额定电流的总和，一般电动机负载并不会满载运行，这样，当其中一台电动机出现电流过大故障时，该故障电流却不一定超过整定电流。同时，热继电器动作缓慢，电动机将得不到保护而烧毁。

2. 控制电路实现顺序启动控制

（1）无延时时间要求顺序启动控制

设计提示：在设计无延时时间要求的两台电动机顺序启动控制电路时，需要将接触器的辅助触点和按钮位置合理接线。

① 顺序启动、逆序停止或同时停止（方案一）。如图 2-12 所示，该线路中，KM2 的线圈接在接触器中用作自锁的辅助触点后，这样满足了 M1 启动后 M2 才能启动的顺序控制要求。

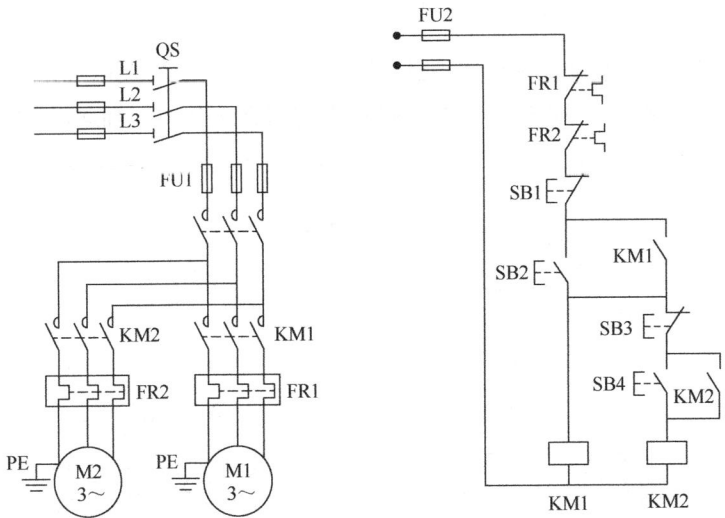

图 2-12　无延时时间要求的两台电动机顺序启动控制电路（一）

在该控制电路中，有两个停止按钮，两者的作用不同。停止按钮 SB3 控制 M2 的单独停止，而停止按钮 SB1 控制的是两台电动机能够同时停止。

② 顺序启动、逆序停止或同时停止（方案二）。如图 2-13 所示，在该电路中，KM2 的线圈回路中串接了 KM1 的辅助常开触点，如果 KM1 线圈不吸合，那么即使按下启动按钮 SB1，KM2 线圈也不能吸合，只有在 M1 启动后，M2 才能启动。停止按钮 SB1 控制两台电动机同时停止，而停止按钮 SB3 控制电动机 M2 的单独停止。

【任务】

总结电动机顺序启动、逆序停止电路的设计思路。

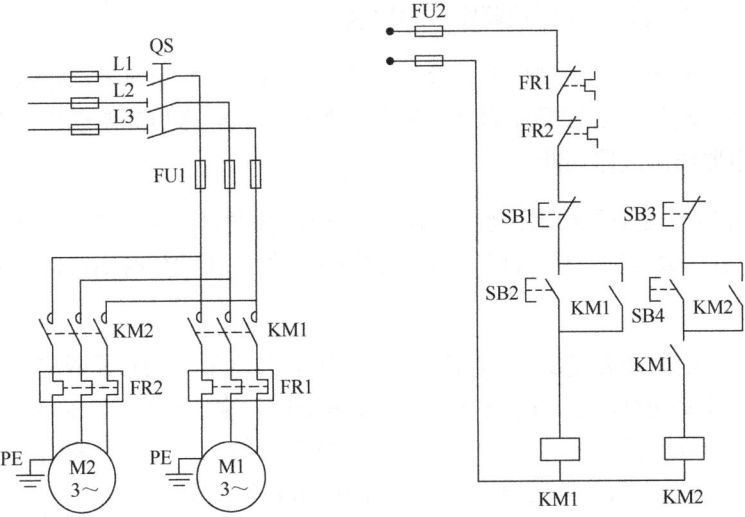

图 2-13　无延时时间要求的两台电动机顺序启动控制电路（二）

（2）无延时时间要求顺序启动、逆序停止控制

无延时时间要求的两台电动机顺序启动、逆序停止控制电路如图 2-14 所示。在该电路中，停止按钮 SB1 两端并联了 KM2 的一对辅助常开触点，从而在实现 M2 停止后，M1 才能停止，即 M1 与 M2 顺序启动、逆序停止。

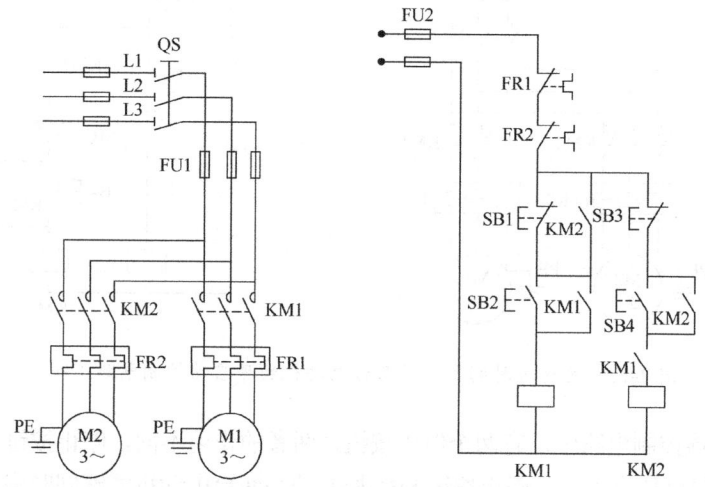

图 2-14 无延时时间要求的两台电动机顺序启动、逆序停止控制电路

对于无延时时间要求的多台电动机顺序启动、逆序停止控制电路，启动约束为：将先启动接触器的辅助常开触点串联在后启动接触器线圈回路中；停止约束为：将先停止接触器辅助常开触点并联在后停止的接触器线圈回路的停止按钮上。

（3）有延时时间要求顺序启动控制

有延时时间要求顺序启动控制电路采用通电延时型时间继电器，按时间顺序自动控制实现顺序启动控制及同时停止。顺序启动实现后，要将时间继电器线圈线路切断。

图 2-15 是有延时时间要求的两台电动机顺序启动控制电路，该电路要求 M 启动数秒后，M2 自动启动，利用时间继电器的延时闭合常开触点来实现。

合上电源开关 QS，按下启动按钮 SB2，接触器 KM1 线圈与时间继电器 KT 线圈同时得电，KM1 触点切换，KM1 主触点闭合，且 KM1 辅助常开触点形成自锁，M1 启动。KT 的延时时间可调，即可预设置电动机启动数秒后电动机 M2 再启动。延时时间到，KT 延时闭合触点闭合，接触器 KM2 线圈得电并自锁，M2 启动，同时 KM2 的常闭触点断开，切断 KT 线圈支路，完成 M1 与 M2 按预定时间的顺序启动控制。

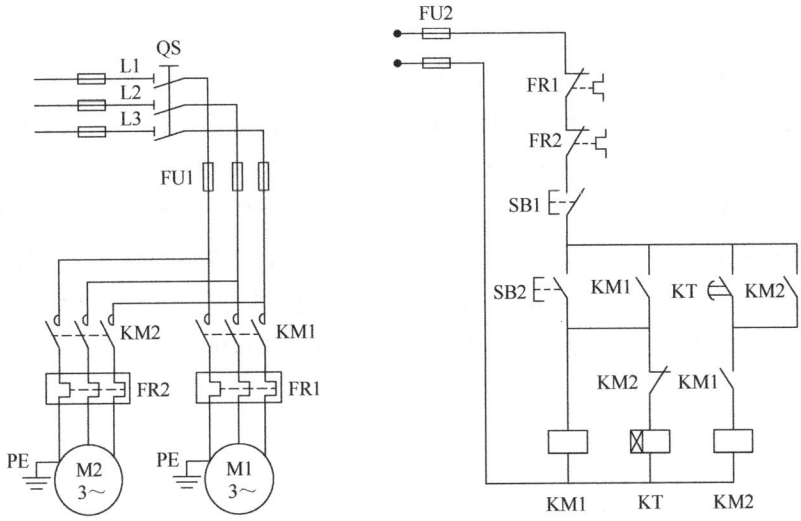

图 2-15 有延时时间要求的两台电动机顺序启动控制电路

2.4.3 电气控制系统中电流及电压的检测与保护

1. 过电流保护

过电流保护广泛用于直流电动机或绕线转子异步电动机，对于三相笼型电动机，由于其短时过电流不会产生严重后果，因此一般不采用过电流保护而采用短路保护。

过电流往往是由不正确的启动和过大的负载转矩引起的，一般比短路电流要小。在电动机运行过程中，产生过电流要比发生短路电流的可能性更大，尤其频繁正反向启动、制动，重复短时工作的电动机更是如此。在直流电动机和绕线转子异步电动机电路中，过电流继电器也起着短路保护的作用，一般过电流继电器动作时的电流值为启动电流的 1.2 倍左右。

2. 零压保护与欠电压保护

当电动机正在运行时，如果电源电压因某种原因突然消失，那么在电源电压恢复后，电动机可能会自行启动，这就可能造成生产设备的损坏，甚至造成安全事故。对电网来说，当许多电动机及其他用电设备同时自行启动时，也会引起不允许的过电流及瞬间电网电压下降。为了防止电压恢复时电动机自行启动的保护称为零压保护。

当电动机正常运转时，电源电压过分地降低将引起一些电器停止工作，导致控制电路不能正常工作，可能会发生事故；电源电压过分地降低也会引起电动机转速下降甚至停转。这就需要在电源电压降到允许值以下时切断电源，这就是欠电压保护。

一般常用电磁式电压继电器实现欠电压保护及零压保护。电动机常用保护电路如图 2-16 所示，在该电路中，当电源电压过低（欠电压）或消失（零压）时，电压继电器 KA 就会释放，接触器 KM1 或 KM2 也立即释放，因为此时主令开关 SC0 不在零位（SC0 未接通），所以在电压恢复时，KA 不会发生通电动作，KM1 或 KM2 就不能发生通电动作。若要使电动机重新启动，则必须先将 SC0 拨回零位，使触点 SQ 闭合，KA 通电动作并自锁，再将 SC0 打向正向位置或反向位置，电动机才能启动。这样就通过电压继电器 KA 实现了欠电压保护和零压保护。

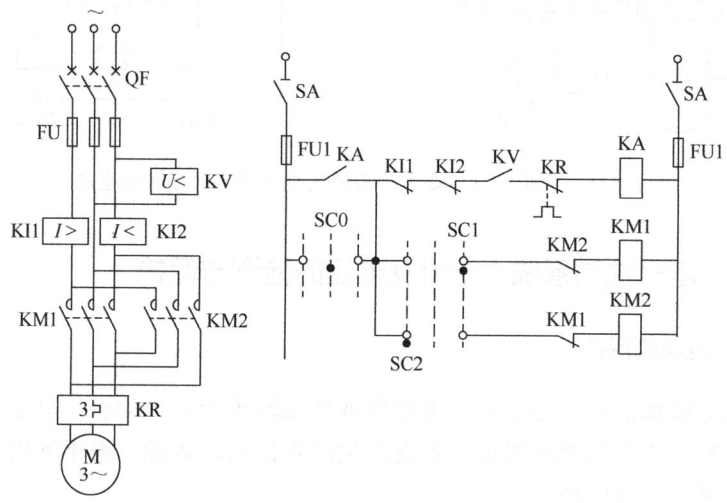

图 2-16 电动机常用保护电路

下面介绍具有各种保护作用的低压电器。

（1）短路保护：熔断器 FU。

（2）过载保护：热继电器 KR。

（3）过电流保护：过电流继电器 KI1、KI2。

（4）零压保护：电压继电器 KA。

（5）欠电压保护：欠电压继电器 KV。

（6）联锁保护：通过接触器的 KM1 与 KM2 的动断触点实现。

此外，在采用断路器作为电源引入开关时，其各种脱扣功能为系统设置了双重保护。在许多机床中不是用控制开关操作的，而是用按钮操作的。利用按钮的自动复位功能和接触器的自锁功能，就不必另设零压保护继电器了。带有自锁功能的电动机长动控制电路如图 2-17 所示，当电源电压过低或断电时，接触器 KM 释放，此时 KM 的主触点和辅助触点同时打开，使电动机电源切断并失去自锁功能。当电源恢复正常时，操作人员必须重新按下启动按钮 SB2，才能使电动机启动。所以带有自锁环节的启停电路本身具备零压保护功能。

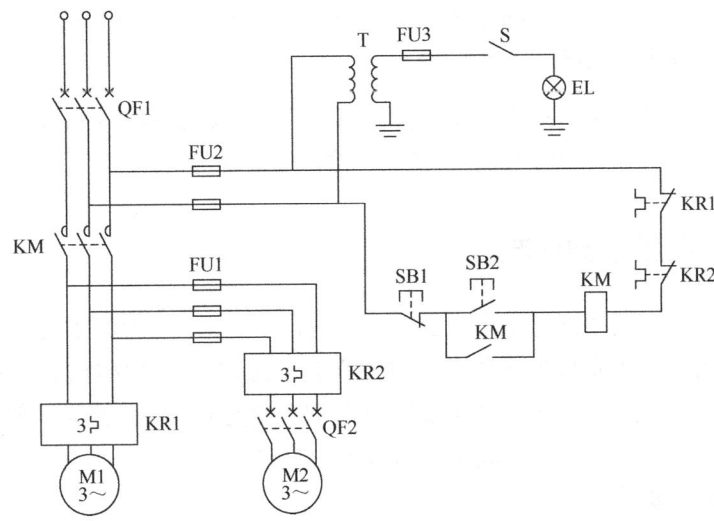

图 2-17 带有自锁功能的电动机长动控制电路

3. 弱励磁保护

直流电动机在有一定强度的磁场内才能启动，若磁场太弱，则电动机的启动电流就会很大。在空载或轻载条件下，若正在运行的直流电动机磁场突然减弱或消失，则该电动机的转速就会迅速提高，甚至发生飞车，因此需要采取弱励磁保护。

弱励磁保护是通过在电动机励磁回路中串入欠电流继电器来实现的。在直流电动机运行过程中，若励磁电流消失或大幅减小，则欠电流继电器就释放，其相应触点切断主电路接触器线圈的电源，使直流电动机断电停车。

2.5 三相异步电动机的降压启动

三相异步电动机分为三相笼型异步电动机和三相绕线式异步电动机两种。

对于容量为 10kW 以上的三相笼型异步电动机，因其启动电流较大，为了防止启动电流引起电源电压的波动，应采用降压启动方式。有时为了减小因启动对机械设备的冲击，即使允许全压直接启动的电动机，也常采用降压启动。

降压启动的工作原理是：先降低加在电动机定子绕组上的电压，待启动后再将电压升高到额定值，在额定电压下正常运行。由于电枢电流和电压成正比，因此降低启动电压可以减小启动电流，从而减小电路中产生的电压降，减小对电网电压的影响。

三相笼型异步电动机常用的降压启动方法有定子串电阻降压启动、定子星-三角降压启动和定子、自耦变压器降压启动等。

2.5.1 低压电器的选型

为了实现电动机定子绕组上的电压的自动变化，显然需要在全压启动电路中增加一个实现低压供电"过渡"到全压供电的低压电器，"过渡"两字容易联想到"一段时间"，因此采用时间继电器 KT，恰当地使用其瞬时触点和延时触点，即可满足全压供电的主电路与降压启动的主电路之间的切换控制要求。

降压启动时，主电路低压电器选取的原则是：当采用定子串电阻降压启动与定子接自耦变压器降压启动方式时，分别是将电阻 R 或自耦变压器 TA 接入定子电路来实现降压的；而星-三角变换则是通过定子绕组先接成星型连接再过渡到三角型连接的方式，无须其他具有降压功能的低压电器。下面分析三种降压启动方式的控制电路。

2.5.2 定子串电阻降压启动和定子接自耦变压器降压启动

（1）定子串电阻降压启动方式如图 2-18(a)所示。定子绕组串联启动电阻时，由于启动电阻的分压作用，定子绕组启动电压降低，减小启动电流。启动结束后将电阻短路，电动机在额定电压下正常运行。这种启动方式不受电动机接线形式的限制，在中小型生产机械中应用较广。对于点动控制的电动机，也常用定子串电阻降压启动方式来限制电动机启动时的电流。

（2）定子接自耦变压器降压启动方式如图 2-18(b)所示。自耦变压器的初级与电源相接，自耦变压器的次级与电动机相连，其次级一般有 3 个抽头，可得到 3 种数值不等的电压。定子绕组得到的电压是自耦变压器的二次电压 U_2，由于自耦变压器的电压变比为 $K=U_1/U_2>1$，因此当利用定子接自耦变压器降压启动时的电压为额定电压的 $1/K$，电网供给的启动电流减小到原来的 $1/K^2$。由于 $T \propto U^2$，因此此时的启动转矩降为直接启动时的 $1/K^2$，故定子接自耦变压器降压启动方式常用于空载启动或轻载启动。

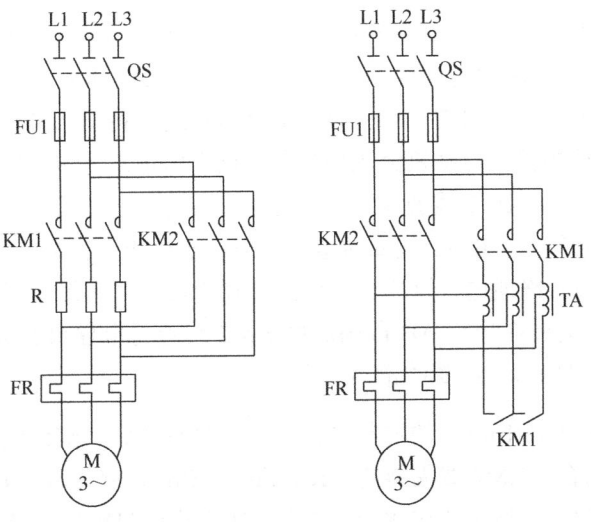

(a) 定子串电阻降压启动方式　　(b) 定子接自耦变压器降压启动方式

图 2-18　定子串电阻降压启动和定子接自耦变压器降压启动的主电路

无论定子是串电阻还是接自耦变压器，实现主电路降压到全压变化的全过程都为：接触器 KM1 得电，主触点闭合，通过线圈 KT 过渡一段时间后，接触器 KM1 失电，主触点断开，接触器 KM2 得电，主触点闭合。

（3）控制电路设计与分析。通过对主电路的分析，设计如图 2-19 所示的定子串电阻降压启动和定子接自耦变压器降压启动的基础控制电路。

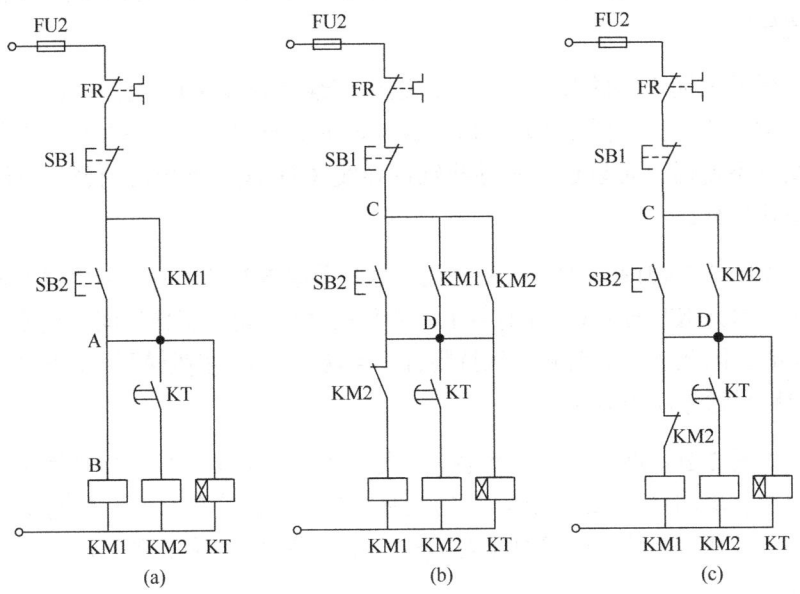

图 2-19　定子串电阻降压启动和定子接自耦变压器降压启动的基础控制电路

对于如图 2-19(a)所示的控制电路，按下启动按钮 SB2，KM1 线圈、KT 线圈得电吸合并通过 KM1 的常开触点实现自锁，KT 动作，延时一段时间后，其延时闭合的常开触点闭合，KM2 线圈得电，KM2 主触点闭合，电阻 R 被短路，电动机经 KM2 主触点全压正常运转。按下停止按钮 SB1，KM1 线圈、KM2 线圈及 KT 线圈全部断电，电动机停止运行。该控制电路的缺点是：在 KM2 线圈通电后，电动机全压正常运转时，KM1 线圈和 KT 线圈始终通电，这样会使电路能耗提高，并且缩短低压电器的使用寿命。因此需要在导线 AB 段添加由 KM2 线圈得电导致 KM1 线圈失电的互锁信号，即 KM2 线圈的常闭触点。

对于如图 2-19(b)所示的控制电路，若延时时间到，则该电路延时闭合的常开触点闭合，KM2 线圈得电，KM2 的常闭触点断开后使 KM1 失电，并使电阻 R 短路。原本通过 KM1 的常开触点实现自锁后，导线 CD 段维持 KM1 线圈、KT 线圈得电的电路将因为 KM1 常开触点的恢复失去电流，因此需要并联后得电的 KM2 接触器的常开辅助触点来维持自锁功能，保证导线 CD 段的电流导通。但该电路在自锁信号切换时，需要 KM1 与 KM2 常开辅助触点的迅速切换，若因硬件问题出现时间间隔过大，则整个控制电路将会失电。

对于如图 2-19(c)所示的控制电路，若直接使用 KM2 的常开辅助触点来代替 KM1 的常开辅助触点，则为了保证 KM1 线圈、KT 线圈得电吸合，操作者需要长按 SB2 启动按钮，直到 KT 延时时间到，才可松开按钮 SB2，此时 KM2 接触器的常开辅助触点闭合形成自锁，维持导线 CD 段的电流导通。

根据上述电路的分析，可以知道如何维持导线 CD 段的电路导通是非常重要的，当如图 2-19(b)和图 2-19(c)所示的控制电路还存在潜在故障和操作不便时，可以进一步寻找维持导线 CD 段电路导通的替代方法，即替代信号。

如图 2-20(d)所示的第一种替代信号是采用 KT 延时时间继电器的瞬时触头，因为 KT 与 KM1 同时得电，并且在 KM2 得电工作期间一直处于得电状态，因此 KT 瞬时触头保持闭合，实现了 SB2 按钮松开后，位置 CD 段电路导通电流的需要。

如图 2-20(e)所示的第二种替代信号，本质上看 CD 段需要自锁保持导通的主要原因是 SB2 按钮产生的是脉冲型启动指令信号，从问题源头思考，可以利用旋转手柄式刀开关 QS 产生电平型持久稳定的启动指令信号来导通电路。

由于旋转手柄式刀开关 QS1 本身可以快速动作，其具有快速闭合或分断的能力，因此在图 2-20(c)中可以省略停止按钮 SB1，进一步简化电路。

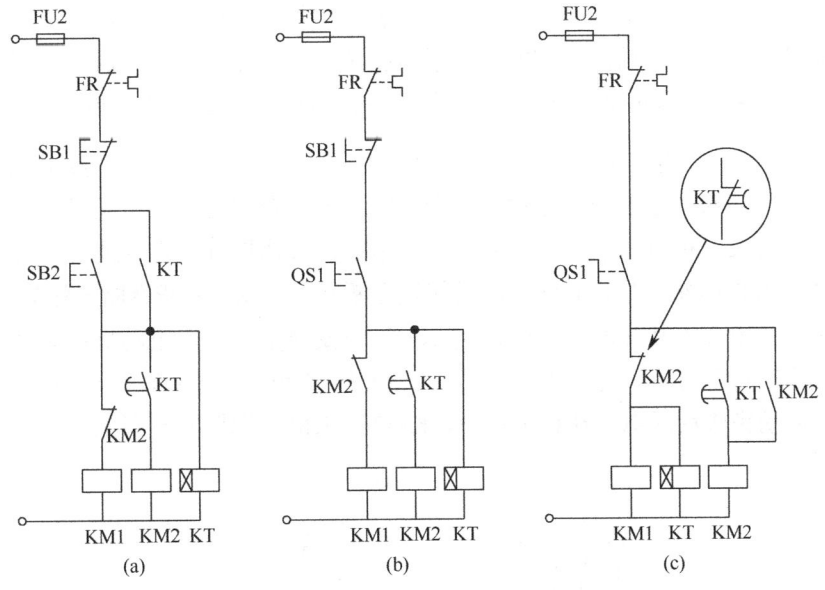

图 2-20 定子串电阻或接自耦变压器降压启动的优化控制电路

在实际生产控制中，设备节能、降低电能消耗是企业一笔精打细算的账。图 2-19(a)~(c)及图 2-20(a)~(c)均在降压启动的整个过程中，让时间继电器 KT 线圈保持得电，这是一种电能浪费，会在日积月累中增加企业成本。如图 2-20(c)所示，将 KT 线圈与 KM1 线圈并联，在 KM2 的常闭触点的互锁作用下，使得 KT 与 KM1 同时失电，为了保证 KM2 线圈在 KT 的延时闭合触点信号闭合后的得电状态保持，需要使用 KM2 自身的常开辅助触点行程自锁回路，解决因 KT 失电导致的 KT 的延时闭合触点恢复到断开状态的问题。

此外，可以利用 KT 的延时断开触点信号来代替图 2-19(a)~(c)及图 2-20(a)~(c)中的 KM2 常闭辅助触点。

2.5.3 星-三角降压启动

正常运行时，若定子绕组接成三角型三相笼型异步电动机，则可采用星-三角降压启动。该电动机启动时，定子绕组先接成星型连接，然后接入三相交流电源。由于每相绕组的电压均下降到正常工作电压的 $1/\sqrt{3}$，因此启动电流下降到全压启动时电流的 $1/\sqrt{3}$，当转速接近额定转速时，将电动机定子绕组改接成三角型连接，电动机进入正常运行状态。这种降压启动方法简单、经济，可用在操作较频繁的场合，但其启动转矩只有全压启动时的 1/3，适用于空载启动或轻载启动。

如图 2-21 所示，采用三个接触器和一个时间继电器控制电动机完成星-三角降压启动，用接触器 KM3 的主触点短接电动机三相绕组末端，以构成星型连接，接触器 KM2 的主触点把电动机三相绕组连接成三角型。通常，容量在 13kW 以上的电动机采用三接触器星-三角启动控制电路。

图 2-21 的电路工作原理为：合上电源开关 QS，按下启动按钮 SB2，KM1 线圈、KT 线圈、KM3 线圈同时通电吸合并自锁，电动机成星型连接，接入三相电源进行降压启动。当电动机转速接近额定转速时，时间继电器 KT 动作，其延时断开的常闭触点断开，使 KM3 线圈断电释放，KT 的延时闭合的常开触点闭合，使 KM2 线圈通电吸合，电动机由星型连接改为三角型连接，进入正常运行。KM2 的常闭触点使 KT 在电动机星-三角启动完成后断电。在该电路中，KM2 与 KM3 形成电气互锁。

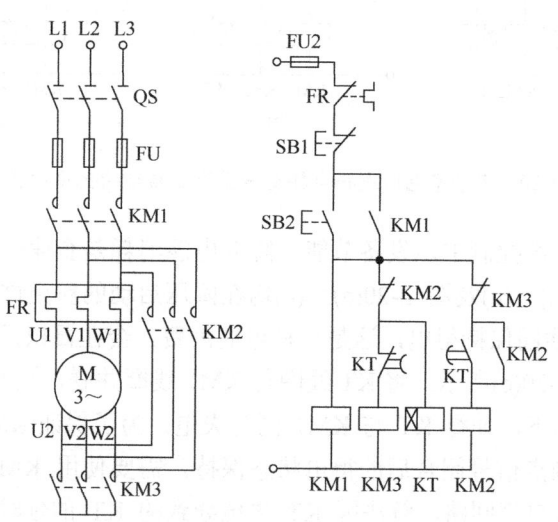

图 2-21　三接触器星-三角降压启动控制电路

二接触器星-三角降压启动控制电路如图 2-22 所示，即用两个接触器和时间继电器实现星-三角降压启动控制，接触器 KM2 的常闭辅助触点短接电动机三相绕组末端，以构成星型连接，KM2 的主触点把电动机三相绕组连接成三角型。由于接触器的辅助触点的容量较小，因此只能用于容量较小电动机的星-三角启动。

图 2-22 的电路工作原理为：合上电源开关 QS，按下启动按钮 SB2，KM1 线圈、KT 线圈同时通电吸合并自锁，电动机成星型连接，接入三相电源进行降压启动，当电动机转速接近额定转速时，时间继电器 KT 动作，KT 的延时闭合的常开触点闭合，使 KM2 线圈通电吸合，KM2 的常闭辅助触点打开，KM2 的主触点闭合，电动机由星型连接改为三角型连接，进入正常运行状态。KM2 常闭触点使 KT 在电动机星-三角启动完成后断电。

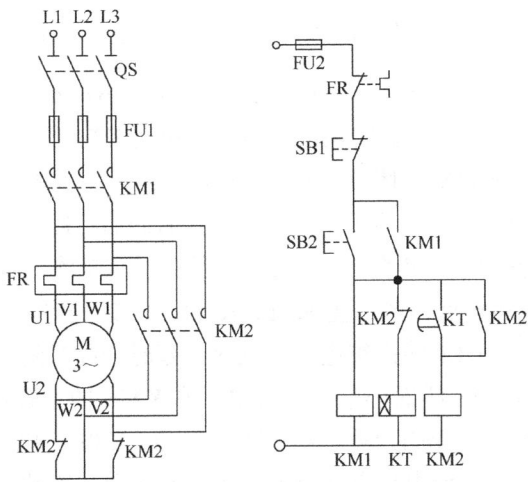

图 2-22 二接触器星-三角降压启动控制电路

2.5.4 三相绕线式异步电动机的启动

对于三相笼型异步电动机来说，在电容容量较大且需重载启动的场合，增大启动转矩与限制启动电流的矛盾十分突出。为此，在桥式起重机等要求启动转矩较大的设备中，常采用三相绕线式异步电动机。

三相绕线式异步电动机可以在转子绕组中通过集电环串接外加电阻或频敏变阻器启动，达到减小启动电流、提高转子电路功率因数和增大启动转矩的目的。

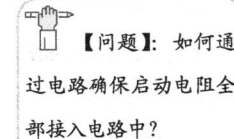
【问题】：如何通过电路确保启动电阻全部接入电路中？

1. 转子回路串电阻启动控制电路

串接于三相转子回路中的电阻，一般都连接成星型。在电动机启动前，应当确保启动电阻全部接入电路中；在启动过程中，启动电阻被逐级地短接切除；正常运行时，所有外接启动电阻全部被切除。

根据三相绕线式异步电动机启动过程中转子电流的变化及所需启动时间的特点，控制线路分为按时间原则控制线路和按电流原则控制线路。

（1）时间原则

按时间原则的三相绕线式异步电动机转子串电阻降压启动控制电路如图 2-23 所示，KM1 为电源接触器，KM2、KM3、KM4 为短接转子电阻接触器，KT、KT2、KT3 为时间继电器。

若短接转子电阻的接触器 KM2、KM3、KM4 中出现故障而导致触点在没有启动时就动作，则该接触器的常闭辅助触点断开，主触点闭合，启动电阻不能全部接入电路中，故串入 KM1 线圈控制电路的 KM2 与 KM3

【问题】：若将电路中导线的点 m 连接到点 n 会出现什么现象？

的常闭辅助触点起到了确保启动电阻全部接入电路中的作用。

电动机启动需要按下按钮 SB2，此时 KM1 得电自锁，电动机转子串入全部电阻启动运行，并稳定在低速运行，随后 KT1 工作，延时一段时间后，KT1 的延时闭合触点闭合，KM2 线圈得电，电阻 R3 被 KM2 的主触点短路，KT2 线圈得电开始延时，延时一段时间后，KT2 的延时闭合触点闭合，KM3 线圈得电，电阻 R2 被 KM3 的主触点短路，并且虚线框 B 中的 KM3 常闭辅助触点断开后使 KT1、KM2、KT2 失电，起到降低能耗的作用。与此同时，KT3 线圈得电开始延时，延时一段时间后，KT3 的延时闭合触点闭合，KM4 线圈得电，电阻 R1 被 KM4 的主触点短路，并且虚线框 B 中的 KM4 常闭辅助触点断开后使 KM3、KT3 失电，起到降低能耗的作用。最后控制电路中只有接触器 KM4 线圈处于得电工作状态，所有启动电阻被短路，电动机在额定电压和电流中全速运行。

【视频】以按钮、时间、电流三种方式分别启动三相绕线式异步电动机。

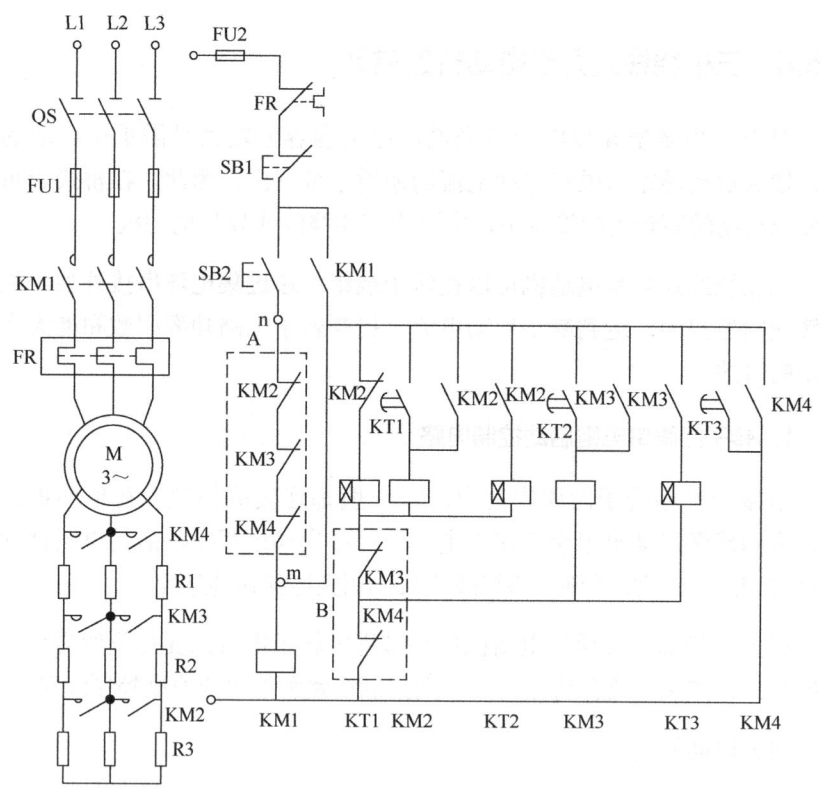

图 2-23 按时间原则的三相绕线式异步电动机转子串电阻降压启动控制电路

在图 2-23 的三相电路中，在启动电阻被短路的过程中，多个时间继电器同时工作。因此存在的问题主要有：①时间继电器损坏，电动机无法启动；②在电阻分级切除过程中，时间继电器的延时时间受到人为经验影响，会出现电流及转矩的突变，对设备产生较大的机械冲击。因此我们有必要根据三相绕线式异步电动机串电阻启动的电流特点，设计符合电流原则的控制电路，该电路适合选择电流继电器。

(2) 电流原则

图 2-24 是按电流原则的三相绕线式异步电动机转子串电阻降压启动控制电路。电动机启动前，电阻全部接入电路中。电动机启动过程中，电流继电器根据电动机转子电流大小的变化控制电阻的逐级切除。KI1~KI3 为欠电流继电器，这三个继电器的吸合电流值相同，但释放电流不一样。KI1 的释放电流最大，KI2 的释放电流次之，KI3 的释放电流最小。电动机刚启动时，启动电流较大，KI1~KI3 同时吸合动作，使全部电阻接入电路中。随着转速不断加快，电流减小，KI1~KI3 依次释放，分别短接电阻，直到转子串接的电阻全部短接。

控制电路设计时，为了在实际接线中寻找替代方案省略虚线圈 A 所示的保护电路，避免在电动机启动时，转子电流由零增大但尚未达到电流继电器的吸合电流值，KI1~KI3 不能吸合，KM1~KM3 同时得电，转子电阻全部被短接，电动机处于直接启动状态。添加虚线框 B 和 C 所示的电路及触点，这时有了 KA，从 KM 线圈得电到 KA 常开触点闭合需要一段时间，这段时间能保证转子电流达到最大值，使 KI1~KI3 全部吸合，其常闭触点全部断开，KM1~KM3 全部失电，确保电动机串入全部电阻启动。

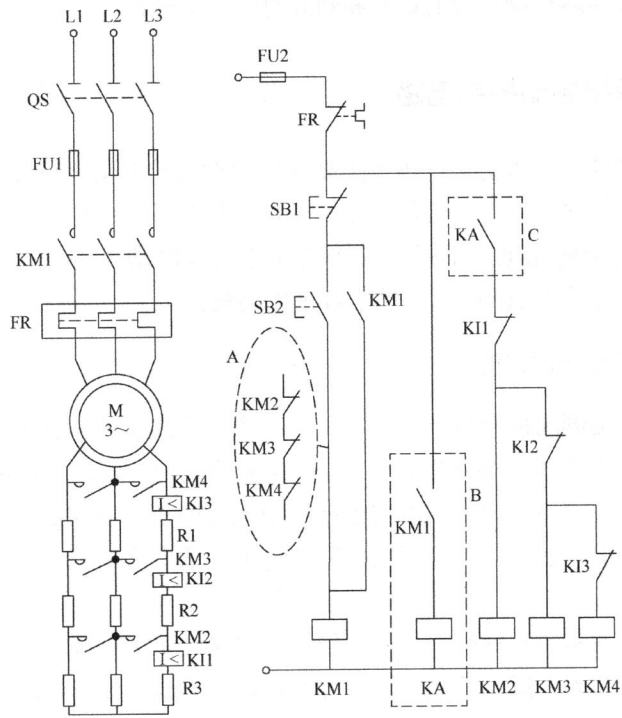

图 2-24　按电流原则的三相绕线式异步电动机转子串电阻降压启动控制电路

2.6 三相异步电动机的制动控制

【视频】
三相异步电动机的制动控制

三相异步电动机作为工业生产中的重要驱动设备，当断开电源后，由于惯性作用其转速不会立即减到零，若停车时间过长，则会影响生产效率和传动机构的加工精度，或对机械结构带来冲击。这时就要求对三相异步电动机进行制动，强迫其立即停止运行。

常用的制动控制方法有两大类，即机械制动与电气制动。生产机械的制动可以采用机械抱闸等装置约束转子转动，由于抱闸装置复杂、占据空间且运行时也需要进行电气控制，因此工业广泛应用的制动控制方法是比较直接的电气制动方法。

常用的电气制动方法可进一步分为反接制动和能耗制动。电气制动方法的核心思想是用电能产生机械制动力，本质原理是作用给电动机转子一个反向运行的制动力。由于反向运行的制动力直接作用给电动机转子，因此回顾正反转需要互锁的控制要求，我们需要在电气制动控制设计注意以下两个问题。

（1）反向运行制动力的维持方式（装置器件）。
（2）反向运行制动力的切入和断开时机（信号）。

2.6.1 反接制动控制电路

反接制动有两种情况，本节主要探讨电源反接制动，原理是：改变电动机电源的相序，使定子绕组产生反向的旋转磁场，从而产生制动转矩，使电动机转子转速迅速下降。反接制动特点是制动迅速、效果好、冲击大，通常仅适用于 10kW 以下的小容量电动机。

1. 低压电器的选型

【问题】：反接制动的另一种情况是什么？
答：在负载转矩作用下，使电动机反转但电磁转矩方向为正的倒拉反接制动，如起重机下放重物的情况。

电源反接制动控制设计中，解决第一个需要注意的问题是：反向运行制动力的维持方式（装置器件）。转子与突然反向的旋转磁场的相对速度接近于两倍的同步转速，所以定子绕组中流过的反接制动电流相当于全压直接启动时电流的两倍。为了减小冲击电流，通常在电动机主电路中串联电阻，限制反接制动电流，该电阻称为反接制动电阻。反接制动电阻的接线方法有对称和不对称两种接法，采用对称接法可以在限制制动转矩的同时，也限制制动电流，而采用不对称的接法，只是限制了制动转矩，未加制动电阻的那一相，仍有较大的电流。

解决第二个需要注意的问题是：反向运行制动力的切入和断开时机（信号）。停止指令信号是反向运行制动力的切入点，为防止转子降速后反向再运行，当电动机转速接近于零时应迅速切断电源。显然选择检测类低压元器件中的速度继电器 KS 比较合适。当速度继电器转速一般在 120~3000r/min 范围内时，触点动作；当转速低于 100r/min 且触头复位。利用速度继电器在转速下且降接近于零时触点复位的特性，能自动将电源切除，以免引起反向启动。

2. 电动机单向运行的反接制动控制电路

电动机单向运行的反接制动控制电路如图 2-25 所示。按下启动按钮 SB2，接触器 KM1 得电并自锁，电动机全压启动。当电动机的转速大于 120r/min 时，速度继电器 KS 的常开触点闭合，为反接制动做好准备。

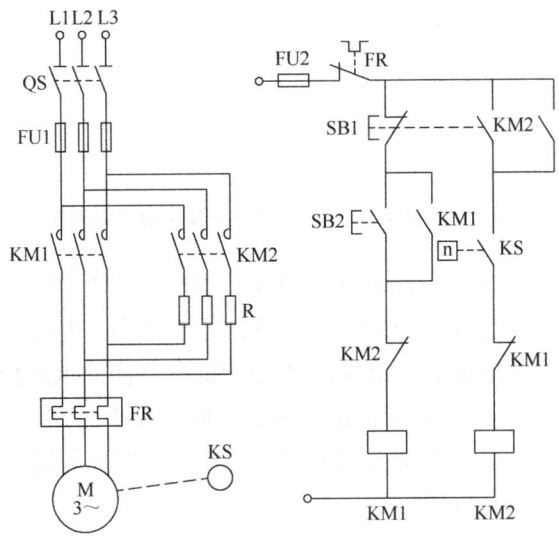

【视频】
反接制动控制

图 2-25　电动机单向运行的反接制动控制电路

按下停止按钮 SB1 发出停车指令，接触器 KM1 线圈断电，电动机电源断开，KS 的常开触点依然闭合，反接制动接触器 KM2 线圈得电并自锁，KM2 主触点闭合，电动机定子绕组接入与正常运转相序相反的三相交流电源，进入反接制动状态，转速迅速下降，当电动机转速小于 100r/min，且转速接近于零时，KS 常开触点复位，KM2 线圈断电，其主触点断开，电动机断电，反接制动结束。

3. 电动机双向运行的反接制动控制电路

电动机双向运行的反接制动控制电路如图 2-26 所示。按下正转启动按钮 SB2，正转接触器 KM1 主触点闭合，电动机接入正向三相交流电源开始运行，速度继电器 KS 动作，其正转的常闭触点 KS1 断开，常开触点

KS1 闭合。由于 KM1 的常闭辅助触点比正转的 KS1 常开触点动作时间早，因此正转的 KS1 的常开触点仅为 KM2 线圈的通电做准备，而不能使 KM2 线圈立即通电。

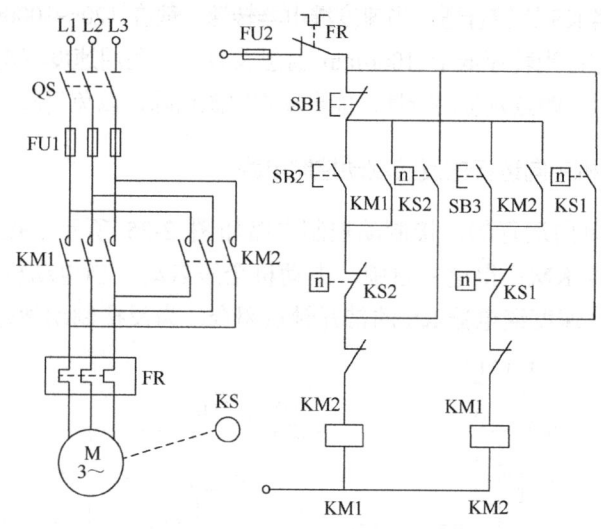

图 2-26　电动机双向运行的反接制动控制电路

按下停止按钮 SB1，KM1 线圈断电，KM1 的常闭触点闭合，接触器 KM2 线圈通电，改变定子绕组的三相交流电源相序，电动机进入正向反接制动。由于速度继电器的 KS1 常闭触点已断开，因此 KM2 线圈不能依靠其自锁触点自锁。当电动机转速接近于零时，KS1 正转常开触点断开，KM2 线圈断电，正向反接制动过程结束。电动机的反向运行的反接制动原理同上，请读者自行分析。

电动机双向运行的反接制动控制电路的缺点是主电路未设置限流电阻，冲击电流大。为减小冲击电流，采用如图 2-27 所示的带制动电阻的电动机双向运行反接制动控制电路。图中电阻 R 是反接制动电阻，同时也有限制启动电流的作用。

合上电源开关 QS，按下正转启动按钮 SB2，中间继电器 KA3 线圈得电并自锁，KA3 的常闭触点断开中间继电器 KA4 线圈的电路，起互锁作用，KA3 常开触点闭合，使 KM1 线圈通电，KM1 的主触点闭合，定子绕组经电阻 R 接通正向三相电源，电动机定子绕组串电阻降压启动。此时中间继电器 KA1 线圈电路中的 KM1 常开辅助触点已闭合，由于速度继电器 KS 的正转常开触点 KS1 尚未闭合，KA1 线圈仍无法通电。当电动机转速上升到一定值时，KS 的正转常开触点 KS1 闭合，KA1 得电并自锁，这时 KA1、KA3 的常开触点全部闭合，KM3 线圈得电，KM3 主触点闭合，电阻 R 短路，定子绕组得到额定电压，电动机转速上升到额定工作转速，电动机的启动过程结束。

在电动机正常运行过程中，若按下停止按钮 SB1，则 KA3 线圈、KM1 线圈、KM3 线圈断电。但此时电动机转速仍然很快，KS 的正转常开触点 KS1 还处于闭合状态，KA1 线圈仍然得电，所以 KM1 常闭触点复位后，KM2 线圈得电，KM2 常开主触点闭合，使定子绕组经电阻 R 获得反序的三相交流电源，电动机进行反接制动。转子速度迅速下降，当其转速小于 100r/min 时，KS 的正转常开触点 KS1 复位，KA1 线圈断电，KM2 线圈断电，KM2 主触点断开，反接制动过程结束。

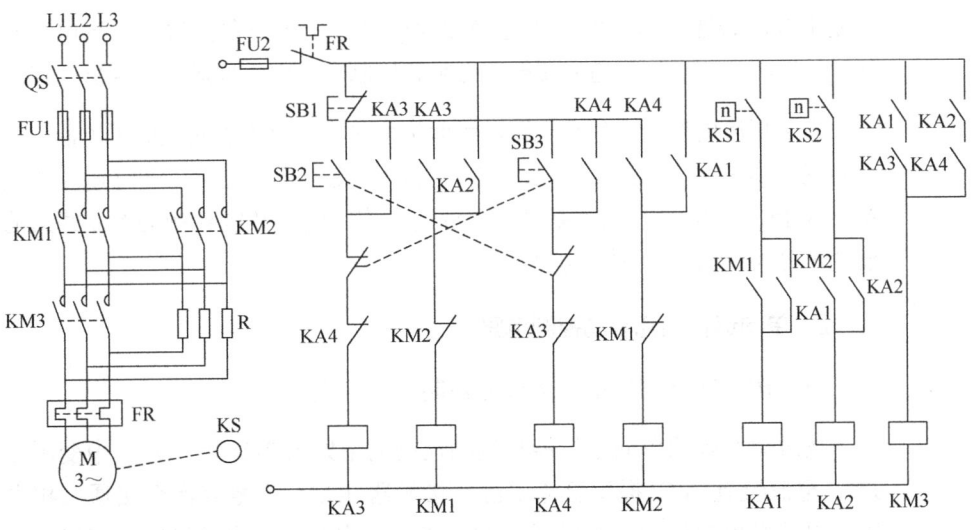

图 2-27 带制动电阻的电动机双向运行反接制动控制电路

2.6.2 能耗制动控制电路

能耗制动控制电路的工作原理是：在三相电动机停车切断三相交流电源的同时，将直流电源引入定子绕组，直流电流流过定子绕组，将在电动机气隙中形成固定的、不旋转的空间静止磁场。在切除交流电源后，电动机转子由于惯性仍沿原方向转动，转子在静止磁场中切割磁力线，产生一个与惯性转动方向相反的电磁转矩，电动机进入制动状态，其转速迅速减慢，并在转速接近于零时，将直流电源切除，实现对转子的制动。能耗制动时，制动转矩随电动机的惯性转速下降而减小，因而制动平稳。这种制动方法将转子惯性转动的机械能转换成电能，然后该电能又消耗在转子的制动上，所以称为能耗制动。

1. 低压电器的选型

解决第一个需要注意的问题是：反向运行制动力的维持方式（装置器件）。

能耗制动的制动转矩大小与通入直流电流的大小和电动机的转速有关，即转速相同时，电流越大，制动作用越强。一般接入的直流电流为电动机空载电流的 3~5 倍，电流过大会烧坏电动机的定子绕组。可采用在直流电源回路中串接可调电阻的方法，调节制动电流的大小。直流电源的获得有两种方式：桥式整流和单相半波整流。

解决第二个需要注意的问题是：反向运行制动力的切入时机和断开时机（信号）。

由于需要给电动机通入直流电流，显而易见的问题是直流电流和交流电流不能同时通入电动机，因此必须保证当停止指令发出时，交流电流断开，故控制交流电流导通的接触器必须和控制直流电流导通的接触器互锁。

由于直流电源属于独立电路，因此工作时间可以由检测类低压电器——时间继电器 KT 来控制，与反接制动控制电路一样，还可以通过速度继电器 KS 检测速度状态来控制直流电源的工作时间。故能耗制动控制线路的设计可分为：时间原则和速度原则。

2. 单向运行能耗制动控制电路

（1）按时间原则的单向运行能耗制动控制电路

按时间原则的单向运行能耗制动控制电路如图 2-28 所示，其中变压器 TC、整流装置 VC 提供直流电源。接触器 KM1 主触点闭合接通三相电源，电动机单向运行，接触器 KM2 将直流电源接入电动机定子绕组，进而实现能耗制动。

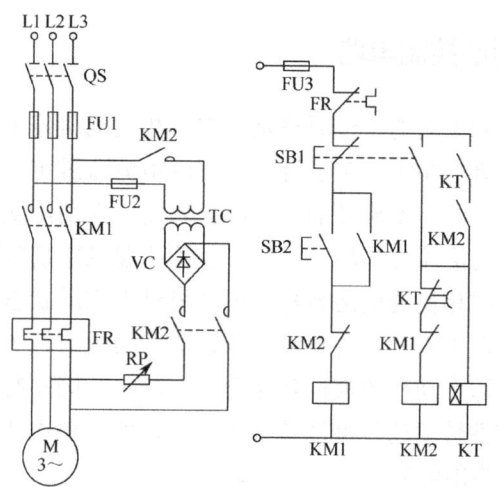

图 2-28 按时间原则的单向运行能耗制动控制电路

停车时，采用时间继电器 KT 实现自动控制，按下复合按钮 SB1，

KM1 线圈失电，切断三相交流电源。同时，KM2 和 KT 的线圈通电并自锁，KM2 在主电路中的常开触点闭合，直流电源被引入定子绕组，电动机能耗制动，KT 设定时间到，KT 延时断开常闭触点动作，断开 KM2 线圈与 KT 线圈回路，制动结束。

图 2-28 中的 KT 瞬时常开触点的功能是，当发生 KT 线圈断线或机械卡阻故障时，在按下 SB1 后电动机能迅速制动，进而保证该线路具有手动控制能耗制动的功能，只要 SB1 处于按下的状态，电动机就能实现能耗制动。

（2）按速度原则的单向运行能耗制动控制电路

按速度原则的单向运行能耗制动控制电路如图 2-29 所示，该电路用速度继电器 KS 进行制动控制。制动时，按下停止按钮 SB1，KM1 线圈断电，其主触点断开，切断电动机的三相交流电源，由于惯性，电动机转速仍然很快，KS 常开触点仍然闭合，KM2 线圈通电并自锁，两相定子绕组通入直流电，电动机能耗制动。当电动机转速接近零时，KS 常开触点断开，KM2 线圈断电，其主触点断开直流电源，能耗制动结束。

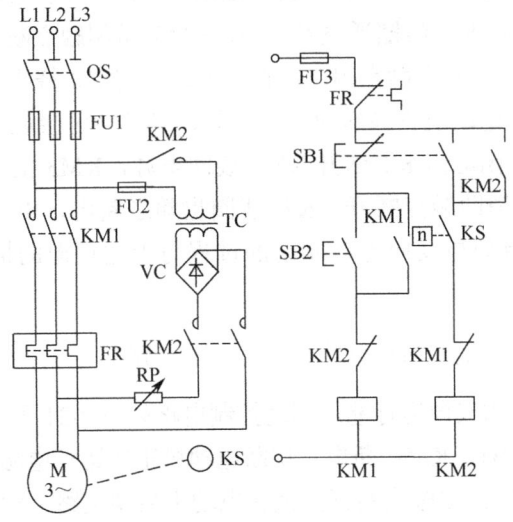

图 2-29 按速度原则的单向运行能耗制动控制电路

3. 双向运行能耗制动控制电路

（1）按时间原则的双向运行能耗制动控制电路

按时间原则的双向运行能耗制动控制电路如图 2-30 所示，在该电路中，KM1 为正转用接触器，KM2 为反转用接触器，KM3 为能耗制动用接触器，SB2 为正转启动按钮，SB3 为反转启动按钮，SB1 为停止按钮，KT 为时间继电器。

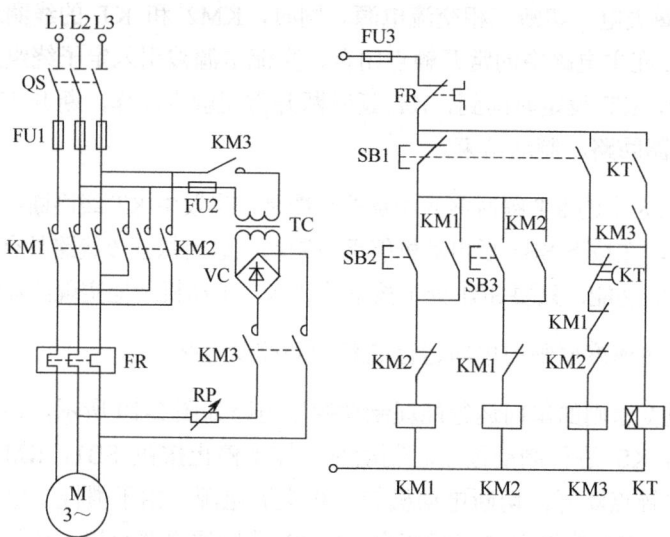

图 2-30 按时间原则的双向运行能耗制动控制电路

当停止正向运行时，按下 SB1，KM1 断电，切断电动机正向运行电源，KM3 线圈和 KT 线圈通电并自锁，KM3 常闭触点断开并锁住电动机启动电路，KM3 常开主触点闭合，直流电源加到定子绕组上，电动机进行正向能耗制动。电动机正向转速迅速下降，当其转速接近零时，时间继电器延时断开的常闭触点 KT 断开 KM3 线圈电源，KM3 主触点断开直流电源，KM3 常开辅助触点断开，KT 线圈也随之断电，电动机正向能耗制动结束。反向启动与反向能耗制动的过程与上述正向的情况类似，这里不再赘述。

（2）按速度原则双向运行能耗制动控制电路

按速度原则的双向运行能耗制动控制电路如图 2-31 所示，在停止正向运行时，按下 SB1，KM1 断电，切断电动机正向运行电源，KM3 线圈通电并自锁，KM3 常闭触点断开并锁住电动机启动电路，KM3 常开主触点闭合，使直流电压加到定子绕组上，电动机进行正向能耗制动，电动机正向转速迅速下降，当电动机转速降至 100r/min 以下时，速度继电器 KS 常开触点断开，KM3 线圈断电，电动机正向能耗制动结束。反向启动与反向能耗制动的过程与上述正向的情况类似，这里不再赘述。

通过对能耗制动控制的设计与分析，我们比较其与反接制动之间的区别：反接制动的特点是制动电流大，制动力矩大，制动效果显著，但在制动时有冲击，制动不平稳，能量消耗也大。能耗制动的特点是制动平稳、准确，能量消耗少，但制动力矩较小，在电动机低速运行时，制动效果差，并且还须为其提供直流电源。

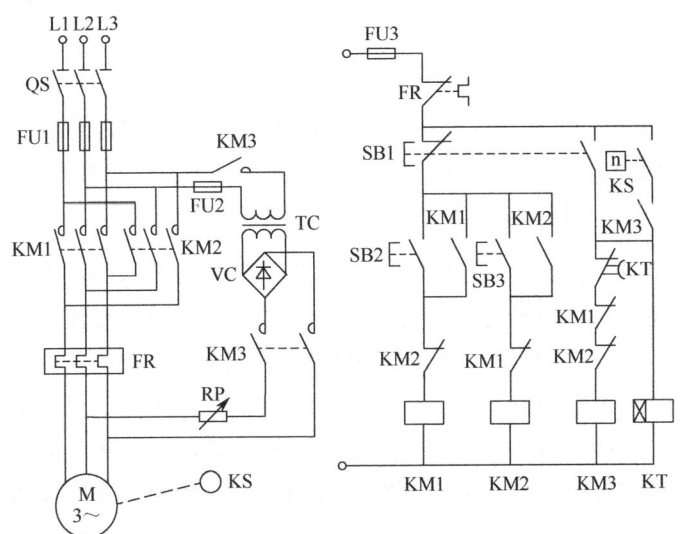

图 2-31 按速度原则的双向运行能耗制动控制电路

2.7 三相异步电动机的有级调速控制

实际生产中的机械设备,常常需要有不同的工作速度。当采用单速电动机时,需配有机械变速系统来满足设备的变速要求。当设备的结构尺寸受到限制或要求速度连续可调时,常采用多速电动机或电动机调速来满足变速要求。随着电力电子技术的迅猛发展,交流电动机调速技术已得到快速发展和广泛应用,但由于实现调速的控制电路复杂,且造价高,因此该电路常用在对调速要求高的设备上,普通中小型设备使用较多的是多速交流电动机。

2.7.1 三相笼型异步电动机的有级调速控制原理

由三相笼型异步电动机的转速公式

$$n=60f(1-s)/p$$

可知,三相笼型异步电动机的调速可通过三种方法来实现:①改变电源频率 f;②改变转差率 s;③改变磁极对数 p。

改变转差率调速的方法可通过改变定子电压、改变转子电路中的电阻及采用串级调速、电磁转差离合器等来实现,这些方法目前在工厂都有广泛的应用。改变转子电路中的电阻的调速方法只适用于绕线转子异步电动机,变频调速和串级调速比较复杂,这里不过多讲述。改变异步电动机的磁极对数调速方法称为变极调速,变极调速是通过改变定子绕组的连接方式来实现的,它属于有级调速,一般的三相笼型异步电动机磁极对数是不能随意改变的,因此,必

须选用双速电动机或多速电动机。对于绕线转子异步电动机,若要改变转子磁极对数使之与定子磁极对数一致,其结构相当复杂,故一般不采用。而三相笼型异步电动机转子磁极对数具有与定子磁极对数相等的特性,因此,只要改变定子磁极对数就可以了,所以,变磁极对数的调速方法仅适用于三相笼型异步电动机。下面以双速电动机为例分析这类电动机的控制电路。

图 2-32 为 4/2 极笼型双速异步电动机定子绕组接线示意图。图 2-32(a)是 4 极三角型连接,电动机定子绕组的 U1、V1、W1 接三相交流电源,定子绕组的 U2、V2、W2 悬空,此时每相绕组中的 1、2 线圈串联,电流方向如虚线箭头所示,电动机 4 极运行,为低速。图 2-32(b)是 2 极双星型连接,电动机定子绕组的 U1、V1、W1 连在一起,U2、V2、W2 接三相交流电源,此时每相绕组中的线圈 1 和线圈 2 并联,电流方向如虚线箭头所示,电动机 2 极运行,为高速运行。

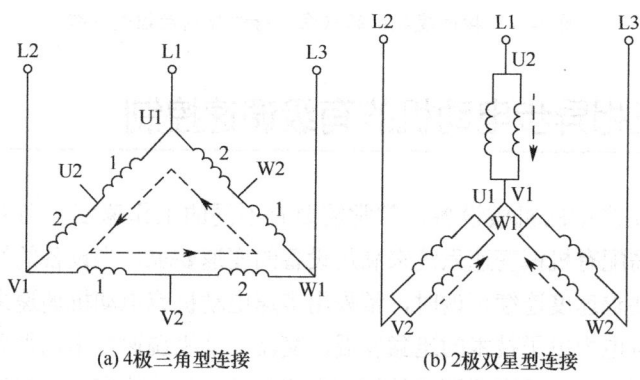

图 2-32 4/2 极笼型双速异步电动机定子绕组接线示意图

2.7.2 双速电动机控制电路

1. 采用手动和选择开关的双速三相笼型异步电动机控制电路

双速三相笼型异步电动机变极调速控制电路如图 2-33 所示,采用改变定子绕组接线方法来实现调速,KM1 为电动机三角型连接接触器,KM2、KM3 为双星型连接接触器,SB2 为低速启动按钮,SB3 为高速启动按钮。

合上电源开关 QS,按下 SB2,接通 KM1 电源,同时切断 KM2 电源、KM3 电源,KM1 得电并自锁,使电动机定子绕组接成三角型,电动机低速启动运行。

若需电动机高速运转,则按下 SB3,KM1 的线圈失电释放,主触点断开,自锁触点断开,互锁触点闭合;KM2 线圈与 KM3 线圈同时得电,经 KM2 常开触点与 KM3 常开触点串联组成的自锁电路自锁,KM2 主触点与

KM3 主触点闭合，将电动机定子绕组接成双星型，电动机高速度运行。

【动画】

开关控制下的双速电动机调速

图 2-33(b)的控制电路由复合按钮 SB2 接通 KM1 的线圈电路，KM1 主触点闭合，电动机低速运行。SB3 接通 KM2 线圈电路和 KM3 线圈电路，其主触点闭合，电动机高速运行。为防止两种接线方式同时存在，KM1 常闭触点和 KM2 常闭触点在控制电路中构成互锁。

图 2-33(c)的控制电路采用选择开关 SA，选择接通 KM1 线圈电路或接通 KM2 线圈电路和 KM3 线圈电路，即选择电动机低速运行或者电动机高速运行。图 2-32(b)和图 2-32(c)的控制电路适用于小功率电动机。

图 2-33(d)的控制电路适用于大功率电动机，选择开关位置决定电动机低速运行或高速运行。当选择电动机低速运行时，接通 KM1 线圈电路，直接启动低速运行；当选择电动机高速运行时，首先接通 KM1 线圈电路低速启动，然后由时间继电器 KT 切断 KM1 线圈电路，同时接通 KM2 线圈电路和 KM3 线圈电路，此时电动机的转速自动由低速切换到高速。

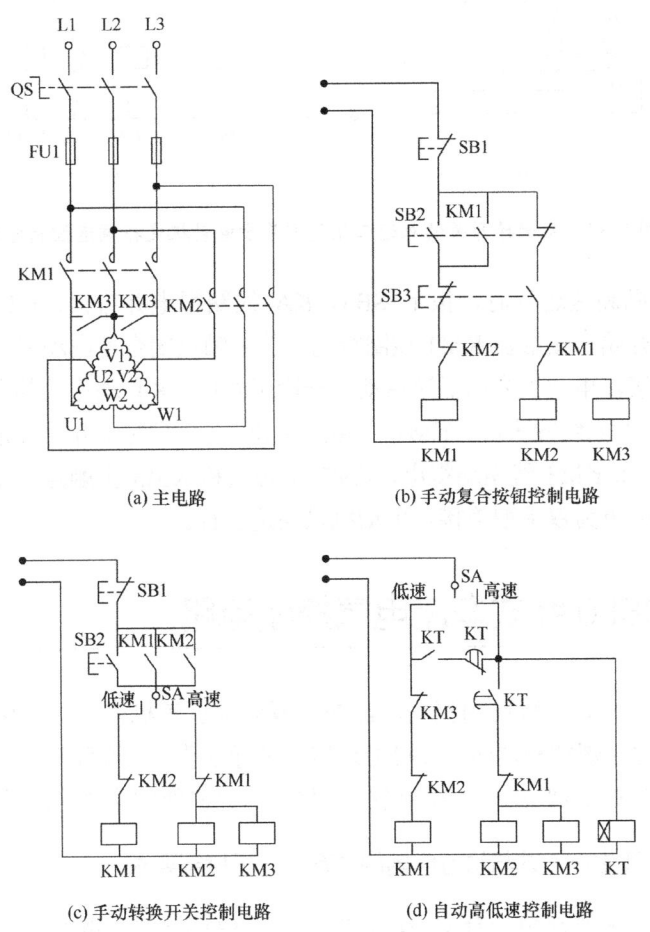

图 2-33 双速三相笼型异步电动机变极调速控制电路

2. 无选择开关的双速三相笼型异步电动机变极调速控制电路

无选择开关的双速三相笼型异步电动机变极调速控制电路如图 2-34 所示。图 2-33(d)电路实现的功能也可用图 2-34(b)的控制电路实现。按钮 SB2 是低速启动按钮，按下 SB2，KM1 线圈得电，KM1 主触点闭合，电动机定子绕组为三角型连接，电动机低速运行。

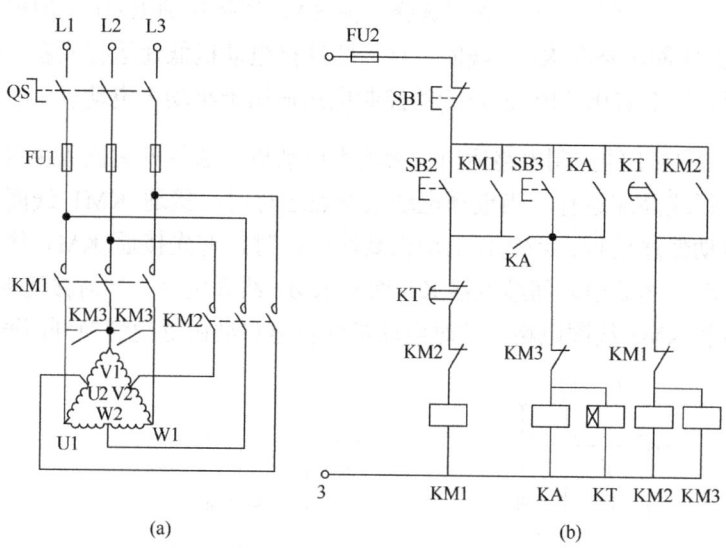

图 2-34 无选择开关的双速三相笼型异步电动机变极调速控制电路

电动机高速运行时，按下 SB3，KA 线圈得电并自锁，KT 线圈也得电，计时开始，接触器 KM1 线圈得电，其主触点闭合使电动机定子绕组为三角型连接，电动机先以低速启动。一段延时后，KT 动作，其常闭触点延时断开，KM1 线圈失电，KM1 主触点断开，KT 延时常开触点延时闭合，KM2 线圈和 KM3 线圈均得电，KM2 主触点和 KM3 主触点均闭合，使电动机定子绕组为双星型连接，电动机以高速运行。

2.8　C650 卧式车床电气控制电路

卧式车床是一种应用极为广泛的金属切削加工机床，主要用来加工各种回转表面、螺纹和端面，并可通过尾架进行钻孔、铰孔和攻螺纹等切削加工。下面以 C650 卧式车床控制系统为例，对该系统的控制电路进行分析。

1. 了解生产工艺与执行电器的关系，分析控制要求

卧式车床通常由一台主电动机拖动，经由机械传动链实现切削主运动和刀具进给运动的输出，其运动速度由变速齿轮箱通过手柄操作进行切

换。刀具、冷却泵和液压泵等均采用单独的电动机分别驱动。

C650 卧式车床属于中型车床,可加工的最大工件回转直径为 1020mm,可加工的最大工件长度为 3000mm,C650 卧式车床结构示意图如图 2-35 所示。

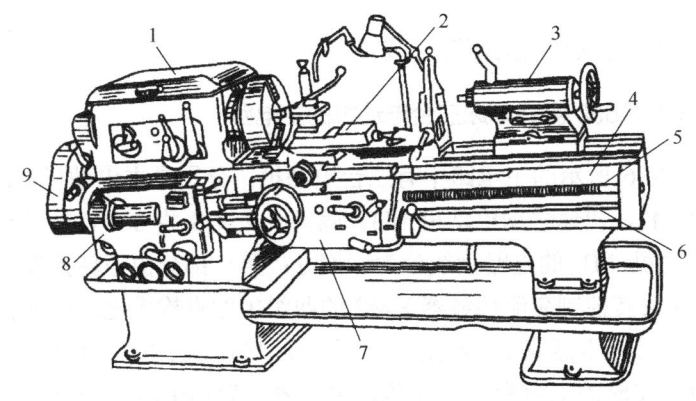

图 2-35 C650 卧式车床结构示意图

1—主轴变速箱;2—溜板与刀架;3—尾座;4—床身;5—丝杠;6—光杠;7—溜板箱;
8—进给箱;9—挂轮箱;

C650 卧式车床主要由床身、主轴变速箱、刀架与溜板、溜板箱及尾座等部分组成。该车床有两种主要运动:一种是安装在床身主轴变速箱中的主轴转动,称为主运动;另一种是溜板箱中的溜板带动刀架的直线运动,称为进给运动。刀具安装在刀架上,与溜板一起随溜板箱沿主轴轴线方向实现进给运动,主轴的转动和溜板箱的移动均由主电动机驱动。

由于加工的工件比较大,加工时其转动惯量也比较大,因此停车时不易立即停止转动,故必须有停车制动的功能,较好的停车制动是采用电气制动方法。为了加工螺纹等工件,主轴需要正反转,主轴的转速应随工件的材料、尺寸、工艺要求及刀具的种类不同而变化,所以要求在相当宽的范围内可进行速度调节。

在加工过程中,还需提供切削液,并且为了减轻工人的劳动强度和节省辅助工作时间,要求带动刀架移动的溜板能够快速移动。

从车床的加工工艺出发,对拖动控制有以下要求。

(1)主电动机 M1 用于完成主轴主运动和溜板箱进给运动的驱动。M1 采用直接启动的方式启动,可正反两个方向运行,并可进行正反两个运行方向的电气停车制动。为了加工调整方便,M1 还具有点动功能。

(2)电动机 M2 用于拖动冷却泵,在加工时提供切削液;采用直接启动及直接停止方式,并且为连续工作状态。

(3) M1 和 M2 应具有必要的短路保护和过载保护。

(4) 快速移动电动机 M3 用于拖动刀架快速移动。可根据使用需要,随时手动控制 M3 的启停。

(5) 应具有安全的局部照明装置。

2. 分析 C650 卧式车床三台电动机的主电路

如图 2-36 所示的主电路中有三台电动机,分别是主电动机 M1,冷却泵电动机 M2,快速移动电动机 M3。隔离开关 QS 将 380V 的三相电源引入。主电动机 M1 的电路接线分为三部分:第一部分由正转控制交流接触器 KM1 和反转控制交流接触器 KM2 的两组主触点构成电动机的正反转接线;第二部分为电流表 A 经电流互感器 TA 接在 M1 的主回路上,以监视 M1 绕组工作时的电流变化,为防止电流表被启动电流冲击损坏,利用时间继电器 K1 的延时动断触点,在启动的短时间内将电流表暂时短接;第三部分为串联电阻控制部分,交流接触器 KM3 主触点控制限流电阻 R 的接入和切除。在进行点动调整时,为防止连续的启动电流造成电动机过载,串入限流电阻 R,保证电路设备正常工作。

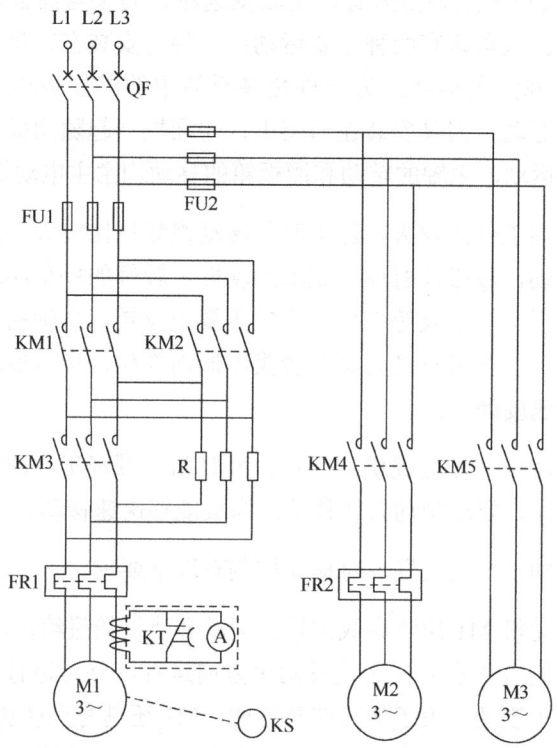

图 2-36 C650 卧式车床三台电动机的主电路

速度继电器 KS 的速度检测部分与 M1 的主轴同轴相连，在停车制动过程中，当 M1 转速低于 KS 的动作值时，其常开触点可将控制电路中反接制动的相应电路切断，完成停车制动。

电动机 M2 由交流接触器 KM4 主触点控制其主电路的接通和断开，电动机 M3 由交流接触器 KM5 主触点控制。

为了保证主电路的正常运行，该主电路中还设置了熔断器的短路保护环节和热继电器的过载保护环节。

3. 分析省略热继电器信号的 C650 卧式车床电动机控制电路（见图 2-37）

（1）主电动机 M1 的点动调整控制

当按下点动按钮 SB2 不松手时，接触器 KM1 线圈得电，KM1 主触点闭合，电网电压经过限流电阻 R 通入 M1 中，从而减小启动电流。由于中间继电器 KA 未通电，因此虽然 KM1 的辅助常开触点（7、8）已闭合，但不自锁。故当松开 SB2 后，KM1 线圈随即失电，M1 停止运行。

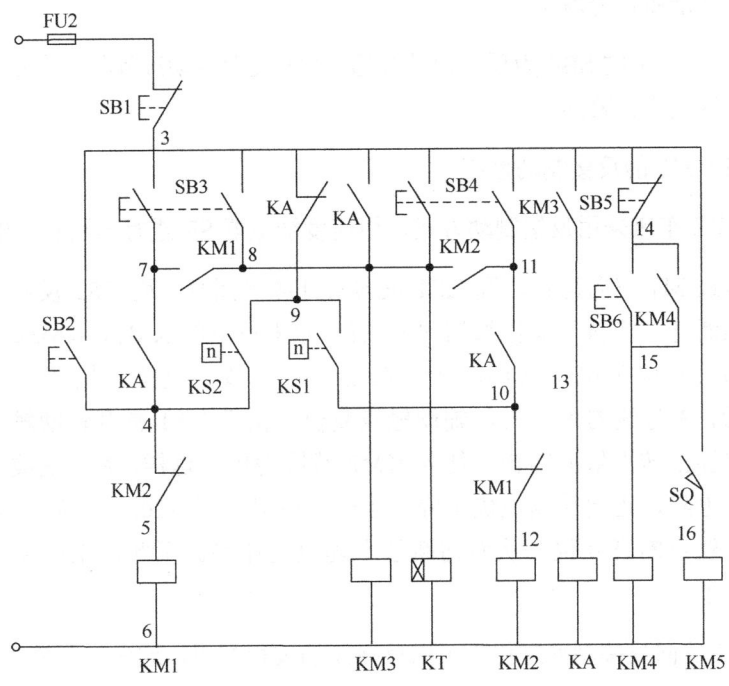

图 2-37　省略热继电器信号的 C650 卧式车床电动机控制电路

（2）M1 的正反转控制

M1 的额定功率为 180W，其功率较小，并且为轻载启动，因此其启动电流小，故在非频繁点动的一般工作时，M1 仍然采用了全压直接启动。

当按下正向启动按钮 SB3 时，SB3 闭合，KM3 线圈得电，其主触点闭合，短接限流电阻 R，另有一个常开辅助触点闭合，使得 KA 线圈得电，其常开触点闭合，使得 KM3 在松开 SB3 后也保持通电，进而 KA 也保持通电。另一方面，当尚未松开 SB3 时，SB3 闭合，由于 KA 的另一个常开触点已闭合，因此使得 KM1 线圈得电，其主触点闭合，M1 全压启动运行。KM1 辅助常开触点也闭合。这样，当松开 SB3 后，由于 KA 的两个常开触点保持闭合，因此可形成自锁通路，从而 KM1 线圈保持得电。在 KM3 线圈得电的同时，通电延时继电器 KT 通电，其作用是避免电流表受到启动电流的冲击。

M1 正转时的主要低压电器动作情况如下。

按下 SB3，KM3 线圈和 KT 线圈均得电，KM3 主触点短接制动电阻 R，KM3 常开辅助触点闭合，KA 线圈得电，KA 常闭触点断开，KA 常开触点闭合，使得点 7 到点 5 导通，KM1 线圈得电吸合，其主触点闭合，M1 正向启动，当速度大于 120r/min 时，速度继电器 KS1 常开辅助触点闭合，制动准备信号就位。

图 2-37 中的 SB4 为反向启动按钮，M1 反向启动过程与正向启动过程类似，这里不再赘述。

（3）M1 的反接制动控制

C650 车床采用反接制动方式，用速度继电器 SR 进行检测和控制。

假设 M1 正向运行，则 KS1 正向常开触点闭合，而 KS2 反向常开触点依然断开。当按下总停按钮 SB1 后，原来得电的 KM1、KM3、KT 和 KA 都会立即失电，它们的所有触点均被释放而复位。然而，当松开 SB1 后，3 号线的 KA 常闭辅助触点复位，由于 KS1 常开辅助触点在电动机惯性正转下依旧闭合，使得 KM2 线圈得电，这样，M1 就被串入反接制动电阻，正向转速很快下降，当转速降到小于 120r/min 时，KS1 正向常开触点断开复位，从而切断了上述电流通路。至此，正向反接制动就结束了。

M1 反向反接制动过程与正向反接制动过程类似，这里不再赘述。

（4）刀架的快速移动和冷却泵电动机的控制

刀架的快速移动是转动刀架手柄压动位置开关 SQ，接通快速移动电动机 M 的控制接触器 KM5 的线圈电路，KM5 主触点闭合，电动机 M3 启动运行，经传动系统驱动溜板带动刀架快速移动。冷却泵电动机 M2 的启停按钮分别为 SB6 和 SB5。

习题 2

1. 在电动机的控制线路中，短路保护和过载保护各由什么电器来实现？它们能否相互代替使用？为什么？

2. 总结顺序启动逆序停止的电气控制电路设计逻辑思路？

3. 利用断电延时型空气阻尼式时间继电器完成定子串电阻控制电路设计，并分析过程。

4. 设计线路实现一个工作机构由 KM1 得电可以向前移动，KM2 得电可以后退返回，在目的地限位开关 SQ1 和原点位限位开关 SQ2 的监测下，能移动到目的地停留一段时间后返回。

5. 已知 KM 为润滑泵电动机的启停用接触器，分析如图 2-38 所示的润滑泵的工作过程及运行现象。

6. 写出如图 2-39 所示的启动到制动结束的全过程，并用线号辅助描述。

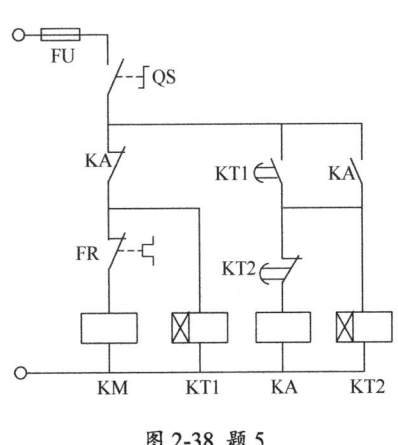

图 2-38 题 5

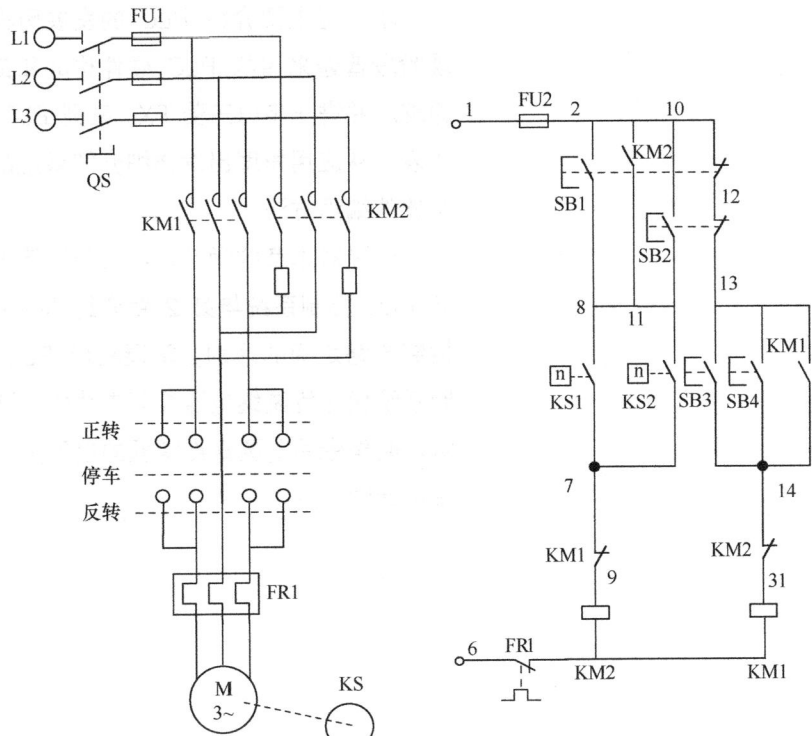

图 2-39 题 6

第3章

PLC 基本知识

本章将主要介绍 PLC 的发展历程，现阶段普遍采用的 PLC 硬件构成和工作原理。并进一步以三菱 FX_{2N} 系列 PLC 为代表，从应用角度出发详细介绍系统配置及软件编程方法。

通过对本章的学习，读者能够清晰区分 PLC 控制系统与第 2 章介绍的继电器控制电路之间的区别，掌握利用 PLC 控制系统代替传统继电器控制电路的设计方法，明确今后需要重点掌握的电气控制系统设计的要点。

3.1 PLC 的发展与应用

可编程逻辑控制器（Programmable Logic Controller，PLC）是近 50 年来迅速发展起来的，与机器人、计算机辅助设计及制造成为工业自动化领域的三大支柱，并居工业控制装置的首要位置。这一地位与它着力于解决继电器控制电路的问题有很大关系，并在不断优化和发展中融合自动控制技术、计算机技术和通信技术。

3.1.1 PLC 的由来和定义

随着以柔性化生产流水线为代表的工业生产设备的迅速发展，继电器/接触器控制系统已无法满足工作模式多样、控制要求复杂的自动化机械设备的电气控制要求了，并且由于系统电路复杂，系统的可靠性难以提高，检查和维修也比较困难。

【视频】

PLC 概述

1968 年，美国通用汽车公司（GM）为了让汽车工业生产流水线设备能满足快速切换汽车生产型号的工艺要求，同时降低成本，缩短生产周期，提出了具有以下"十大条件"的新型控制器研发目标。

（1）编程简单，可在现场修改程序。

（2）维护方便，采用插件式结构。

（3）可靠性高于继电器控制柜的可靠性。

（4）体积小于继电器控制柜的体积。

（5）成本可与继电器控制柜的成本相竞争。

（6）可将数据直接送入计算机中。

（7）可直接使用 115V 交流输入电压。

（8）输出采用 115V 交流电压，能直接驱动电磁阀、交流接触器等。

（9）通用性强，扩展方便。

（10）能存储程序，存储器容量可以扩展到 4KB。

此时的计算机发展正处于第三代小型晶体管计算机出现和快速发展的时期，美国数字设备公司（DEC）创始人——Ken Olsen（小型计算机之父）于 1960 年生产了第一台小型计算机 PDP-1。根据 GM 要求，DEC 在

1969 年首先研制出第一台 PLC，即 PDP-14。与此同时大规模集成电路的出现，使 PLC 的功能增强，工作速度加快，体积减小，可靠性提高，成本下降，编程和故障检测更加灵活。

1987 年，国际电工委员会（IEC）颁布了 PLC 的最新定义：PLC 是一种数字运算操作的电子系统，专为在工业环境应用而设计的。它采用可编程的存储器，执行逻辑运算、顺序运算、计时、计数和算术运算等操作指令，并能通过数字式或模拟式的输入和输出控制各类机械的生产过程。

3.1.2 PLC 的发展趋势与应用

PLC 发展趋势的明显特征是集成度越来越高，工作速度越来越快，功能越来越强，使用越来越方便，工作越来越可靠。具体表现在以下 5 个方面。

1. 向微型化、专业化的方向发展

随着数字电路集成度的提高，利用微处理器的发展成果，电器元件的体积和质量不断减小，使得 PLC 在满足原有功能的基础上，结构更加紧凑，成本更加低廉，能够满足专业化的生产设备在结构和体积上的条件限制。

2. 向大型化、高速度、高性能方向发展

随着计算机冗余、多线程等技术的出现，以及存储器介质的革新，使得 PLC 向着大容量、高速度、高性能方向发展。如三菱公司的 AnA 系统 PLC 使用了世界上第一个在一块芯片上实现全部功能的 32 位微处理器，其执行一条基本指令的时间是 0.15ms。

PLC 的功能越来越丰富，而体积却越来越小，同时具有越来越强的模拟量处理能力，如浮点数运算、PID 调节、温度控制、精确定位、步进驱动、报表统计等。在复杂系统处理类似速度等模拟量数据方面，高性能 PLC 具有模糊控制、自适应、参数整定等智能控制功能，使得调试时间缩短，控制精度提高。

3. 编程语言更加标准、移植程度更高

几乎所有的 PLC 厂家都能完全支持 1994 年 IEC 公布的 PLC 标准（IEC1131），该标准的第三部分明确了 5 种标准编程语言：梯形图、功能模块图、顺序功能图、指令表（语句）和结构文本。

4. 与工业智能控制产品相互渗透、相互融合

（1）PLC 与 PC 的融合：除典型的 AB 公司生产的 PLC-5/250 与 DEC 公司的 MicroVAX 计算机组合的 IPLC 外，现阶段主流融合技术是领用第三方 HMI 技术。通过在多媒体计算机中安装 HMI 监控软件，同时利用网络化通信技术实现实时的程序修改和运行监控。

（2）PLC 与 DCS 的融合：集散控制系统（DCS）是由回路仪表控制系统发展起来的分布式控制系统，它在以模拟量处理为主的多回路工业过程控制方面有一定的优势。随着 PLC 扩展性的不断提高，擅长开关量逻辑控制的 PLC 搭配具有模拟量处理功能的 PID 闭环控制、高速数据处理等特殊模块后，PLC 系统能够与 DCS 系统形成优势互补。

（3）PLC 与 CNC 的融合：计算机数控 CNC 技术擅长对精密机械加工设备的伺服电机进行多台电机协同控制。随着 PLC 处理速度的提高，搭载单轴、双轴、三轴位置控制模块的大中型 PLC 能够对 CNC 控制专用领域带来替代性的挑战。例如，三菱公司的 IPCL620 控制器可以完成 8 轴的插补运算。

5. 具有分布式总线扩展、网络化通信能力

现场总线（FieldBus）是连接智能现场设备和自动化系统的数字式、双向输出、多分支结构的通信网络，是分布式控制系统的传输媒介。现阶段主要的 PLC 厂家均有自己通信协议的现场总线。例如，三菱公司的 CC-LINK；西门子公司的 ProfiBus；施耐德公司的 LonWorks 等。第三方 OPC 协议能够支持不同厂家 PLC 系统或传感器数据采集器的现场总线协议数据的共享。此外，随着 4G、5G 网络技术的运用和完善，物联网通信所需的大数据通道远程微小延时的无线传输变得可行，使得扩展有移动通信接口的高性能 PLC 可以无障碍地实现网络数据实时通信和处理。

随着 PLC 技术的不断发展，PLC 已经广泛应用于各行各业中，其用途大致有以下几个方面。

（1）开关量的逻辑控制。
（2）过程控制。
（3）运动控制。
（4）数据处理。
（5）通信连网。

3.2 PLC 的构成

由于 PLC 的发展主要得益于计算机技术的进步，并在此基础上融合其他工业智能控制技术，因此 PLC 实质上是一台用于工业控制的专用计算机，由硬件和软件两部分构成，在软/硬件方面与一般计算机的功能类似但又有区别。

3.2.1 PLC 硬件

以紧凑型单体 PLC 为例，一台可编程逻辑控制器基本组成包括中央处理器（CPU）、存储器、输入/输出（I/O）接口、电源及外部设备。PLC 的硬件组成结构如图 3-1 所示。

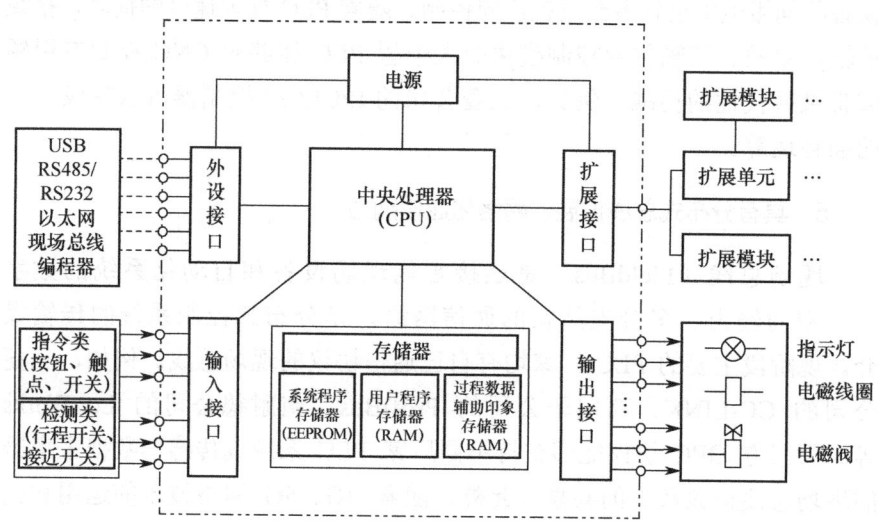

图 3-1 PLC 的硬件组成结构

由于 PLC 的控制对象是工业生产设备或生产过程，这类控制对象的信号电平是多种多样的，而 PLC 处理的信号只能是标准电平，这样就需要有相应的 I/O 接口作为 PLC 与工业生产现场的桥梁，进行信号电平的转换。因此 PLC 的 I/O 接口单元的内部结构与单片机的内部结构有较大的不同，PLC 采取了光电隔离、滤波等抗干扰措施。

1. 输入接口

输入接口通常有干接触输入、直流输入、交流输入三种形式。干接触输入由内部直流电源供电，小型 PLC 直流输入也是由内部直流电源供电的，交流输入必须外加电源。图 3-2 为三种类型的 PLC 输入接口电路原理示意图。

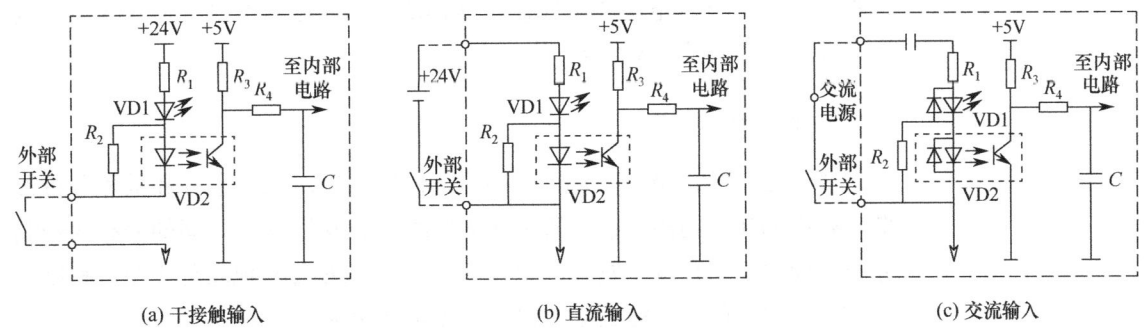

图 3-2　三种类型的 PLC 输入接口电路原理示意图

2. 输出接口

输出接口的作用是将 PLC 执行用户程序所输出的 TTL 电平控制信号转化为生产现场能驱动特定设备的信号，以驱动执行机构的动作。一般驱动指示灯具有电磁线圈的接触器、中间继电器或电磁阀，通过这些低压电器使得机械部件在得到电能、气动能、液压能后产生动作。

输出接口通常有继电器输出、晶体管输出和双向晶闸管输出三种形式。继电器输出可接直流负载或交流负载，晶体管输出只能接直流负载，双向晶闸管输出可以接交流负载。图 3-3 为三种类型的 PLC 输出接口电路原理示意图。

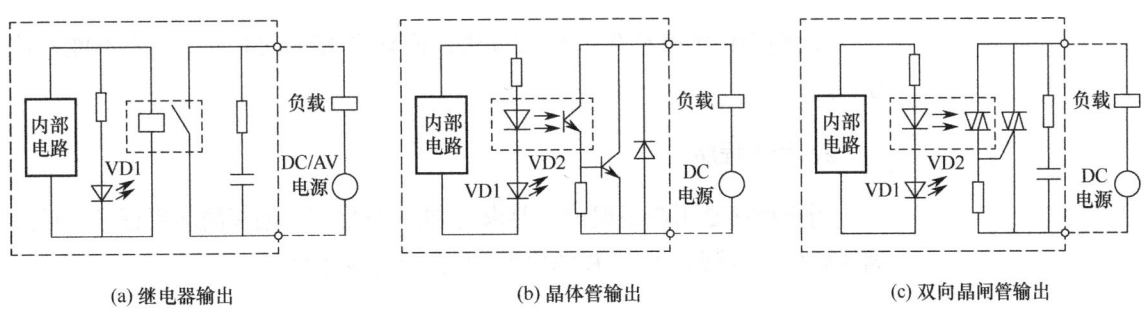

图 3-3　三种类型的 PLC 输出接口电路原理示意图

3. 扩展接口

为了适应工业生产过程中的输入/输出接口扩展（设备更新）和复杂系统中的（除开关量外）模拟量、高速数据传输等数据的处理与交换，每个系列的 PLC 产品都有一系列与基本单元相匹配的扩展单元或扩展模块。扩展单元和扩展模块内部不配备 CPU 和存储器，仅扩展各类 I/O 接口电路，该电路必须与基本单元共同使用。基于远距离传输和驱动接口的需要，扩展单元内部应具有电源并可连接扩展模块，以满足基本的单体式（一个基本单元）、分布式控制需要。

4. 外设接口

外设接口的作用主要是，程序的上传与下载、PLC 监控和故障分析诊断、数据的超远距离传输及通过现场总线实现多台 PLC 之间的分布式控制系统。随着网络技术的发展，中大型 PLC 一般都带有现场总线接口和以太网接口，传统的 RS485/232 接口正在逐步被淘汰。

3.2.2 PLC 软件

PLC 软件系统是指 PLC 使用的各种程序的集合，包括系统程序和用户程序。

1. 系统程序

系统程序包括监控程序、输入译码程序及诊断程序。

监控程序用于管理、控制整个系统的运行。输入译码程序则是把应用程序输入、翻译成统一的数据格式，并根据输入接口送来的输入量进行各种算术运算和逻辑运算，并通过输出接口实现控制。诊断程序用来检查、显示本机运行状态，方便用户使用和维护系统。

系统程序由 PLC 生产厂家提供，固化在 EPROM 中，用户不能直接读/写。

2. 用户程序

用户程序是用户根据控制要求用 PLC 编程语言编写的应用程序，通过编译软件下载到 PLC 的 RAM 中，并由锂电池保存。

3. 用户程序常用的编程语言

目前，PLC 常用的编程语言有梯形图、指令表和顺序功能图。

（1）梯形图。梯形图是一种用图形符号及图形符号在图中的相互关系表示控制关系的编程语言。图 3-4 是继电器控制电路与 PLC 梯形图的比较，从中可以看出，梯形图是从继电器控制电路图演变过来的，具有动合、动断触点及线圈，且线圈的得电和失电将导致触点的相应动作；再用左右两侧的母线代替电源进出线，用能量流代替继电器电路中电流的概念；使用与绘制继电器控制电路类似的思路绘出梯形图。

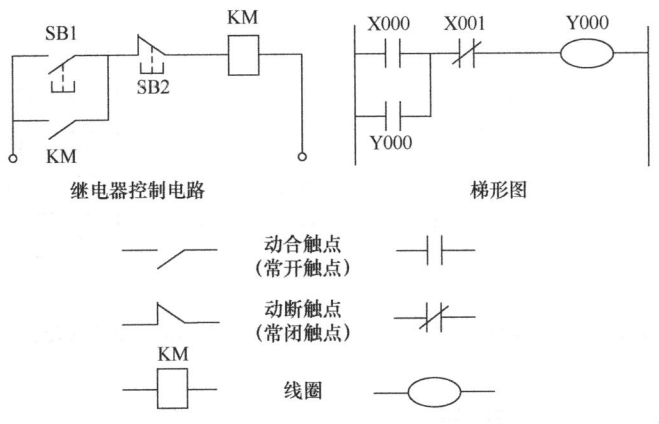

图 3-4 继电器控制电路与 PLC 梯形图的比较

梯形图与继电器控制电路之间的差异如下：

① 梯形图中的各种元件称为软继电器，不是实际的物理继电器，实际是存储区域存放的数据信息，因此同一个软继电器的动合触点与动断触点之间的切换没有时间延时，它们只是互为相反状态。而在继电器控制电路中的大多数低压电器在动作过程中实际发生着先断开后闭合的微观过程。

② 左右两侧的母线分别称为起始母线和终止母线，因此能量流只能按从上到下、从左到右的顺序流动。

③ 梯形图中的输出线圈不是物理线圈，输出线圈的状态要与所控制的低压电器对象的动作一致，还需要保证连接到该输出线圈对应的输出接口电路和低压电器是完好的。

④ 原则上是可以无限次反复使用软元件触点的，而继电器控制电路中的继电器触点数是有限的。但 PLC 内部输出线圈通常只能被引用一次，使用时需谨慎。

（2）指令表。指令表又称语句表，语句表与汇编语言类似，不同的 PLC，其指令代码也不同，随着计算机 USB 接口的普及及基于远程监控的便捷性，计算机的梯形图语言不再受计算机与设备距离的限制，使指令表变得不常用。梯形图与指令表的对应关系如图 3-5 所示。

（3）顺序功能图。顺序功能图常用来编制操作或生产过程中顺序清晰的机械或流程设备的相关程序。图 3-6 是顺序功能图，包含步骤、动作、转换三个要素。可以通过对这三个要素的组合将一个完整的控制过程分为若干个状态，各个状态的动作不同，状态间有一定的转移条件。若条件满足状态转移，则上一个状态动作结束，下一个状态动作开始。

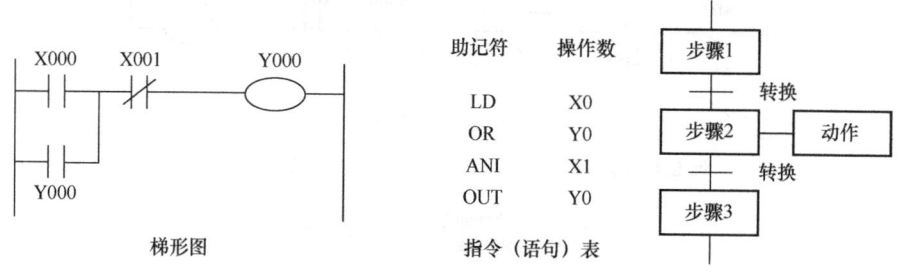

图 3-5　梯形图与指令表的对应关系　　　　图 3-6　顺序功能图

3.2.3　PLC 的工作原理

PLC 的程序执行过程一般分为输入采样、程序执行和输出刷新三个阶段，图 3-7 是 PLC 的等效电路及其程序执行过程。

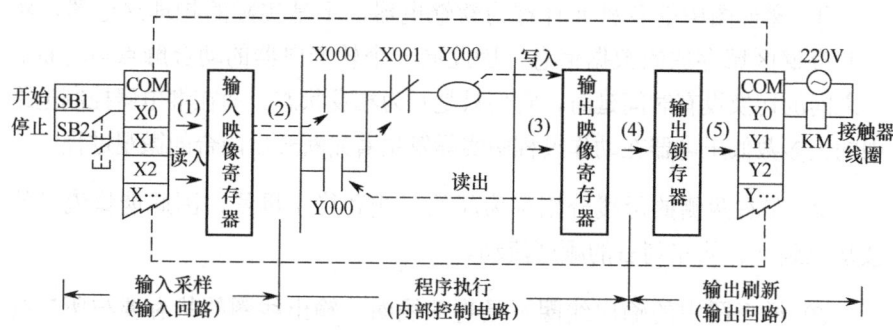

图 3-7　PLC 的等效电路及其程序执行过程

第一个阶段：输入采样。

PLC 以扫描方式按顺序将所有输入端的输入信号开关量状态读入到输入映像寄存器区，即一个输入端子对应一个寄存器区中的一个虚拟"软继电器线圈"，如图 3-7 中的(1)所示。这个过程也称为输入回路。

第二个阶段：程序执行。

在内部控制电路中执行程序。PLC 按从上到下、从左至右的顺序对程序进行扫描，对由触点构成的控制电路进行逻辑运算，然后根据逻辑运算的结果，刷新输出映像寄存器区或系统 RAM 区对应位的状态。在程序执行阶段，只有输入映像寄存器区存放的输入采样值不会改变，其他各种元素在输出映像寄存器区或是系统 RAM 中的状态和数据都有可能随程序的执行发生变化。即前面执行的结果可能被后面的程序用到，从而影响后面程序的执行结果；而后面扫描的结果却不可能改变前面的扫描结果，只有到下一个扫描周期再次扫描前面的程序时才有可能起作用。如果程序中的两个操作相互用不到对方的操作结果，那么这两个操作的程序在整个用户程序中的相对位置是无关紧要的。如图 3-7 中的(2)、(3)所示。

第三个阶段：输出刷新。

输出刷新阶段是在执行完用户所有程序后，PLC 将输出映像寄存器中的内容送到输出锁存器中，再通过一定的方式驱动用户设备的过程。输出刷新阶段如图 3-7 中的(4)、(5)所示。

上述三个过程，在 PLC 一个工作周期中执行一次，刷新时间为 4ms 左右，该时间随 PLC 性能有所改变。

3.3 FX 系列 PLC 的系统配置

3.3.1 FX 系列 PLC 型号名称的含义

FX 系列 PLC 型号的命名规则如图 3-8 所示。

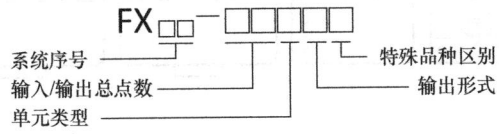

图 3-8 FX 系列 PLC 型号的命名规则

（1）系统序号：1S、1N、2N 等。

（2）输入/输出总点数：10～256 个。

（3）单元类型：M——基本单元；E——扩展单元；EX——扩展输入单元；EY——扩展输出单元。

（4）输出形式：R——继电器输出；T——晶体管输出；S——晶闸管输出。

（5）特殊品种：D——直流电源输入；A——交流电源输入；H——大电流输出扩展模块；V——立式端子排扩展模块；C——接插口输入/输出方式；F——输入滤波器 1ms 的扩展单元；L——TTL 输入型扩展单元；S——独立端子（无公共端）扩展单元。

3.3.2　FX$_{2N}$系列 PLC 系统硬件配置

FX$_{2N}$ 系列 PLC 系统硬件配置包括基本单元、扩展单元、扩展模块（特殊功能）及外围连接件（设备）。基本单元与扩展单元和扩展模块采用扁平电缆连接，构成如图 3-9 所示的 FX$_{2N}$ 系列 PLC 模块连接示意图。

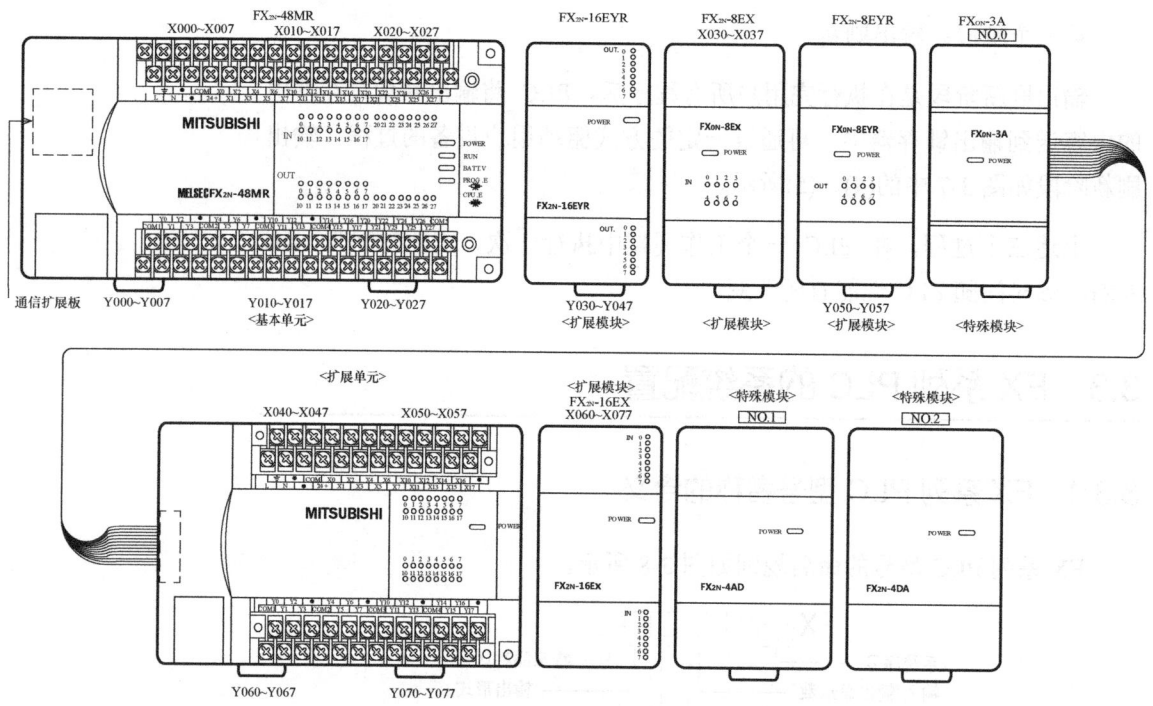

图 3-9　FX$_{2N}$ 系列 PLC 模块连接示意图

基本单元是将 CPU、存储器、输入/输出与电源灯安装在一个模块内，FX$_{2N}$ 系列 PLC 基本单元中的输入与输出比是 1∶1。

扩展单元内部设有电源，用于扩展远距离的 I/O 点数。扩展模块分为基本开关量扩展模块与特殊功能模块，扩展模块内部没有电源，必须与具有基本单元的 PLC 系统搭配使用。

3.3.3　FX$_{2N}$系列 PLC 的安装及接线

FX$_{2N}$ 系列 PLC 的安装环境要求是：温度 0～55℃，相对湿度小于 85%，无粉尘、油烟、无腐蚀性及可燃性气体，远离强烈震动和强烈电磁干扰源的场合，否则需要采取减震及屏蔽措施。

FX$_{2N}$ 系列 PLC 的安装方式：推荐使用卡轨安装在电气柜中，并用螺钉予以进一步固定。

1. 电源接线及端子排列

PLC 的供电通常有两种情况：一种是直接使用工频交流电，通过交流输入端子连接，对电压的要求比较宽松，即 100～250V；二是推荐使用外部直流开关电源 24V 供电，可直接接入 24V 输入端子。

图 3-10 是 FX$_{2N}$-32MR 型 PLC 外形及接口图。图中的接线端子排列标注中提示：标有 L 及 N 的接线为交流电源相线的接点。24+与地线接口是 PLC 内部自带的 24V 直流电源，为输入器件及扩展单元供电。该型号属于交流电源型 PLC，FX$_{2N}$-32MR 型 PLC 的电源连接示例如图 3-11 所示。

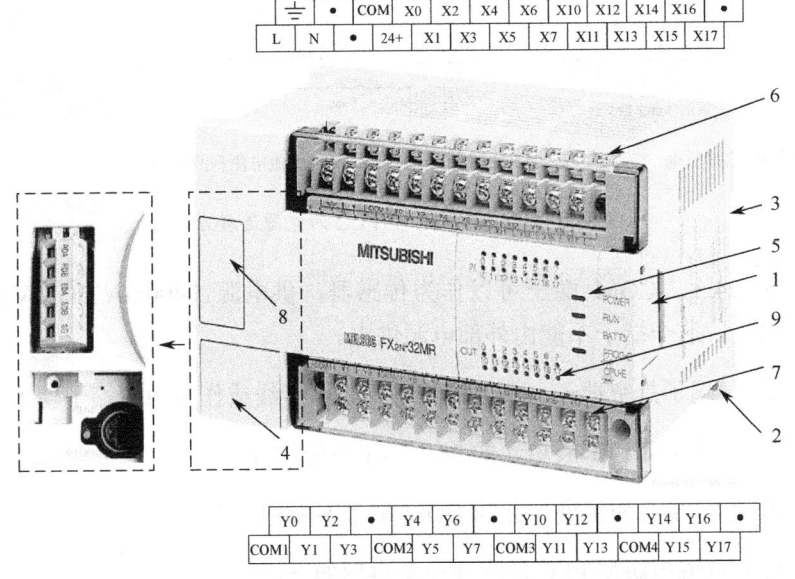

图 3-10　FX$_{2N}$-32MR 型 PLC 外形及接口图

1—扩展单元、扩展模块的接线插座盖板；2—螺钉安装定位孔；3—卡轨槽；4—外围设备界限插座（RS422 接口）及内置 STOP/RUN 手动开关；5—从上至下分别是：POWER 电源指示灯、RUN 运行指示灯，BATT.V 电池电压下降指示灯，PROG-E 程序出错指示灯，CPU-E 核心处理器出错指示灯；6—电源、辅助电源、输入信号端子；7—输出信号端子；8—RS485 扩展接口盖板；9—输入/输出信号指示灯

（1）交流电源型 PLC 的配线注意事项如下。

① 电源接在 L 与 N（AC100V 系列与 AC200V 系列共用）端子间。

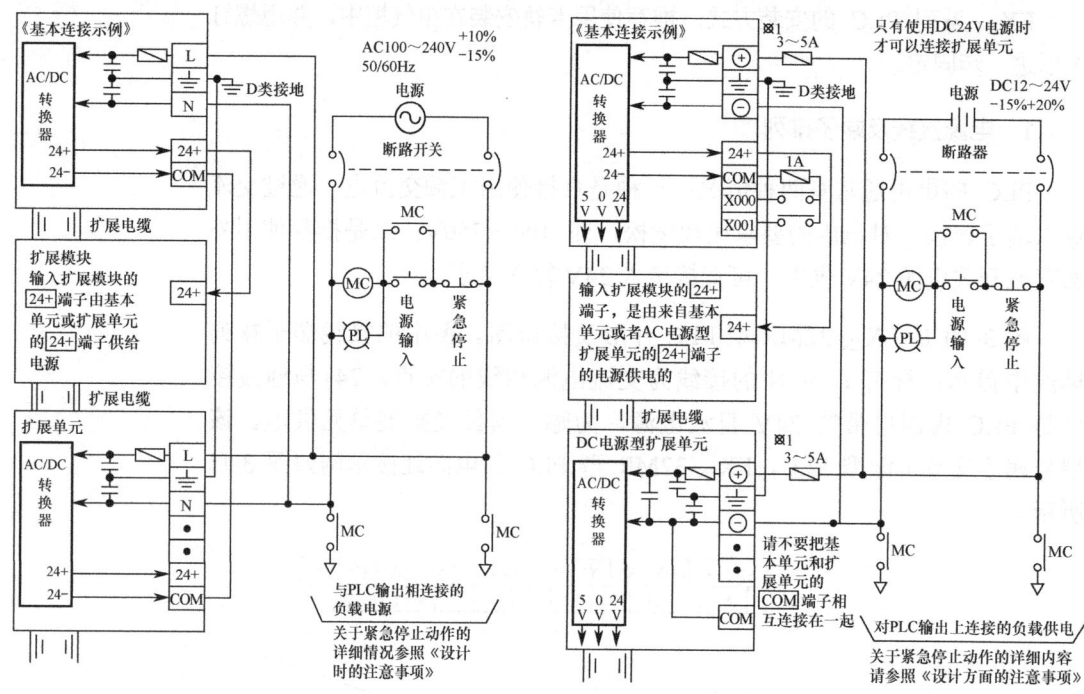

(a) 交流电源型的连接示例　　　　　(b) 直流电源型的连接示例

图 3-11　FX$_{2N}$-32MR 型 PLC 的电源连接示例

② 24＋、COM 端子可以作为传感器，供电源（400mA/DC24V）使用。另外，这个端子不能由外部电源供电。

③ ·端子是空端子，不要对其进行外部接线或作为中继端子使用。

④ 基本单元和扩展单元的 24＋端子不能相互连接。

⑤ 基本单元和扩展单元的 COM 端子不能相互连接。

（2）直流电源型 PLC 的配线注意事项如下。

① 在+端子与-端子（DC12V，DC24V 共用）上连接电源。

② 在 24+端子与 COM 端子之间为输入扩展模块提供电源。此外，请勿给扩展模块以外的设备提供电源。

③ 请勿对·端子进行外部接线或是将其作为中继端子使用。

④ 请勿将基本单元和扩展单元的 24+端子与 COM 端子相互连接。

⑤ 只有当使用 DC 24V（DC 20.4V 以上、DC 28.8V 以下）电源时，才能够在基本单元的电源上连接扩展单元。当使用电源 DC12V（DC 10.2V 以上、DC 20.4V 以下）时，电源上仅能连接最多 32 点的输入/输出

扩展模块。

⑥ 直流电源型的扩展单元中没有电源。

注意：基本单元、扩展模块与特殊扩展设备建议使用同一个电源。

在使用外部电源时，扩展单元要与基本单元同时上电，或比基本电源先上电。切断电源时，务必确认整个系统安全后，才能同时断开 PLC（包含特殊扩展设备在内）的电源。

2. 输入端子的器件连接

PLC 输入端子连接的器件主要有开关、按钮及各种传感器。其中，开关、按钮等都是无源器件，PLC 内部电源能为每个输入点都提供约为 7mA 的工作电流，这限制了电路的长度。有源传感器在接入时必须注意与 PLC 机内电源的极性配合。模拟量信号的输入必须采用处理模拟量数据的特殊模块。开关、按钮输入信号的有源方式和无源方式如图 3-12 所示，接近开关输入信号的 PNP 有源方式和 NPN 无源方式如图 3-13 所示，需要根据接近开关是 NPN 型还是 PNP 型来选择有源方式连接还是无源方式连接。

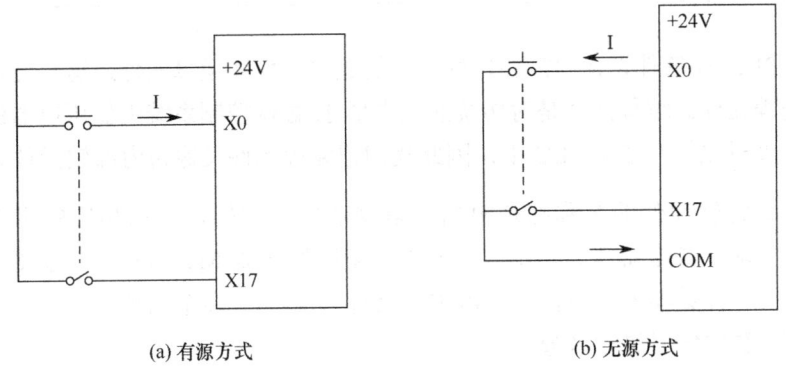

图 3-12 开关、按钮输入信号的有源方式和无源方式

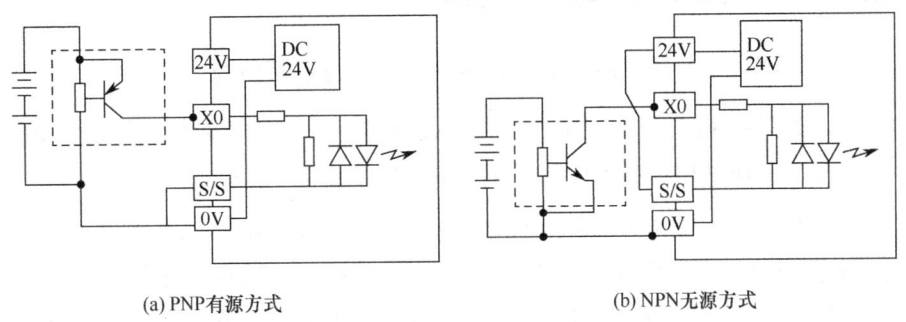

图 3-13 接近开关输入信号的 PNP 有源方式和 NPN 无源方式

3. 输出端子的器件连接

PLC 输出端子连接的器件主要有继电器、接触器、电磁阀的线圈。这些器件均采用 PLC 机外的专用电源供电，PLC 内部仅提供一组开关信号。接入时线圈的一端连接输出点螺钉，另一端经电源连接到输出公共端。图 3-10 下部为输出端子排列标注，由于输出端子连接的耗能器件种类多，并且这些器件所需的电源种类及电压不同，因此输出公共端子分为许多组，而且组间信号隔离。PLC 输出端子的定额电流一般是 2A，大电流的执行器件必须装配中间继电器，利用中间继电器实现小电流信号控制大电流信号执行器件。

4. 通信连接

PLC 一般设有专用通信接口，FX_{2N}-32MR 型 PLC 提供 RS422 型通信接口，如图 3-10 所示。实际使用时，可以采购扩展卡，打开扩展接口盖板实现 RS485 串行口的通信连接。

3.4 FX_{2N} 系列 PLC 的编程元件

PLC 在软件设计中需要各种各样的逻辑元件和运算元件，这些元件称为编程元件。编程元件是对传统的继电器-接触器控制系统中低压电器的替代，虚拟化的存在于 PLC 中，因此我们把编程元件又称为内部软元件。

每种软元件的名称都是根据其自身功能确定的，并用相应的字母表示，如输入继电器 X、输出继电器 Y、辅助继电器 M、状态继电器 S、定时器 T、计数器 C、数据寄存器 D、指针 V/Z 等。多个同类软元件在字母后面加数字编号进行区分。

3.4.1 输入继电器与输出继电器

【视频】
输入/输出继电器与辅助继电器

输入继电器与输出继电器在使用时需要注意以下问题。

（1）只要 PLC 电源正常，无须下载程序，输入继电器就可接收外部输入信号，并通过指示灯表达相应端子信号的高低电平。

（2）除编程或远程监控软件通过通信电缆接入 PLC 的情况外，独立运行的 PLC 输入继电器仅由外部输入信号驱动，只有当外部信号接通（有信号输入）时，相应的数据继电器线圈（实际不存在）才得电，软元件触点动作。

（3）输出继电器的线圈（实际不存在）可由程序指令驱动，并使输出接口电路的输出开关（继电器输出、晶体管输出、晶闸管输出）接通，同一个程序中，输出继电器线圈只能被使用 1 次。

（4）输入继电器和输出继电器的驱动对象均需有满足额定电压及电流的外接电源。

（5）输入继电器和输出继电器均可以被编程或远程监控软件通过通信电缆进行软件使能驱动。

（6）软元件中只有输入继电器和输出继电器采用八进制数编号，其余均采用十进制数编号。如 X000～X007，X010～X017 等。FX_{2N} 系列 PLC 的最大输入继电器和最大输出继电器的编号均是 267。

3.4.2 辅助继电器、状态继电器

1. 辅助继电器：M

辅助继电器可由软件驱动，而不能由外部输入端子直接驱动。辅助继电器不能直接驱动外部负载，它相当于继电器控制系统中的中间继电器。辅助继电器与中间继电器类似，有软线圈和软触点，用于程序中间状态的暂存、移位、辅助运算或具有系统定义的特殊用途。辅助继电器分为通用型、断电保持型和特殊用途型三类。

（1）通用型辅助继电器 M0～M499

通用型辅助继电器在 PLC 断电或 PLC 处于停止状态时，其线圈将失电变为 OFF（电平为 0），不会记忆停电之前的状态。

通用型辅助继电器使用示例如图 3-14 所示。对于图中的电动机单向运行控制电路的 PLC 控制程序，当启动按钮 X000 为 ON 时，常开触点导通（电平为 1），停止按钮 X001 没有被按下 OFF，常闭触点导通（电平为 0），M0 输出线圈为 ON（电平为 1），M0 常开软触点为 ON 实现自锁（电平为 1），M0 常开软触点又与其他条件共同控制输出继电器线圈 Y000（外接电动机正转控制接触器）能否被驱动。

该程序给出了辅助继电器作为中间状态暂存的使用方式，从而满足输出继电器线圈在同一程序中只能使用 1 次的编程要求。

（2）断电保持型辅助继电器 M500～M3071

断电保持型辅助继电器在断电或是 PLC 停止运行时，该辅助继电器的状态由机内（锂电池）记忆保持停电前的状态，再来电时仍然保持停电前

的状态，并从此时状态执行程序。如图 3-15 所示，M500 保持断电前的状态，当 PLC 断电时，即使 X000 无信号，M500 也依旧自锁。

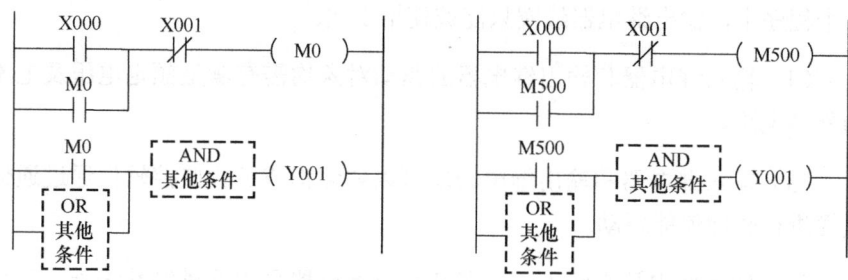

图 3-14　通用型辅助继电器使用示例　　图 3-15　断电保持型辅助继电器使用示例

（3）特殊用途型辅助继电器 M8000～M8255

第一类为触点利用型辅助继电器，其状态由 PLC 系统程序自动产生，在用户编程时可调用其触点，使用其已经定义好的功能。

第二类为线圈驱动型辅助继电器，线圈由 PLC 的用户程序驱动，在用户编程时可将线圈置位，使得该辅助继电器的功能被激活。常用的特殊用途型辅助继电器如表 3-1 所示。

表 3-1　常用的特殊用途型辅助继电器

类别	序号	功能说明
触点利用型辅助继电器	M8000	程序运行时始终为 ON
	M8002	仅在 PLC 从 STOP 到 RUN 时，提供一个扫描周期的初始脉冲信号
	M8011	10ms 周期性脉冲
	M8012	100ms 周期性脉冲
	M8013	1s 周期性脉冲
	M8014	1min 周期性脉冲
线圈驱动型辅助继电器	M8034	输出继电器全部禁止
	M8040	禁止所有状态寄存器之间互相转移，停留在当前动作状态
	M8047	可以读出正在动作的状态并加以显示
	M805X	X=0～5，分别禁止 6 个输入中断信号；X=6～8，分别禁止 3 个定时中断信号；X=9，禁止 3 个计数中断信号
	M8XXX	XXX=200～234，分别控制 32 位计数器 C200～C234 为减法计数

2. 状态继电器：S

状态继电器是用于在步进顺序控制时表示工序号的继电器。从 S0～S999 共 1000 点，其中，S0～S9 供初始状态使用；S10～S19 供返回原点使用；S20～S499 为普通型；S500～S899 为断电保持型；S900～S999 供报警使用。状态继电器的具体使用方法及编程方法详见第 5 章。

3.4.3 定时器

PLC 内部定时器是对低压电器中时间继电器的替代，由设定值寄存器、当前值寄存器和定时器触点组成。PLC 内部定时器的工作原理是对不同周期的时钟脉冲进行加法计数，若当前值寄存器的值等于设定值寄存器的值，则定时器触点动作。需要注意的是，三菱 FX_{2N} 系列 PLC 内部只有通电延时型时间继电器，没有断电延时型时间继电器。内部定时器总数为 T0～T255，共 256 个，定时范围是 0.001～3276.7s，分为如下 4 种类型。

（1）100ms 普通型定时器 T0～T199。

（2）10ms 普通型定时器 T200～T245。

（3）1ms 累积型定时器 T246～T249。

（4）100ms 累积型定时器 T250～T255。

普通型定时器与累积型定时器使用的区别为：累积型定时器在定时启动条件满足后，当前值寄存器的"积"数据（时钟周期×脉冲次数）不会因为启动条件不满足而消失，当再次满足启动条件后，会在原有值的基础上"累"起来计时，直到与设定值寄存器中的数据一致才停止计时，故称为"累积"，该类定时器的当前值寄存器触点都有记忆功能，其复位时必须在程序中加入专门的复位指令 RST。普通型定时器的工作原理图与时序图如图 3-16 所示，累积型定时器的工作原理图与时序图如图 3-17 所示。

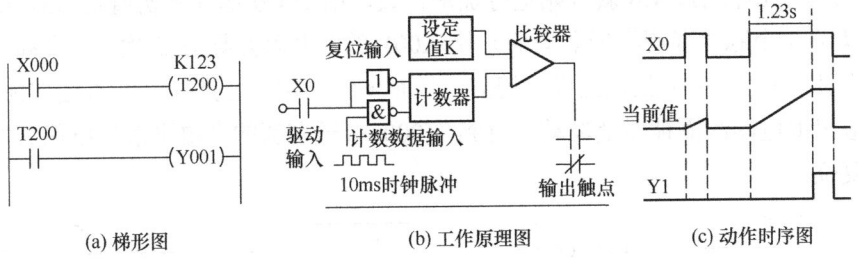

图 3-16　普通型定时器的工作原理图与时序图

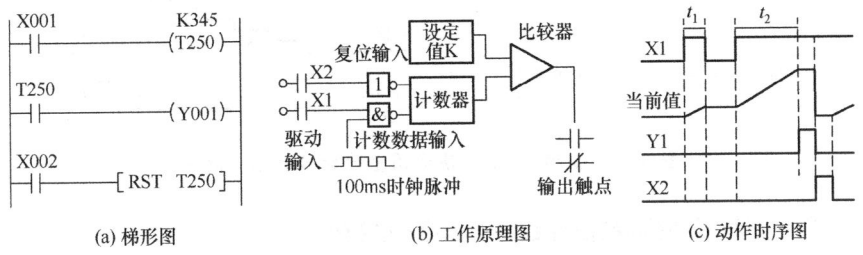

图 3-17　累积型定时器的工作原理图与时序图

3.4.4 计数器

PLC 的计数器具有计数器线圈、常开触点和常闭触点。计数器的工作原理与定时器的工作原理相似，但存在如下区别。

（1）计数脉冲是周期脉冲或非周期脉冲，只对计数器线圈左侧控制计数条件的最终逻辑结果"1"的脉冲个数进行计数。

（2）由于默认计数器类型可以被参数修改属性，因此所有计数器都需要配有复位指令，在计数过程前、中、后，根据控制要求清除计数值。

三菱 FX_{2N} 系列 PLC 的内部计数器分为低速计数器和高速计数器两类。选择使用低速计数器或者高速计数器的原则是：若控制计数条件的触点信号的通断时间比 PLC 的扫描周期长，则选择低速计数器；否则选择高速计数器。

1. 低速 16 位加法计数器 C0～C199

默认 C0～C99 为通用型计数器；C100～C199 为断电保持型计数器。两者可以通过内部参数设置的方式进行转换。

图 3-18 为低速 16 位加法通用型计数器的动作时序，在本图中，当 X000 的常开触点导通（获得 X000 端子处的一个高电平信号）后，C0 的线圈、触点被复位，用于保证 C0 计数器在计数前是没有先前数据的。当 X001 有脉冲后，C0 就开始进行加法计数，由于 C0 的计数初值是 K5，所以当 5 个脉冲（周期或非周期）使 X001 的常开触点导通 5 次（5 个高电平脉冲）后，C0 就达到设定初值，从而 C0 的常开触点导通，同时 Y000 输出继电器线圈被激活驱动，直到 X000 端子有新的高电平信号出现后才复位。

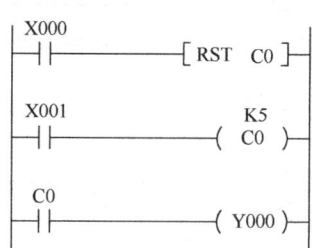 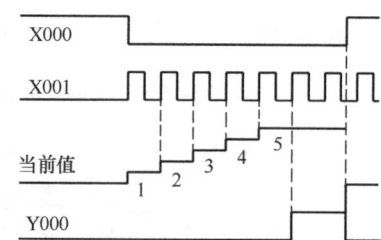

图 3-18 低速 16 位加法通用型计数器的动作时序

2. 低速 32 位加/减法计数器 C200～C234

默认 C200～C219 为通用型计数器；C220～C234 为断电保持型计数

【问题】

累积型计数器和断电保持型计数器的区别和相同点是什么？

答：区别在于在 PLC 断电后，累积型计数器的当前计数值会消失，而断电保持型定时器的当前计数值不会消失。相同点是两者在使用时都需要搭配 RST 指令。

器。两者可以通过内部参数设置的方式进行转换。

加/减双向计数方式是通过特殊辅助继电器 M*** 对应的计数器 C*** 来设定的，当 M*** 为"1"时，对应的 C*** 为减法计数方式。

低速 32 位通用型加/减法计数器的动作时序如图 3-19 所示。图中 X014 作为计数输入，驱动 C200 计数器进行技术操作，计数初值设置为-5。

若 X012 常开触点没有导通，则 M8200 不被激活，此时 C200 为加法计数。在该加法计数方式下，当计数器计数的当前值增加到设定值时，计数器的触点才会动作。因此，当计数器的当前值-6 加 1 为-5 时，其 C200 常开触点导通（高电平）。

若 X012 常开触点导通，则 M8200 被激活，此时 C200 为减法计数方式。在减法计数方式下，当计数器计数的当前值减小到设定值时，计数器的触点不会动作；当从设定值再减小 1 次数值时，计数器的常开触点会断开。因此，当计数器的当前值-5 减 1 为-6 时，C200 常开触点断开（低电平），但由于在加法计数阶段，没有出现-6 加 1 为-5 的情况，因此 C200 常开触点没有导通，即没有出现图 3-19 中的虚线情况。

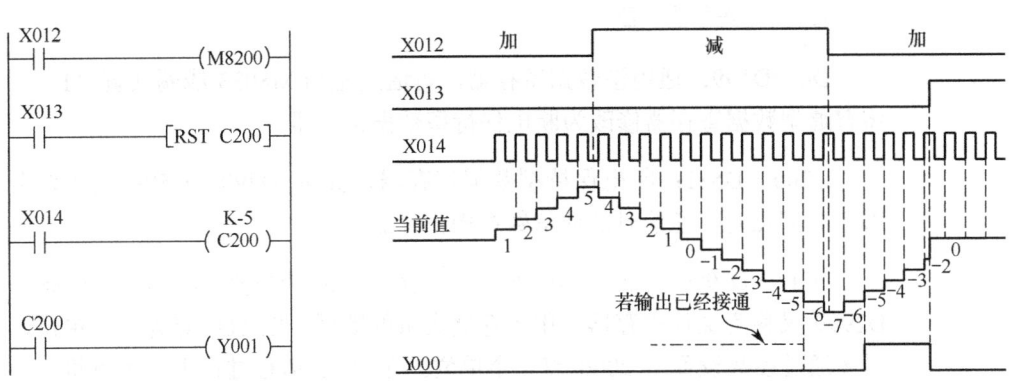

图 3-19 低速 32 位通用型加/减法计数器的动作时序

3. 高速 32 位计数器 C235~C255

高速 32 位计数器共有 21 个，其优点是输入信号与扫描周期无关，此类计数器可以响应高达 10kHz 的频率，其全部为断电保持型，也可以通过参数设定方式转换成非断电保持型。高速 32 位计数器的计数及配套控制信号来自输入端子 X0~X7。某个输入端子同时只能供一个高速 32 位计数器使用，因此所有的高速计数器不能同时使用。表 3-2 为高速 32 位计数器简表，由于一个高速 32 位计数器占用多个输入端子，因此通常不推荐使用基本单元的高速 32 位计数器，而采用属于特殊模块的高速 32 位计数器模块。

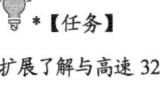

*【任务】
扩展了解与高速 32 位计数器搭配使用的功能指令 HSCS HCSR HSZ。

表 3-2　高速 32 位计数器简表

输入端子	单相单计数输入											单相双计数输入					双相双计数输入				
	C235	C236	C237	C238	C239	C240	C241	C242	C243	C244	C245	C246	C247	C248	C249	C250	C251	C252	C253	C254	C255
X000	U/D						U/D			U/D		U	U		U		A	A		A	
X001		U/D					R			R		D	D		D		B	B		B	
X002			U/D					U/D			U/D		R		R			R		R	
X003				U/D				R			R			U		U			A		A
X004					U/D				U/D					D		D			B		B
X005						U/D			R					R		R			R		R
X006										S					S					S	
X007											S					S					S

注：U—加法计数；D—减法计数；A—A 相输入；B—B 相输入；R—复位输入；S—启动输入。

3.4.5　数据寄存器

数据寄存器有 D、V、Z 三种，它们都是 16 位存储单元。其中 D 用于存储 PLC 运行过程的数值数据；V 和 Z 又称为变址寄存器，往往用于内部寻址，可快速改变存储位置或数值大小。

1. 数据寄存器：D

D0~D199：通用型数据寄存器，可通过驱动 M8033 线圈（置"1"）将普通型数据寄存器修改为断电保持型数据寄存器。

D200~D511：断电保持型数据寄存器，其中 D490~D509 用于两台 PLC 之间点对点通信时的通信数据操作存放单元。

D512~D7999：供断电保持型数据寄存器，专供数据使用。其中 D1000~D2999 又称为文件寄存器，用于存储大量的数据。以 500 点为一个单位，最多通过参数设置为 2000 点一个单位。在 PLC 运行过程中，可以将文件寄存器的数据读入到普通数据寄存器中，反之则不允许。

D8000~D8255：已被系统程序赋予特殊用途，主要是用于存放系统状态、错误信息、监视状态等。

2. 变址寄存器：V/Z

变址寄存器范围从 V0~V7 和 Z0~Z7，共有 16 点，若共同使用 V 与 Z，则可形成 32 位寄存器。其中，Z 为低位，V 为高位。变址寄存器可以用来改变软元件号或修改常数值。

例如，当 V0=12 时，则 D6V0 相当于 D18；若为 K10V0，则常数 K10 被修改为十进制数 K22；若为 H06V0，则得到十六进制数 H13。

3.4.6 指针

PLC 程序中，指针分为分支指针和中断指针两种。分支指针 P 用于指定跳转类指令的地址，即明确梯形图中跳转到的程序行。指针有 P0～P127，共 128 个地址。中断指针 I 公用 15 个地址，它包括输入中断指针、定时中断指针、高速计数中断指针。与分支指针类似，中断指针标记中断信号被采纳后，程序需要跳转执行中断服务程序的地址，即明确梯形图中中断服务程序的程序行。中断指针简表如表 3-3 所示，其详细的使用方式将在第 6 章中予以介绍。

表 3-3 中断指针简表

输入中断	指针编号		禁止中断	定时中断	中断周期/ms	禁止中断
	上升沿中断	下降沿中断		I6□□	在指针编号的□□处填写 10～99 的整数，表示每隔□□ms 中断一次。如 I 620 表示每隔 20ms 中断一次	M8056=1
X000	I001	I000	M8050=1	I7□□		M8057=1
X001	I101	I100	M8051=1	I8□□		M8058=1
X002	I201	I200	M8052=1	高速计数中断		禁止中断
X003	I301	I300	M8053=1	I010	I040	M8059=1
X004	I401	I400	M8054=1	I020	I050	
X005	I501	I500	M8055=1	I030	I060	

习题 3

1．简述 PLC 的定义及其主要特点。

2．PLC 有哪几种编程语言？

3．PLC 的基本组成包括什么？

4．PLC 输入和输出各有几种类型？如何区分三菱 FX 系列 PLC 的输出类型？

5．PLC 的程序执行过程是怎样的？其中程序是按照什么顺序进行扫描的？

6．PLC 的硬件配置包括哪些？其中扩展单元和扩展模块之间的区别是什么？

7．判断下面关于 FX_{2N} 系列 PLC 的安装及接线论述的正确性。

（1）供 PLC 使用的交流电源和直流电源都是固定的。

（2）PLC 的 24+端子用于连接外部 24V 开关电源的输出端子。

（3）基本单元和扩展单元间的 COM 端可以相互连接。

（4）输入端子的 COM 端数量要少于输出端子的 COM 端数量。

（5）·端子用于扩展外部接线或将其作为中继端子使用。

（6）只有当使用 DC 24V 时，才能在基本单元的电源上连接扩展单元。

（7）有源方式和无源方式的输入硬件连接选择与按钮的结构有关。

（8）PLC 输出端子的额定电流一般是 2A，大电流的执行器件必须装有中间继电器。

8．判断下面关于 FX_{2N} 系列 PLC 论述的正确性。

（1）只有输入继电器和输出继电器的编号是八进制数。

（2）断电保持型定时器和累积型定时器在使用上是一样的。

（3）每个定时器的定时长度都是有限制的。

（4）16 位计数器具有加、减两种模式。

（5）高速计数器共有 21 个，占用输入端子，且不能共用输入端子。

9．需要使用复位指令搭配使用的软元件有哪些？

10．PLC 指针有几种？分别有几个，各有什么用途？

11．当 V0=5，Z0=10 时，相当于 D10 中存放 K10，D15 中存放 K15，X0～X3 的引脚信号分别是 1000，X4～X7 的引脚信号分别是 0001。问 D10V0，K15Z0，K2X0，X0Z0 的结果分别是多少？

第 4 章

PLC 基本指令及梯形图编程

在了解 PLC 的软、硬件资源后,本章将主要介绍 PLC 的基本指令与梯形图,重点介绍在梯形图编程中需要直接使用的基本指令,通过实例介绍编程规则和技巧。

通过对本章的学习,读者能够在当今 PLC 编程的技术趋势中,掌握应用频率较高的基本指令,从而编写出与实际应用需求相适应的、符合编程规则的 PLC 程序。

4.1 FX₂N 系列 PLC 的基本指令

FX₂N 系列 PLC 的基本指令总共有 29 条（基本逻辑指令 27 条、步进顺控指令 2 条），基本逻辑指令又分为两大类：逻辑处理指令（12 条）和逻辑功能指令（15 条）。基本逻辑指令是基于继电器、定时器、计数器类软元件，主要用于逻辑处理的指令；步进顺控指令是顺序功能图中的专用指令。

4.1.1 逻辑处理指令

逻辑处理指令又称为触点线圈指令。主要是对梯形图触点的常开、常闭属性及触点间相互关系的指令性描述，具体包括触点与梯形图其他部分的关联，分为与母线连接的触点、与触点串联的触点及与触点并联的触点。

1. 指令格式

FX₂N 系列 PLC 基本逻辑处理指令如表 4-1 所示，该表主要介绍指令的助记符、功能、操作对象及指令在梯形图中的表示法。

表 4-1　FX₂N 系列 PLC 基本逻辑处理指令

助记符名称	功能	梯形图表示法	操作对象
[LD] 取	逻辑状态读入累加器		X/Y/M/S/T/C
[LDI] 取反	逻辑状态"取反"后读入累加器		X/Y/M/S/T/C
[AND] 与	将操作数与累加器的内容进行"与运算"		X/Y/M/S/T/C
[ANI] 与反	将操作数"取反"后与累加器的内容进行"与运算"		X/Y/M/S/T/C
[OR] 或	将操作数与累加器的内容进行"或运算"		X/Y/M/S/T/C
[ORI] 或反	将操作数"取反"后与累加器的内容进行"或运算"		X/Y/M/S/T/C
[INV] 反转	累加器内容取反指令		不需要
[OUT] 输出	累加器内容输出到指定线圈		Y/M/S/T/C
[SET] 置位	累加器为 1，输入"1"并保持		Y/M/S
[RST] 复位	累加器为 0，输入"0"并保持		Y/M/S
[NOP] 空操作	无动作	—	不需要
[END] 结束	顺序控制程序结束		不需要

逻辑处理指令关系到母线左侧的能流能否到达右侧母线的线圈，该指令可被梯形图触点的编写位置包含，因此对其了解即可。

逻辑处理指令包括线圈输出指令和复位/置位指令，其中复位（RST）指令和置位（SET）指令需要在梯形图编程中予以标记使用，区别于线圈输出指令，当 SET 指令在其左侧的逻辑输出结果为"1"时，获得能流被激活，并会保持置位对象的高电平状态；而当线圈输出指令在其左侧的逻辑输出结果为"1"时，获得能流激活，而能流失去则电平变为"0"。

2. 典型应用

（1）电动机基本的启-保-停控制

电动机基本的启-保-停控制利用包含基本逻辑的梯形图表示法代替低压电气控制电路，并且利用 PLC 从左到右、从上至下的程序扫描方式，实现如图 4-1(a)所示的断开优先控制法，如图 4-1(b)所示的启动优先控制法，以及如图 4-1(c)和图 4-1(d)所示的置位/复位控制法。

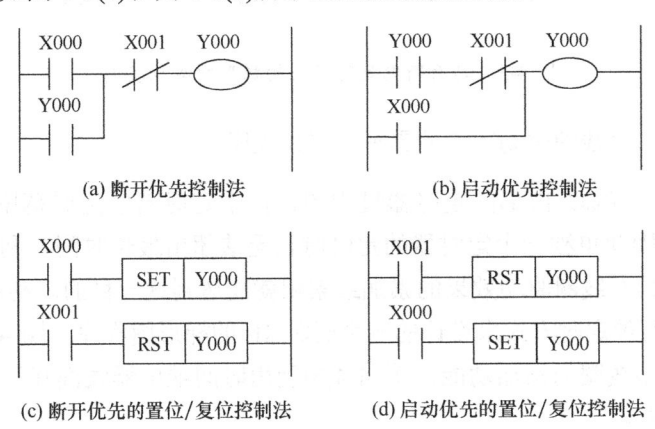

图 4-1　电动机基本的启-保-停控制梯形图编程实例

（2）边沿信号生成程序

如图 4-2 所示，利用置位指令实现辅助继电器 M1 的置位（M0 停止信号，同一个周期内，当程序扫描执行第二行程序时），切断了第一行程序已有的能流输出，使得本身又作为 M1 置位驱动信号的 M0 信号消失，即 M0 启动程序在前，停止信号在后，M0 只产生一个扫描周期的脉冲信号。由于已经被置位指令驱动的 M1 保持高电平不变，因此，要想重复上述过程，需要将 M0 的启动信号 X001 取反，即使用常闭触点复位 M1。

（3）具有断电延时效果的程序

由于三菱 PLC 内部定时器都是通电延时型时间继电器，因此需要通过编程实现停止信号，并且利用通电延时型时间继电器维持输出效果，具体程序如图 4-3 所示，定时器 T1 启动定时的条件是停止信号产生"与"输出线圈被驱动。T1 定时完成的信号作为切断输出线圈驱动的条件。

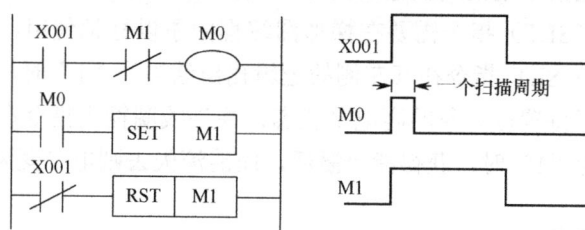

图 4-2 利用置位指令实现边沿信号的梯形图编程实例

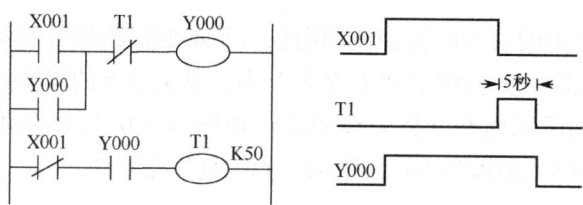

图 4-3 具有断电延时效果的梯形图编程实例

（4）具有线圈驱动效果的累加、累积程序

在使用 PLC 内部的定时器过程中，由于定时器的定时范围是 0.1～3276.7s，因此单独一个定时器的定时时长无法超出最长时间，利用基本逻辑，采用具有线圈驱动效果的累加或累积就能达到这一目的。利用如图 4-4 所示的两种定时方式来设计的一个延时 1h 的梯形图程序，图 4-4(a)利用时间继电器线圈的累加功能；图 4-4(b)利用时间继电器线圈和计数器线圈的累积功能。

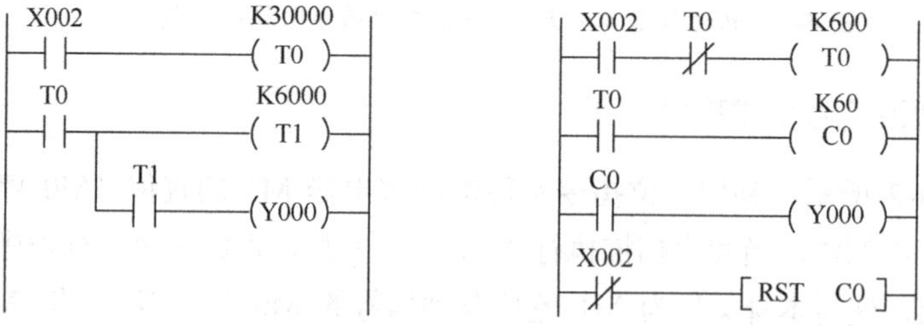

```
X002                K30000
├─┤ ─────────────────( T0 )
 T0                 K6000
├─┤ ─────────────────( T1 )
 T1
├─┤ ─────────────────( Y000 )
```
```
X002    T0          K600
├─┤ ─┤/├─────────────( T0 )
 T0                 K60
├─┤ ─────────────────( C0 )
 C0
├─┤ ─────────────────( Y000 )
X002
┤/├ ──────────────[ RST  C0 ]
```

(a) 利用时间继电器线圈的累加功能　　(b) 利用时间继电器线圈和计数器线圈的累积功能

图 4-4 具有线圈驱动效果的累加、累积编程实例

4.1.2 逻辑功能指令

逻辑功能指令又称为触点位置指令或特殊功能描述指令。该指令主要

是对梯形图触点复杂逻辑关系的描述，包括回路运算、堆栈操作、边沿效果及程序控制操作等。

1. 指令格式

FX_{2N} 系列 PLC 逻辑功能指令的助记符名称、功能、操作对象及在梯形图中的表示，如表 4-2 所示。

表 4-2　FX_{2N} 系列 PLC 逻辑功能指令

助记符名称	功能	梯形图表示	操作对象
[ANB] 回路块与	并联回路块"与"运算	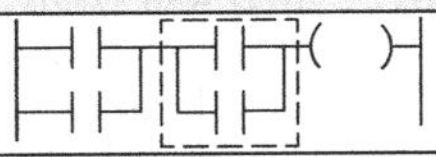	不需要
[ORB] 回路块或	串联回路块"或"运算	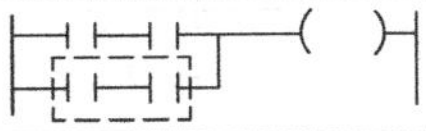	不需要
[MPS] 进栈	信号引出点位置存入堆栈	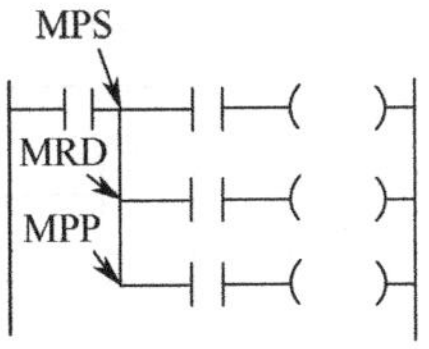	
[MRD] 读栈	读出堆栈内容		不需要
[MPP] 出栈	堆栈内容移出到累加器中		
[PLS] 上升沿脉冲	上升沿输出		Y/M
[PLF] 下降沿脉冲	下降沿输出		Y/M
[LDP] 取脉冲上升沿	上升沿读入累加器	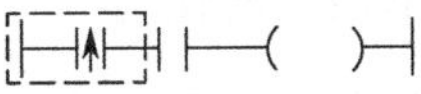	X/Y/M/S/T/C
[LDF] 取脉冲下降沿	下降沿读入累加器	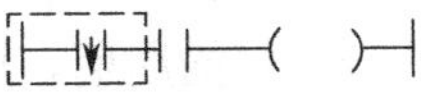	X/Y/M/S/T/C
[ANDP] 与脉冲上升沿	累加器内容与上升沿 "与"运算	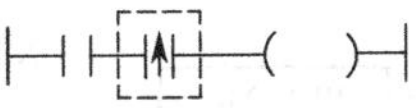	X/Y/M/S/T/C
[ANDF] 与脉冲下降沿	累加器内容与下降沿 "与"运算	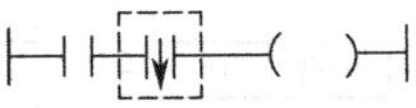	X/Y/M/S/T/C
[ORP] 或脉冲上升沿	累加器内容与上升沿 "或"运算	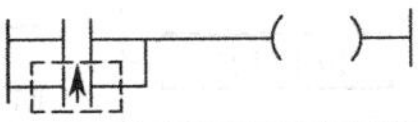	X/Y/M/S/T/C
[ORF] 或脉冲下降沿	累加器内容与下降沿 "或"运算	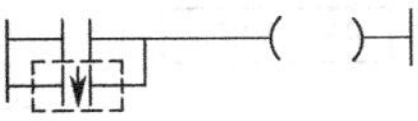	X/Y/M/S/T/C
[MC] 主控	生成主控母线	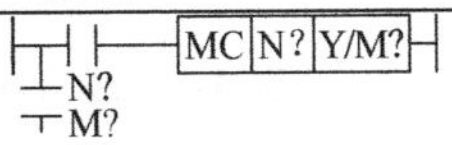	Y/M
[MCR] 主控复位	主控母线复位		不需要

由于除 PLS/PLF 与 MC/MCR 指令在梯形图中需要明确使用外，其余逻辑功能指令均被梯形图编程本身表达的触点间能流的逻辑含义所替代，因此在本书的典型应用部分不再介绍这部分指令。

2. 典型应用

（1）主控触点指令的使用

主控触点指令（MC/MCR）用于增绘一个实际的触点，建立一个该触点隔离的区域，这个触点一般选用辅助继电器 M，类似程序中的一扇"小门"。MC 和最临近的 MCR 的"空间"间有一段程序，该"空间"由 N0 起始，其内部也可以包含其他"空间"，即发生嵌套，嵌套最多可以有 8 层（N0～N7）。若不发生嵌套，N0 可以重复使用，且次数不限，主控触点指令的使用示例，如图 4-5 所示。

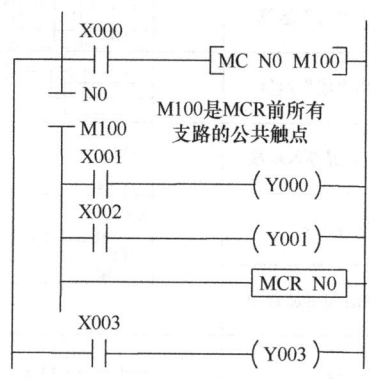

图 4-5　主控触点指令的使用示例

（2）边沿输出指令的使用

边沿输出指令用来获得 M 软元件或 Y 软元件的上升沿或下降沿，生成的边沿信号只保持一个扫描周期。边沿输出指令的使用示例如图 4-6 所示。

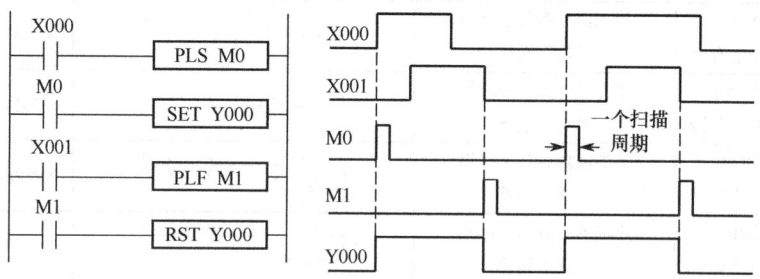

图 4-6　边沿输出指令的使用示例

4.1.3　步进顺控指令

步进顺控指令有 2 条：STL 指令（步进触点激活指令）和 RET 指令（步进返回指令）。所谓步进顺控是指在多工序的控制中，可以针对连续、选择、并列工序，按照一定的分步进行动作，即上一步动作结束后，下一步动作才开始。

STL 指令和 RET 指令只有与状态继电器配合使用时才具有步进顺控功能，即 STL 指令只能操作状态继电器。例如，STL S20 表示将 S20 激活，程序执行 S20 中的动作，并判断是否需要转移到下一步。RET 指令是用来复位 STL 指令的，当执行 RET 指令时，程序返回主母线，退出步进顺控状态。由于步进顺控编程主要采用 SFC 图形化编程界面，所以关于这部分的知识将在后面的章节中详细介绍。

4.2 梯形图的编程规则要点

4.2.1 梯形图的编程规则

在设计梯形图时，一般要遵循以下原则。

（1）触点只能与左母线相连，不能与右母线相连。

（2）线圈只能与右母线相连，不能与左母线相连。

（3）线圈可以并联，但不能串联，避免多次使用同一个线圈，否则多次输出的结果以最后一次输出结果为准。

（4）当多条支路并联时，应将串联触点多的支路安排在上面，实现"上面大下面小"的状态，进而提高程序执行效率，如图 4-7 所示。

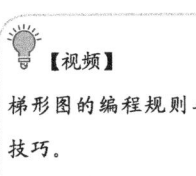
【视频】
梯形图的编程规则与技巧。

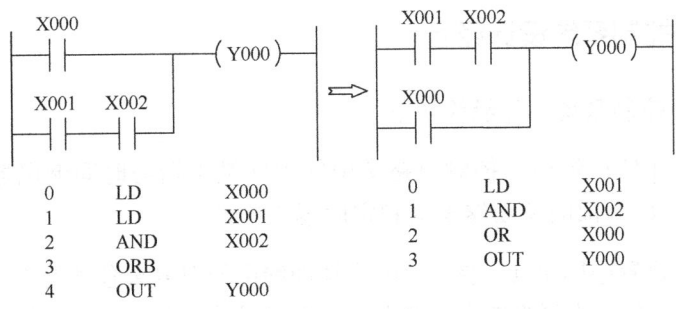

图 4-7 规则（4）的示例

（5）当多条支路串联时，应将串联触点多的支路安排在左边，实现"左边大右边小"的状态，进而提高程序执行效率，如图 4-8 所示。

（6）当 PLC 输入端子外接主令低压电器（按钮、开关）时，一般使用常开触点作为输入信号，从而保证梯形图编程逻辑与控制逻辑的一致性。但对于在低压继电器电气控制电路中的常闭停止类安全信号，推荐采用如图 4-9(a)的方式，理由详见 PLC 外围硬件电路设计经验第 8 条。

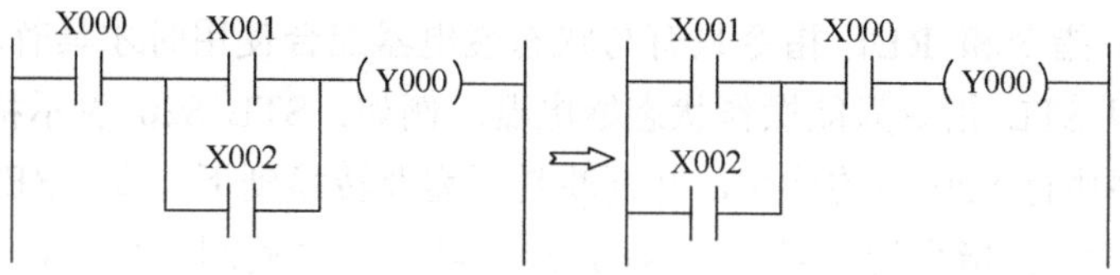

```
0    LD    X000              0    LD    X001
1    LD    X001              1    OR    X002
2    OR    X002              2    AND   X000
3    ANB                     3    OUT   Y000
4    OUT   Y000
```

图 4-8 规则（5）的示例

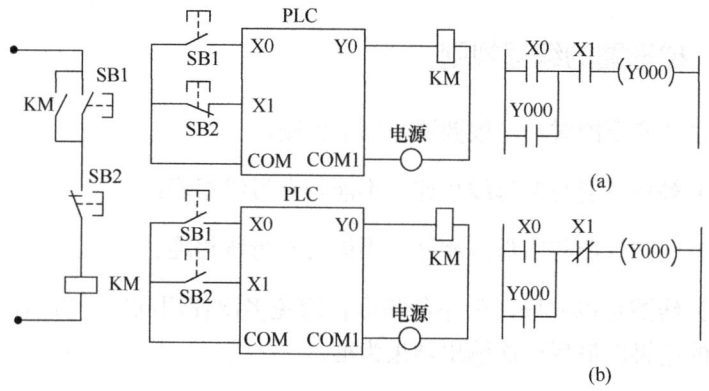

图 4-9 规则（6）的示例

4.2.2 控制系统设计经验

PLC 控制系统设计经验如下。

（1）在低压继电器控制电路图中的中间继电器与时间继电器的功能均可用 PLC 内部的辅助继电器和定时器来实现。

（2）设置中间单元。图 4-10 是辅助继电器对复杂条件的"封装归一化"效果示例，在梯形图中，若多个线圈都受某一个触点串/并联电路的控制，则为了简化电路，在梯形图中设置用该电路控制的辅助继电器，辅助继电器类似于继电器电路中的中间继电器。

（3）时间继电器瞬动触点的处理。除延时动作的触点外，时间继电器还有在线圈得电或失电时马上动作的瞬动触点。图 4-11 是辅助继电器的信号扩展效果示例，对于有瞬动触点的时间继电器，可以在梯形图中对应的定时器的线圈两端并联辅助继电器，以表示瞬动触点。

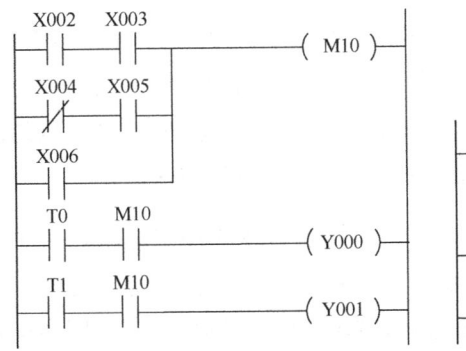
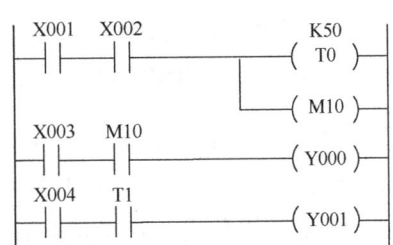

图 4-10 辅助继电器对复杂条件的"封装归一化"效果示例

图 4-11 辅助继电器的信号扩展效果示例

（4）断电延时型时间继电器是利用 PLC 内部仅有的通电延时型继电器的线圈得到断电停止触点信号后，通电并开始定时来维持控制对象输出线圈动作的。

（5）外部互锁电路一般可以通过对应输出继电器线圈电路中串联彼此的常闭触点来实现，为了更加安全，PLC 外部需要设置硬件互锁电路。图 4-12 是三相异步电动机正反转控制硬件连线图，输出端子 Y1 驱动正转接触器线圈，输出端子 Y2 驱动反转接触器线圈，Y1 与 Y2 分别具有互锁作用的接触器常闭辅助触点。

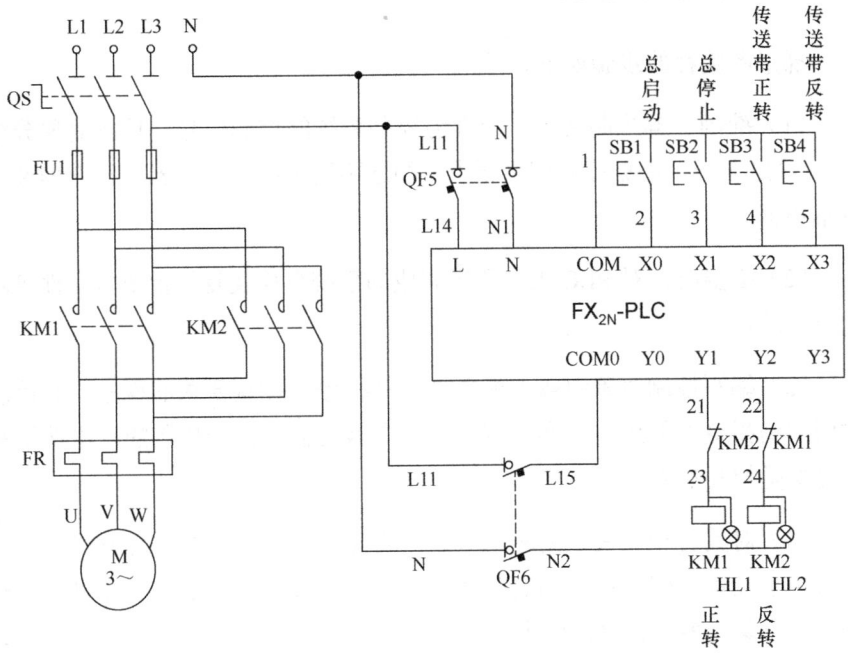

图 4-12 三相异步电动机正反转控制硬件连线图

（6）热继电器过载信号的处理。若采用第 2 章中的热继电器，则发生热过载后需要手动复位，其常闭触点可以接入 PLC 输出电路中与控制电动机的交流接触器的线圈串联。若采用先进的自动复位型热继电器，则过载信号必须通过输入电路提供给 PLC，采用梯形图实现过载保护。

（7）根据 PLC 的输出模块类型确定外部负载的额定电压。常见的 PLC 继电器输出模块与双向晶闸管输出模块一般只能驱动额定电压为 220V（AC）的负载，若需要驱动电压更高的负载，则可利用中间继电器的放大功能，即采用小电流控制大电流的通断。

（8）除了梯形图编程规则第（6）条提到的控制逻辑性一致的要求，还需要考虑输入信号的使用安全性。将用于安全保护的停止信号的常开触点接入电路中，可以降低停止按钮的安全隐患。假设停止按钮的接线被小动物咬坏或因机械振动导致接触不良，由于输入端子 X1 不能接通，X1 的常开触点断开，因此即使输入端子 X0 接通，输出端子 Y0 也无法接通，故可提醒工作人员电路发生故障，从而排除故障，避免事故的发生。若采用停止按钮 SB2 的常开触点接入 X1，则当发生上述故障时，Y0 无法断电，导致电动机不能停止，造成生产事故。

4.2.3　梯形图编程的步骤

梯形图编程的步骤如下。

（1）准确了解控制要求，合理为控制系统的控制信号、控制对象分配输入/输出端子。根据控制逻辑要求，初选不同类型的定时器、计数器及辅助继电器。

（2）必要时，对 PLC 上电所需完成的系统自检及复位重要软元件等功能进行编程。

（3）编写控制对象中属于基本"启-保-停"控制要求的程序。其控制逻辑中的指令类低压电器和检测类低压电器的输入信号控制的输出端子驱动对象是相互独立的。

（4）对具有相互关系的驱动对象，明确其相互关系的实现方式，恰当选取用于互锁的信号；明确定时器、计数器的数量和设定值，并将其补充到驱动对象的各自程序语句中。

（5）充分发挥辅助继电器的作用。对复杂逻辑信号、多次使用的触点条件组进行"封装归一化"；对于分阶段的同一个输出线圈多次驱动的对象,利用辅助继电器作为中间变量代替原来具有"启-保-停"功能的输出线圈,保证输出端子的线圈在程序中出现一次。

(6) 依据梯形图编程规则、修改错误,并优化程序草图,写入 PLC 编程软件中。

(7) 利用编程软件的虚拟测试机,通过软件使能控制,调试并进一步精简程序,直至满足系统预定的控制要求。

下面通过以上步骤对如图 4-13 所示的小车自动往返工序进行梯形图编程设计。

【例 4-1】要求:按下启动按钮 SB(X000),小车电动机 M 正转(Y010),小车第一次前进,在碰到限位开关 SQ1(X001)后,小车电动机 M 反转(Y011),小车后退。

在小车碰到限位开关 SQ2(X002)后,小车电动机 M 停转。停转 5s 后,小车第二次前进,需要越过限位开关 SQ2(X002),直到碰到限位开关 SQ3(X003)后,小车再次后退。当小车第二次后退碰到限位开关 SQ2 时,小车停止。

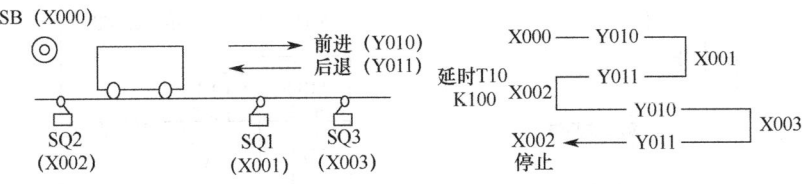

图 4-13 小车自动往返工序

对小车自动往返工序设计步骤如下。

(1) 根据题目要求,明确输入/输出信号的功能和数量,若没有为输入/输出信号分配 PLC 端子,则需要为其分配端子。

(2) 对整个工序进行单个基本的"启-保-停"控制要求的工序划分,并编写程序。图 4-14 为小车自动往返控制梯形图草图,本例题中分为第一次前进、第一次后退、第二次前进、第二次后退,需要 4 个基本的"启-保-停"控制梯形图程序。

(3) 根据题目要求,补充小车第一次后退到第二次前进的定时器延时环节和前进、后退的互锁环节,以及利用辅助继电器作为中间变量进行代替原有 4 个"启-保-停"的输出线圈,保证输出端子的线圈 Y010 和 Y011 在程序中各出现一次。

（4）利用辅助继电器对复杂控制要求提供必要的辅助信号，图 4-14(b) 中的不符合控制要求的问题是：如何让小车在第二次前进时碰到 X001 后并不后退，直到碰到 X003 后才后退。我们需要将 M102 作为小车第二次前进的辅助记忆信号，用于记忆小车第二次前进的工序。对图 4-14(b)进行修改，得到如图 4-15(a)所示的符合控制要求的小车往返控制梯形图。

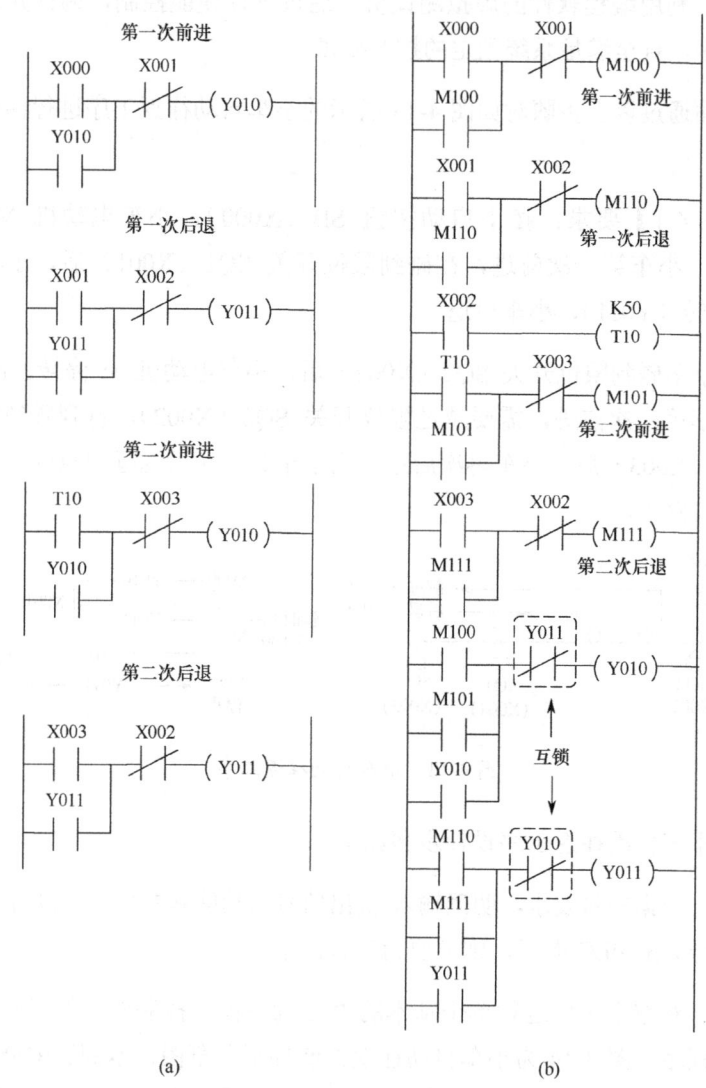

图 4-14 小车自动往返控制梯形图草图

（5）最后将程序进行优化，由于程序存在对工序的记忆，因此有必要增加当 PLC 启动时对 M102 的处理，防止重新进行小车自动往返周期而产生错误，最后用编程软件进行检查。得到如图 4-15(b)所示的优化后的小车自动往返控制梯形图。

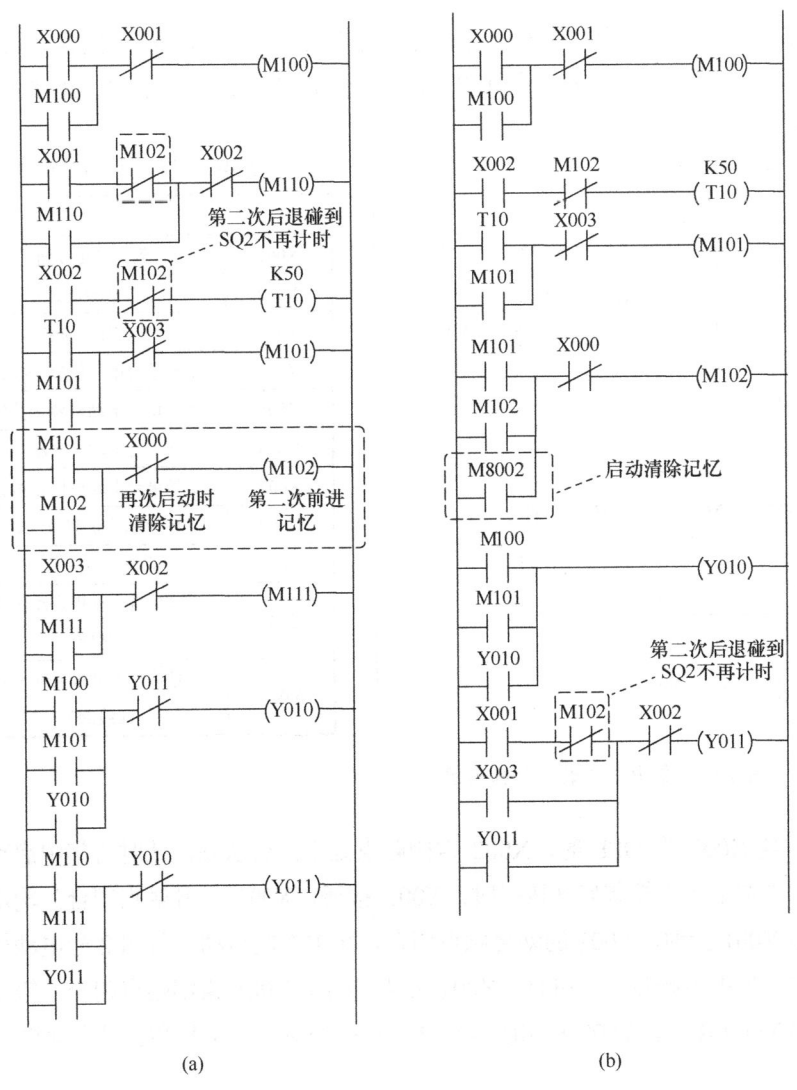

图 4-15 符合控制要求及优化后的小车自动往返控制梯形图

4.3 常用基本环节的编程

除 4.1 节介绍的"启-保-停"电路、延时控制电路在内的典型应用环节外，现有的 PLC 控制系统编程中，还经常出现集中与分散控制电路、优先控制电路及比较控制电路。

4.3.1 集中与分散控制电路

在现有的自动化生产线上，多台电动机既需要在总操作台上进行集中控制，又需要在单台电动机操作台上进行分散控制，因此需要根据如表 4-3 所示的输入/输出信号表，设计出如图 4-16 所示的集中与分散控制梯形图。

表 4-3 输入/输出信号表

信号	功能
X001	集中停止按钮
X002	集中与分散控制选择开关
X003	集中控制启动按钮
X004	1号单台电动机启动按钮
X005	1号单台电动机停止按钮
X006	2号单台电动机启动按钮
X007	2号单台电动机停止按钮
Y000	集中控制停止信号（灯）
Y001	集中控制启动信号（灯）
Y002	1号单台电动机启动信号（线圈）
Y003	2号单台电动机启动信号（线圈）

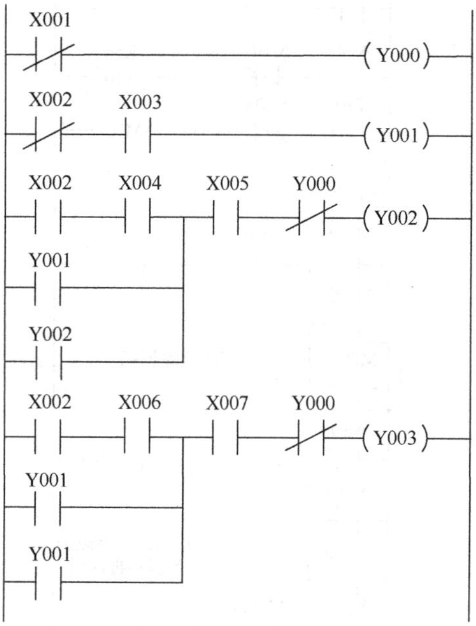

图 4-16 集中与分散控制梯形图

当 X002 为 OFF 时，X002 常闭触点处于闭合状态，此时为集中启动控制。当按下集中控制启动按钮时，X003 接通，X003 常开触点闭合，输出继电器 Y001 接通，Y001 的动合触点闭合，集中控制启动 1 号和 2 号电动机。当按下集中控制停止按钮时，X001 变为 OFF，X001 常闭触点闭合，输出继电器 Y000 接通，Y000 常闭触点断开，集中控制停止 1 号和 2 号电动机。

4.3.2 优先控制电路

在一些控制系统中有多个输入信号，先接通的输入信号获得优先权，而后接入的输入信号无效，实现这种功能的电路称为优先控制电路。图 4-17 是两个输入信号 X001 和 X002 的优先控制梯形图与时序图。其中，X000 为复位信号，Y001 和 Y002 分别为 X001 和 X002 所控制的对应驱动对象的输出继电器信号。

当输入信号 X001 先接通时，内部辅助继电器 M1 接通并自锁，输出继电器 Y001 接通（ON）。同时，由于 M1 常闭触点断开，因此即使输入信号 X002 再次接通，内部辅助继电器 M2 仍然无法接通，因此输出继电器 Y002 无输出。同理，若输入信号 X002 先接通，则 Y002 接通而 Y001

无输出，这样就保证了先接通的信号保持输出。当输入信号 X000 接通时，Y001 或 Y002 断开，本次优先选择结束。

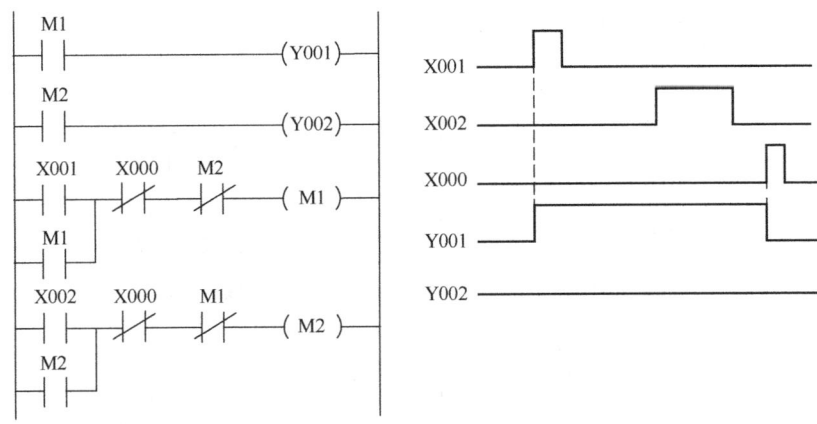

图 4-17　两个输入信号 X1 和 X2 优先控制梯形图与时序图

4.3.3　比较控制电路

比较控制电路需要预先设定好输出条件，然后对多个输入信号进行比较，根据比较的结果来决定输出状态。若开关量信号数量为 N，每个信号有"0"或"1"两种逻辑电平，则可以有 2^N 个结果。

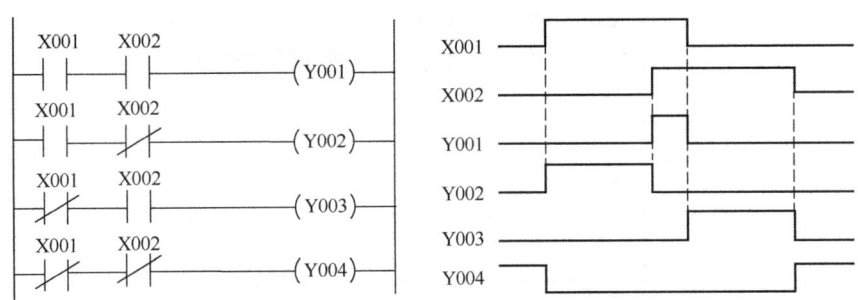

图 4-18　比较控制梯形图与时序图

如图 4-18 所示，当输入信号 X001、X002 都接通时，Y001 接通；当输入信号 X001 接通、X002 断开时，Y002 接通；当输入信号 X001 断开、X002 接通时，Y003 接通；当输入信号 X001、X002 都断开时，Y004 接通。

4.4　梯形图编程应用实例

【例 4-2】要求：根据如图 4-19 所示的电动机的 Y-△降压启动硬件电

路图，使用主控指令完成三相异步电动机的 Y-△ 降压启动控制的 PLC 控制程序的设计。电动机的 Y-△ 降压启动梯形图如图 4-20 所示。

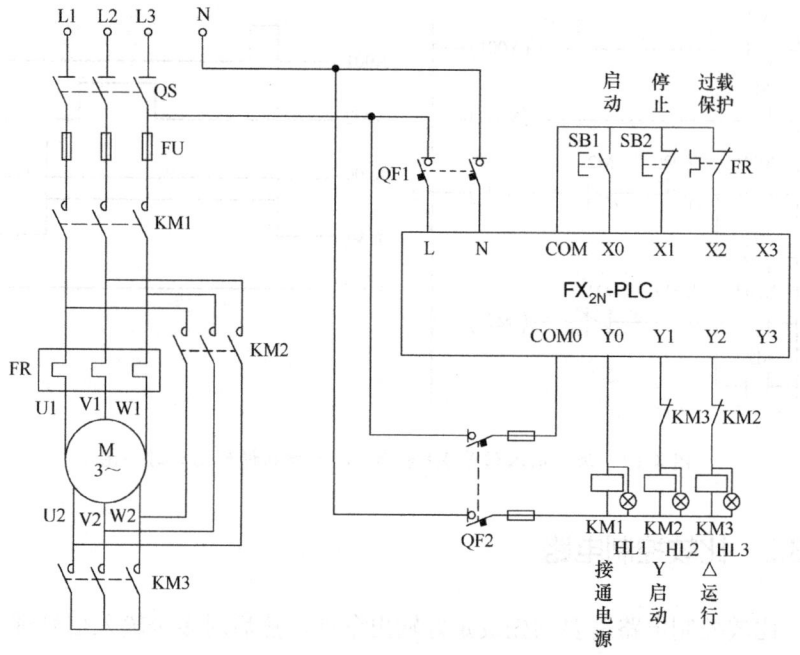

图 4-19 电动机的 Y-△ 降压启动硬件电路图

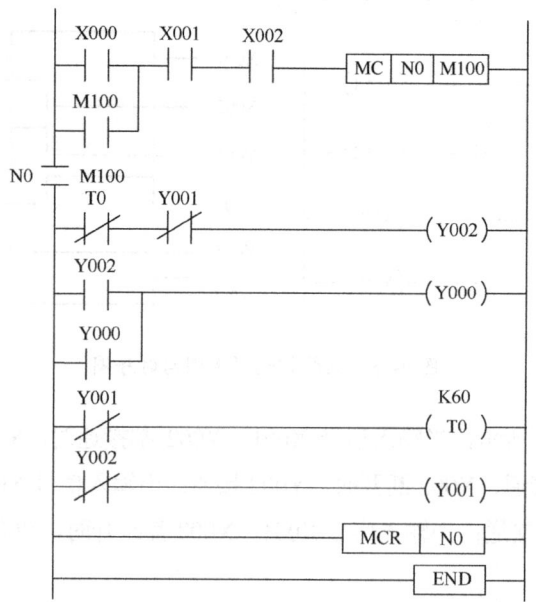

图 4-20 电动机的 Y-△ 降压启动梯形图

图 4-19 中，当按下启动按钮 SB1 时，输入端子 X0 接通，X000 常开触点闭合，执行主控触点指令 MC，并通过主控触点的常开辅助触点自

锁，维持主控 N0 的断开，使 MCR N0 前的程序可以被执行。此时定时器 T0 定时开始，在定时过程中，T0 常闭触点维持闭合，使 Y000、Y002 输出线圈驱动，Y000 自锁后保证了电机接通电源，电动机处于 KM1 与 KM3 工作下的 Y 型降压运行。

若 T0 定时时间 6s 到，则输出线圈 Y002 失电复位，故接触器 KM3 线圈失电复位。与此同时，Y002 常闭触点复位闭合使输出线圈 Y001 得电驱动，接触器 KM2 线圈吸合，电动机进入到 KM1 与 KM2 工作下的△型全压运行。

【例 4-3】要求：根据如图 4-21 所示的电动机串电阻降压启动与反接制动控制硬件接线图，设计三相异步电动机串电阻降压启动与反接制动控制程序。

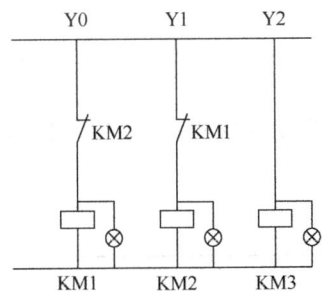

图 4-21 电动机串电阻降压启动与反接制动控制硬件接线图

电动机串电阻降压启动与反接制动控制梯形图如图 4-22 所示。在图 4-21 中，按下启动按钮 SB1，X0 端子得电，其常开触点闭合接通输出线圈 Y000 并自锁，使接触器 KM1 线圈得电，其主触点闭合，电动机串电阻 R 启动，同时 Y000 的两对常开触点闭合，电动机运行。当电动机转速大于 100r/min 时，速度继电器 KS 常开触点闭合，X2 端子得电，X002 常开触点闭合，接通辅助继电器 M10，M10 常开触点闭合接通输出线圈 Y002，驱动接触器 KM3 线圈得电，KM3 主触点闭合短接启动电阻，电动机全压运行。

按下停止按钮 SB2，X1 端子失电，其常开触点在原先闭合的情况下断开，使输出线圈 Y000 失电，KM1 线圈失电，其主触点断开，切断正向运行电源。由于 Y000 常闭触点恢复闭合驱动输出线圈 Y001，使得反接制动接触器 KM2 得电，其主触点闭合，对调了两根电源线，开始进行反接制动。此外由于 Y2 端子失电，其接触器 KM3 主触点断开，电动机接入电阻 R，当电动机转速下降至 100r/min 时，KS 常开触点恢复断开状态，X2 端子失电，X002 常开触点恢复断开状态，使得 M10 失电，M10 常开触点恢复断开状态，使得输出继电器 Y001 失电，KM2 线圈断电，其主触点断开，反接制动结束。

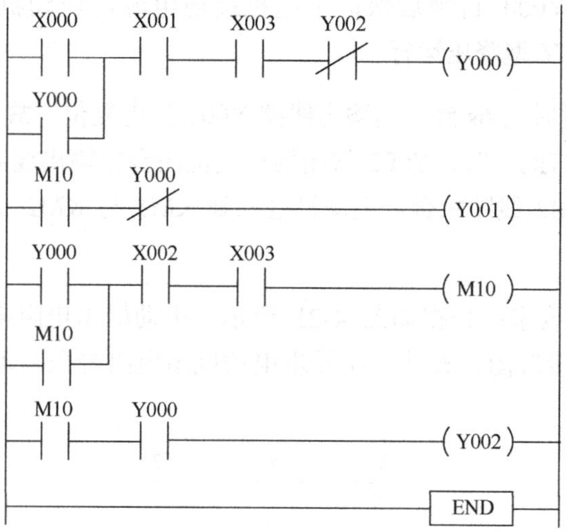

```
    X000   X001   X003   Y002
    ──┤├───┤├─────┤├─────┤/├──────────( Y000 )
    Y000
    ──┤├──┤

    M10    Y000
    ──┤├───┤/├─────────────────────────( Y001 )

    Y000   X002   X003
    ──┤├───┤├─────┤├───────────────────( M10 )
    M10
    ──┤├──┤

    M10    Y000
    ──┤├───┤├──────────────────────────( Y002 )

                                        [END]
```

图 4-22　电动机串电阻降压启动与反接制动控制梯形图

习题 4

1. 利用定时器和计数器编写梯形图，实现计时 1 昼夜（24 小时）的功能。

2. 设计一个利用 PLC 基本逻辑指令控制电动机循环正反转的控制系统，其控制要求如下。

（1）按下启动按钮，电动机正转 3s，停 2s，反转 3s，停 2s，…，如此循环 5 个周期，然后自动停止；

（2）电动机运行中，可按停止按钮停止电动机的运行，热继电器也停止相应的动作。

3. 为防止物料堆积采用两条传输带，启动后，2 号传输带先运行 5s 后，1 号传输带再运行，停机时 1 号传输带先停止，10s 后 2 号传输带再停止。

提示：PLC 的 I/O 设置中，X0 为启动按钮；X1 为停止按钮；Y0 为 1 号传输带电动机；Y1 为 2 号传输带电动机。

4. 使用梯形图编程实现计数控制要求：当 X0 闭合，Y0 有输出；Y1 的输出状态是闭合 1s，断开 1s，连续计数 10 次后，Y0 与 Y1 均停止输出；Y2 在第 10 个脉冲时，闭合 1s 后关断。

5．编写如图 4-23 所示的时序图的定时步进顺控程序：当 X0 闭合，Y0 输出 10s 后，Y1 才有输出，Y0 输出 20s 后，停止输出；Y1 输出 10s 后，Y2 才有输出，Y1 输出 30s 后，停止工作；Y2 输出 50s 后，停止工作；X1 为总停触点。

6．已知如图 4-24 所示的梯形图，当 X0～X3 输入端子接有位置检测器件时，试分析该梯形图的作用。

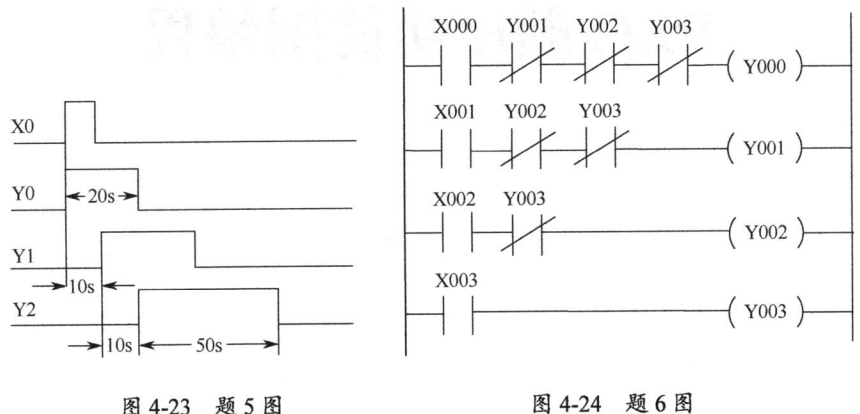

图 4-23　题 5 图　　　　　图 4-24　题 6 图

第 5 章

PLC 顺序功能图编程

基本逻辑指令和梯形图主要用于设计一般控制要求的 PLC 程序。对于复杂控制系统来说，由于工序间的互锁、互动关系复杂，直接采用逻辑指令和梯形图进行编程较为困难，因此需要一种易于构思、易于理解的图形程序设计语言，这就是顺序功能图。本章从顺序控制编程思想出发，介绍其类型和编程方法，并讲解编程实例。

通过对本章的学习，使读者能够深切体会顺序功能图编程的优势，并能在 PLC 应用中，根据系统控制要求选取恰当的顺序功能图，快速地解决复杂控制系统的问题。

5.1 顺序功能图编程基本思想及编程基本知识

5.1.1 顺序功能图编程基本思想

在第 4 章的例 4-1 中，我们通过对"启-保-停"基本控制工序进行划分，得到图 4-14(b)。由于程序在刷新过程中，需要判断并执行全部信号，因此小车在第二次前进时，从 X001 开始的程序支路依旧起作用，故导致小车无法前进到 X003 再后退。这就是梯形图编程过程中遇到的程序语句（支路）交织制约的情况。

除例 4-1 给出的方法外，如何快速解决小车两次前进和两次后退之间的交织制约问题呢？我们可以考虑对程序段按一定顺序的激活与屏蔽来解决这一问题。

用于梯形图编程的逻辑指令中的置位/复位指令可以起到激活与屏蔽的控制效果。图 5-1 是采用置位/复位指令的小车往返运行程序，若将各个程序支路均称为"步序"，则辅助继电器简称为"步序开关"。每次只有一个辅助继电器被置位，上一个步序的辅助继电器被复位，即某一时刻只有一个辅助继电器被激活，其常开触点所激活的支路被执行。因此我们可以得到如图 5-2(a)所示的小车往返系统步序图。

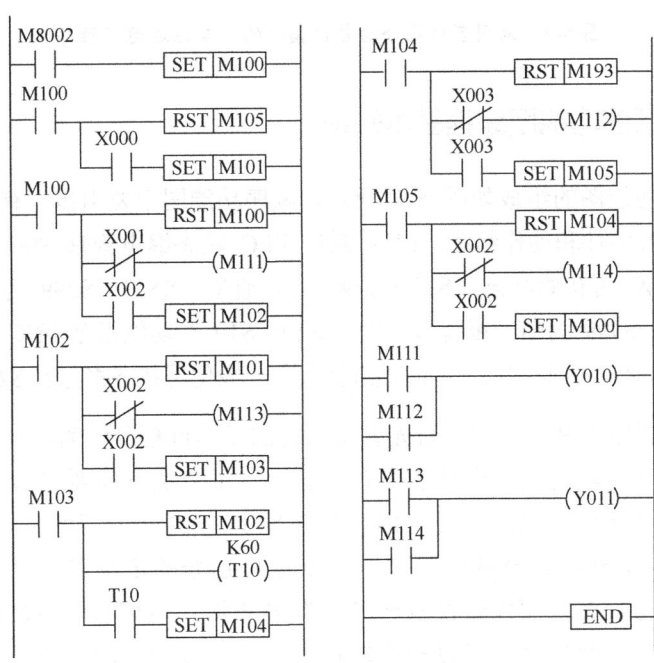

图 5-1　采用置位/复位指令的小车往返运行程序

采用置位/复位指令编写的梯形图程序虽然逻辑顺序易读，但程序语句数量增多。在 PLC 编程过程中，为了让编程者能对各个顺序相连的步序进行方便、快捷的激活与屏蔽，三菱 PLC 提供了状态寄存器来代替需要置位/复位指令搭配使用的辅助继电器。图 5-2(b)就是本章重点介绍的顺序功能图语言（Sequential Function Chart，SFC）编程界面所利用的状态转移图。

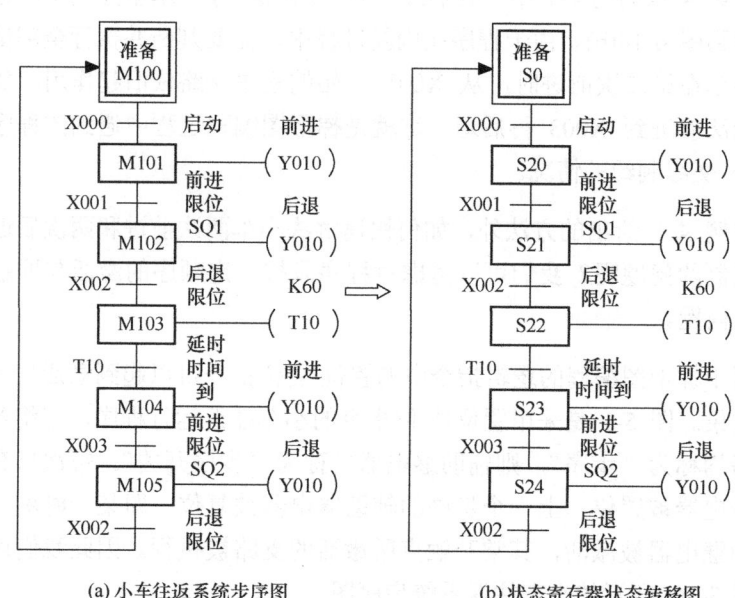

图 5-2　采用置位指令与复位指令的小车往返运行程序

5.1.2　顺序功能图编程基本知识

【视频】
顺序功能图

顺序功能图的组成如图 5-3 所示，顺序功能图主要由步、有向连线、转换、转换条件和动作组成。FX_{2N} 系列 PLC 状态继电器有 S0～S999。其中，S0～S9 为初始状态，S10～S499 为普通型，S500～S899 为断电保持型，S900～S999 为信号报警型。由于 S10～S19 在功能指令 FNC60 中被用作回零状态器，因此普通步的起始选择我们一般使用状态寄存器 S20 开始。

对于顺序控制的设计，首先要将系统的工作过程分解为若干个连续的阶段，每个阶段均用一个状态寄存器表示，每个状态都要完成一定操作（动作），即驱动一定负载，相邻状态间具有不同的操作。一个状态（步）可以是开始、持续或结束。一个过程划分的步越多，描述就越精确。状态与状态之间由转换及转换条件来分割。当相邻两步之间的转换条件满足时，两步之间可以相互转换，即上一步活动的结束是下一个步活动的开始。

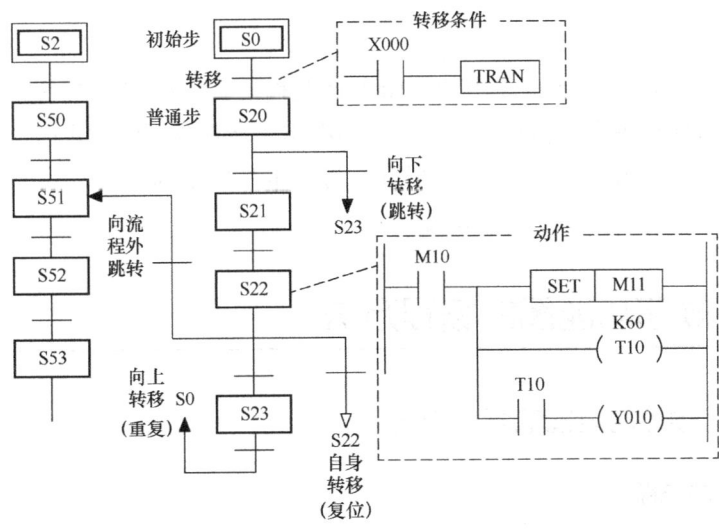

图 5-3 顺序功能图的组成

1. 步

步是指控制系统中一个相对稳定的状态。在顺序功能图中，用矩形框来表示步，矩形框中需要标明状态继电器及其编号，且不能重复。

（1）初始步：对应于系统的初始状态，是系统运行的起点，用双轮廓线标记。一个控制系统中至少要有一个初始步，在初始步中一般进行程序关键寄存器和输出继电器的复位动作。

（2）工作步：对应于系统的正常运行状态，根据系统是否运行及转移的情况，决定工作步处于什么状态。

2. 有向连线

有向连线用于状态之间的转移，带有↓和↡。用符号↡表示在顺序功能图中表示对状态的复位处理，利用 RST 指令编程；而符号↓表示向其他状态转移，可以进行非连续的状态转移，包括向上转移（重复）、向下转移（跳转）及向流程外跳转。

3. 转换

转换用垂直于有向线段的短画线表示，转换是设置两个状态转移条件的入口。

4. 转换条件

在顺序功能图中，转换条件可以用文字、器件符号等表示，如 SQ、T10 等，在实际编程软件界面中，通过双击转换的短画线来查看转换条件。

5. 动作

动作是指每个状态步中的逻辑条件及输出。一般在双击状态步方框后，利用梯形图来编辑动作。普通输出在本步转换为不活动步时，输出停止，但若输出使用置位指令，则输出将在本步转换为不活动步时依旧保持，直到某个活动步中有相关复位指令为止。

5.2 顺序功能图的编程方法

5.2.1 顺序功能图的基本形式

1. 单流程

单流程是指动作一个接一个地完成，每步仅连接一个转移，每个转移也仅连接这一步，如图 5-2(b)所示。

2. 选择性流程

选择性流程是指在一个步后有若干单一顺序等待选择，一次只能选择进入一个顺序。为了保证一次选择一个顺序及选择的优先权，还必须对各个转移条件加以约束。其表示方法是在某一步后连接一条水平线，水平线下连接各个单一顺序的第一个转移。当转移结束时，用一条水平线表示，水平线以下不允许再直接连接转移，如图 5-4(a)所示。

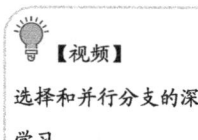

【视频】

选择和并行分支的深入学习。

3. 并行性流程

并行性流程是指在某一转移条件下，同时启动若干个顺序。并行顺序用双水平线表示，结束若干顺序，也用双水平线表示，如图 5-4(b)所示。

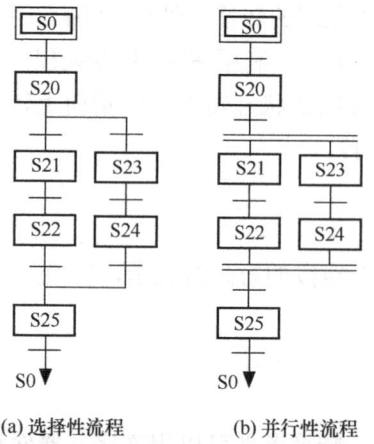

(a) 选择性流程　　　(b) 并行性流程

图 5-4　选择性流程与并行性流程

5.2.2 顺序功能图的编程规则

在顺序功能图编程时，一般要遵循以下基本规则。

（1）步与步不能相连，必须用转移分开。

（2）转移与转移不能直接相连，必须用步分开。若出现含有并联或串联等复杂转移条件逻辑，则需要利用辅助继电器对其进行"封装归一化"处理，如图 5-5 所示。

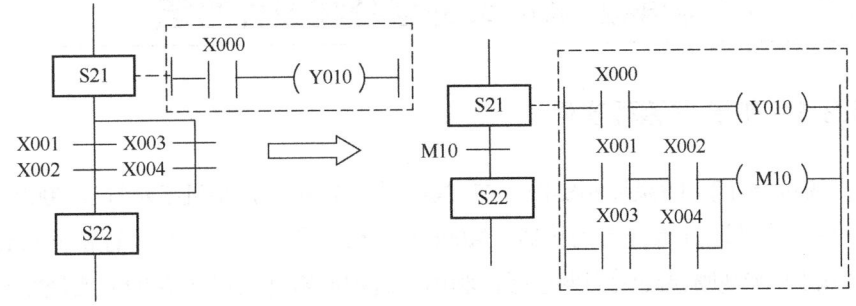

图 5-5　利用辅助继电器对复杂转移条件的"封装归一化"处理

（3）步与转移、转移与步之间的连线均采用有向连线，从上向下的连续状态间可以省略箭头，其余情况需要画上箭头。

（4）一个顺序功能图至少要有一个初始步。初始步在运行开始时，必须对其做好驱动，若无具体的逻辑判断规则作为初始条件，则可采用 M8002 或 M8000 对其进行驱动。

（5）在步的活动状态转移中，相邻两步的状态会同时工作在一个扫描周期内，因此特别需要注意，同一个定时器的线圈可以在不同的步中使用，但是同一个定时器的线圈不可以在相邻的步中使用。此外，若用于控制三相异步电动机正反转的交流接触器线圈得电的两个不同的输出线圈出现在相邻步的动作中，则需要在硬件中增加互锁电路，或是在动作逻辑中增加互锁信号。

5.2.3 常用的特殊辅助继电器

在面向实际生产工艺过程的顺序功能图编程时，为了安全性和稳定性，在驱动初始步前，需要多步的转移及步的动作，即进行妥善的预先准备。表 5-1 给出了常用的特殊辅助继电器的功能。

【视频】
特殊辅助继电器及其应用。

表5-1 常用的特殊辅助继电器的功能

软元件号	功能
M8034	驱动该继电器，所有的输出被禁止
M8040	驱动该继电器，禁止在所有的状态间进行转移。然后，即使在禁止状态转移下，但是由于状态内的程序仍然动作，因此，输出线圈不会自动断开
M8046	任意一个状态接通时，M8046自动接通用于避免与其他流程同时启动或用于工序的动作标志
M8047	驱动该继电器，编程功能可自动读出正在动作中的状态并加以显示

5.3 顺序功能图编程实例与经验设计方法

5.3.1 单流程编程实例

【例5-1】 喷泉控制实例：在PLC上电待机时，待机指示灯（Y000）点亮，喷泉通过常开启动按钮（X000）启动，利用周期连续运行常开按钮（X001）实现喷泉连续周期运行，利用步进控制常开按钮（X002）实现喷泉单步运行。系统运行时，能对正在动作的状态进行显示。喷泉的一个完整运行过程是：①中央霓虹灯（Y001）点亮2s；②中央垂直水泵（Y002）喷水2s；③环状霓虹灯（Y003）点亮2s；④环状水花水泵（Y004）喷水2s。

（1）单周期运行（X001=OFF，X002=OFF）。若按下启动按钮X000后，则按照Y000→Y001→Y002→Y003→Y004→Y000的顺序动作，并返回到待机状态。

（2）连续运行（X001=ON）。若按下启动按钮X000后，重复Y001→Y002→Y003→Y004的顺序动作。

（3）步进运行（X002=ON）。若每按一次启动按钮，则依次输出各个动作。

图5-6给出了用于控制喷泉的顺序功能图。注意：该图不是编程界面，仅为了详细描述状态步序、动作及转移条件。

由于喷泉控制要求中需要步进运行，因此在进入初始步前，需要将M8040禁止转移线圈设置为驱动条件，显然按下步进按钮X002是M8040的驱动信号，故X002选择常开触点。开始按钮X000是步进的互锁信号，故将M8040禁止转移线圈的驱动条件与X000常闭触点进行"与"操作。

连续运行与单周期运行分别由X001常开触点与常闭触点控制步的转移位置，显然单周期运行需要再次按下开始按钮，使X000为"1"后，由初始步转移到普通步后，进行一个完整的运行过程，故 X001 常闭触点（X001=OFF）有效，且喷泉的环状水花水泵（Y004）喷水 2s 后转移到 S0 处。

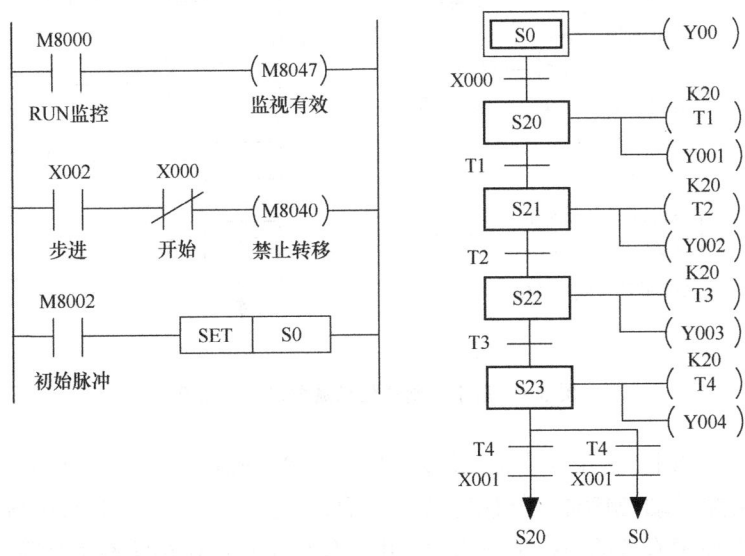

图 5-6 用于控制喷泉的顺序功能图（非编程界面）

【例 5-2】 凸轮轴的旋转控制装置实例。图 5-7 是凸轮轴结构及运行示意图，在正转角度的大、小两个位置分别设置限位开关 X013 和 X011。并且在反转角度的大小两个位置中分别设置限位开关 X012 和 X010。

按下启动按钮，凸轮轴执行小正转→小逆转→大正转→大逆转的动作顺序，然后停止。要求整个过程不能在凸轮轴中途停止后，再从初始步开始，否则会使凸轮轴产生不可逆的损坏。在凸轮轴工作前，需要保证其处于原点位，否则禁止所有输出工作，原点位信号灯为 Y020。若凸轮轴处于工作步，则不能进入初始步。

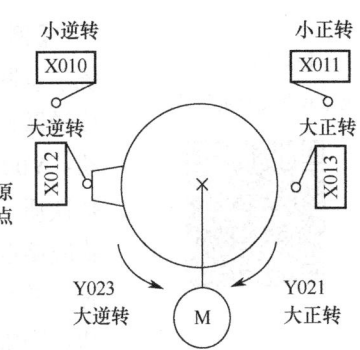

图 5-7 凸轮轴结构及运行示意图

图 5-8 是用于控制凸轮轴旋转顺序功能图，由于凸轮轴旋转具有特殊性，因此我们需要使用断电保持状态寄存器（S500～S899）实现在断电时记忆当前运行步的功能。

此外，为了防止控制装置断电后，PLC 再次上电，控制程序应立即回到初始步，我们需要利用 PLC 通电的初始信号作为驱动条件，在没有操作员确认可以运行的情况下（开始按钮没有按下），驱动 M8040，并利用"启-保-停"电路维持转移禁止功能。

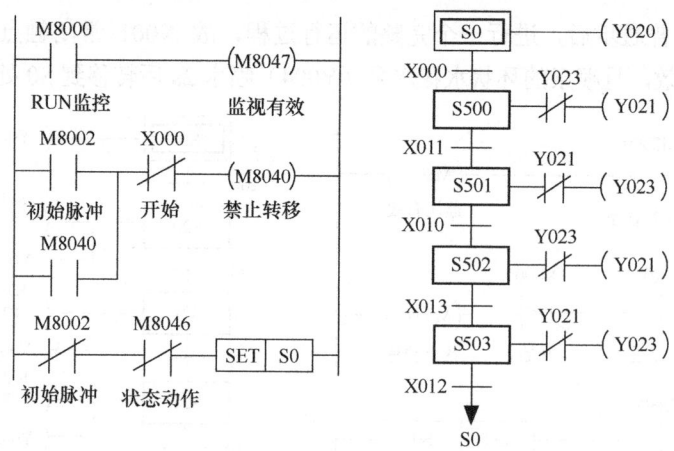

图 5-8 用于控制凸轮轴旋转顺序功能图

与此同时，为了能安全地进入初始步 S0，PLC 上电后，通过 M8000 运行监控驱动 M8047 监视有效，当有步处于工作中，则 M8046 会在 M8047 监视有效的前提下被驱动。由于使用了断电保持状态寄存器，若断电前，控制系统已经处于 S500~S503 的任意一个步动作中，则 M8046 就会被驱动，即不能进入初始步。只有在 M8046 没有被驱动的情况下，M8046 才可以在初始脉冲后进入初始步。

5.3.2 选择性流程编程实例

【例 5-3】大小球传送臂控制系统实例。图 5-9 是大小球传送臂控制系统示意图，传送臂的上升和下降分别由活塞气动阀 Y002 和 Y000 驱动，传送臂通过传送带电机的正反转驱动进行左右移动（左移动：Y003，右移动：Y004），图中左边原点指示表示信号 Y007，由于传送臂需要抓取的球是铁质的，因此其底部通过电磁铁 Y001 来通电吸附。取球筐的出口由球感应接近开关 X000 来判断是否有新球，若有新球，则传送臂下降 2s 后延时。若新球是小球，则能够下降到限位开关 X002 的位置；若新球是大球，则限位开关不能被触碰，X002 信号为"0"。传送臂的上限位信号是 X001，大球筐和小球筐的位置信号分别是限位开关信号 X003 和 X004。当传送臂处于原点且有新球时，传送臂的工作顺序是：下降→吸住→上升→右行→下降→释放→上升→左行。

编程思路：图 5-10 为大小球传送臂控制系统顺序功能图，当取球筐的出口处接近开关 X000 为"1"时，此时有新球，但大小球未知，因此当传送臂处于原点时，传送臂下降。当 T0 定时 2s 结束后，通过 X002 信号来判断新球是大球还是小球，然后进入选择分支。

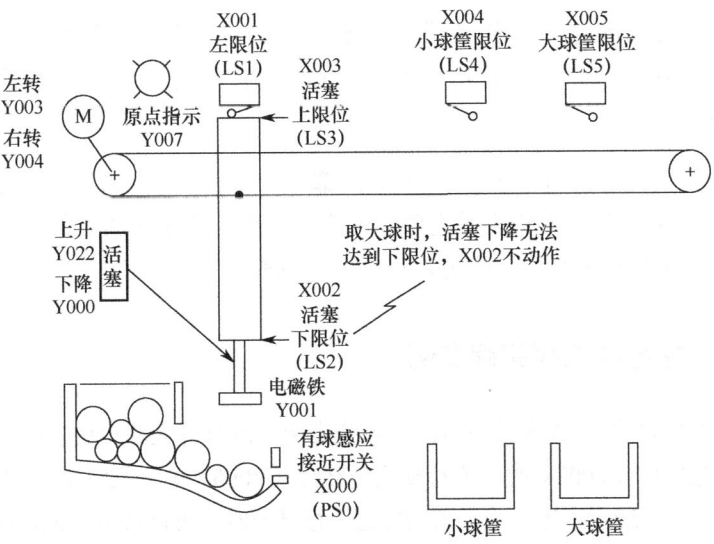

图 5-9 大小球传送臂控制系统示意图

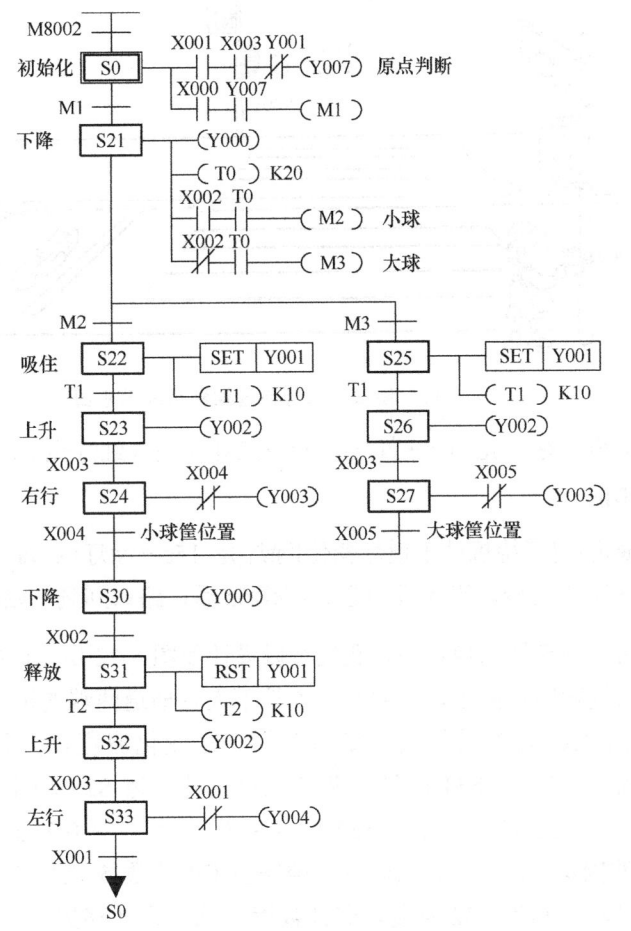

图 5-10 大小球传送臂控制系统顺序功能图

抓取大球的分支转移条件是：X002 触点逻辑信号为"1"，即常开信号。抓取小球的分支转移条件是：X002 触点逻辑信号为"0"，即常闭信号。

之后吸住、上升、右行的步动作都一样，右行步的位置与限位开关 LS4 和 LS5 有关。当传送臂运动到球筐上方后，传送臂的工作顺序是：下降→释放→上升→左行，即进入分支汇合流程。

5.3.3 并行性流程编程实例

【例 5-4】按钮式人行横道控制系统实例。没有行人路口的初始状态为机动车道是绿灯（Y003）亮，人行横道是红灯（Y005）亮。图 5-11 是按钮式人行横道控制系统示意图，当小孩需要过人行横道时，可以按下在人行横道两端的按钮 X000 或 X001，人为切换机动车道和人行横道的亮灯状态如下。

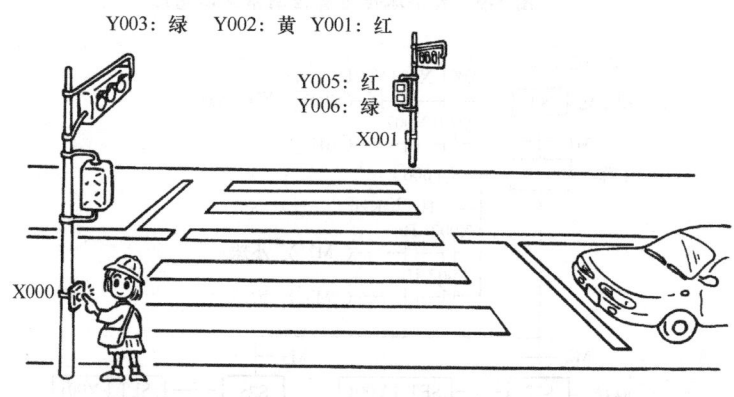

图 5-11　按钮式人行横道控制系统示意图

机动车道：绿灯亮 10s→黄灯亮 3s→红灯长亮（红灯亮 5s）[等待人行横道灯变化]。

人行横道：[等待机动车道灯变化]绿灯亮 15s→绿灯以 1s 为周期方波闪烁 5 次→红灯亮 5s。当人行横道红灯亮 5s 后，路口回到初始状态。

根据路口的亮灯变换顺序，我们可以设计如图 5-12 所示的按钮式人行横道控制系统顺序功能图，只要有行人按下人行横道两端的按钮 X000 或 X001，就进入机动车道与人行横道并行亮灯变化流程，并行流程中的人行横道流程 S30 到 S31 的转移条件来自机动车道 S23 动作中的 T2 定时。图 5-12 中的虚线框中是步 S32 到步 S33，即绿灯灭 0.5s 到亮 0.5 秒的 1s 周期方波闪烁的步序，5 次闪烁的控制由 C0 计数 5 次控制，若计数未满 5 次，则转移到步 S32 重复，若计数满 5 次，则转移到步 S33，在 S33 的动作中对 C0 进行复位。

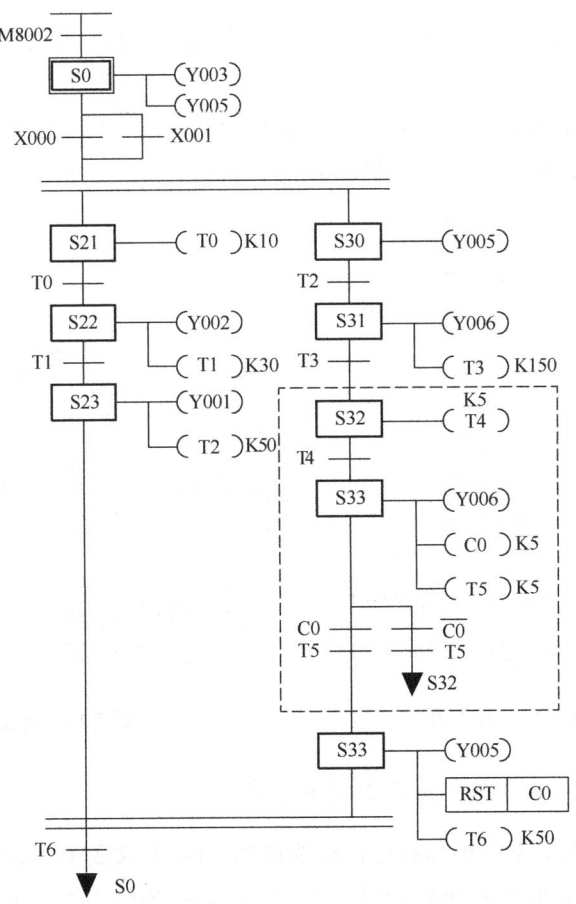

图 5-12 按钮式人行横道控制系统顺序功能图

习题 5

1. 液体混合装置的示意图如图 5-13 所示。

控制要求如下：进料阀 A、B 关闭，按下启动按钮 X，进料阀 A 打开，液体 A 流入容器。当液面到达中限位 X0 时，关闭进料阀 A，打开进料阀 B，当液面到达上限位 X1 时，关闭进料阀 B，搅拌电动机启动，开始搅拌，工作 6s 后停止搅拌，打开出料阀 C，混合液体流出，当液面下降到下限位 X2 后，再过 2s 后关闭出料阀 C，开始下一次循环。按下停止按钮 X4，系统完成当前工作周期后停止。

2. 机械手搬运装置的示意图如图 5-14 所示。

控制要求如下：机械手只能从原点处启动，即左限位和上限位均处于接通状态。按下启动按钮 X0 后，A 点和 B 点的传送带电动机开始工作，机械手通过 A 点传送带的光电传感器检测到工件后,快速下降到 A 点,气动阀吸住工件后,上升到原位,然后向右移到右限位开关 X3,并下降到 B 点,气动阀放下工件,再回到原点处即完成一个工作循环。机械手就是这样反复地将工件从 A 点移到 B 点。

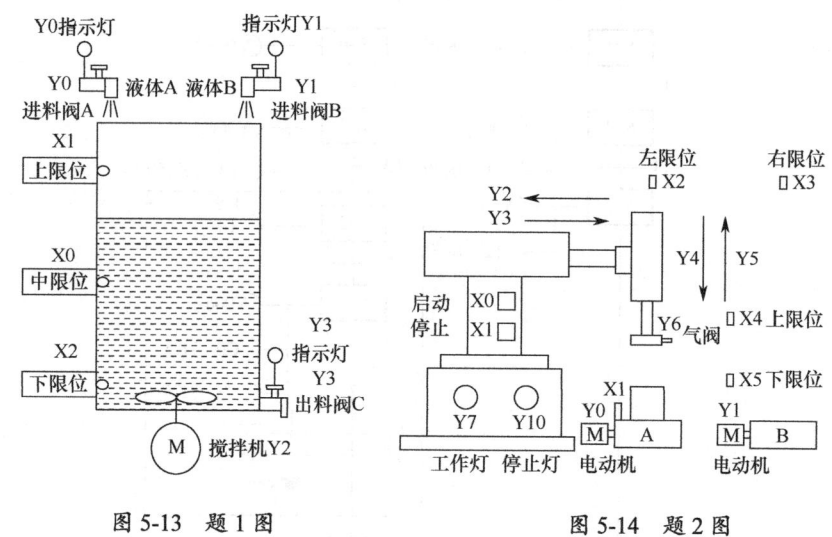

图 5-13 题 1 图   图 5-14 题 2 图

3. 运料小车工作示意图如图 5-15 所示。

控制要求如下：小车右行自动选择 A、B、C 处卸料。X0、X1 检测信号组合可决定小车在何处卸料。其中 A 处：X0,X1=11；B 处：X0,X1=01；C 处：X0,X1=10。小车卸料 20s 后,返回原位待命（左限位开关 X3 为 ON）。

4. 电梯门控制系统的结构示意图如图 5-16 所示。

控制要求如下：

（1）若有靠近电梯门,则感应器 X0 为 ON,Y0 驱动电动门高速开门。

（2）若碰到开门减速开关 X1,则转换为 Y1 低速开门。

（3）若碰到开门极限开关 X2,则电动机停转,T0 开始延时。

（4）若在延时时间 0.5s 内感应器监测到没有人,则 Y2 启动电动机高速关门。

（5）若碰到关门减速开关 X4,则转换为 Y3 低速关门。

（6）若碰到关门极限开关 X5,则电动机停转。

（7）若关门期间（包括高速关门和低速关门）内感应器 X0 感应到又有人来了，则 T1 延时控制 0.5s 后，再转换到高速开门。

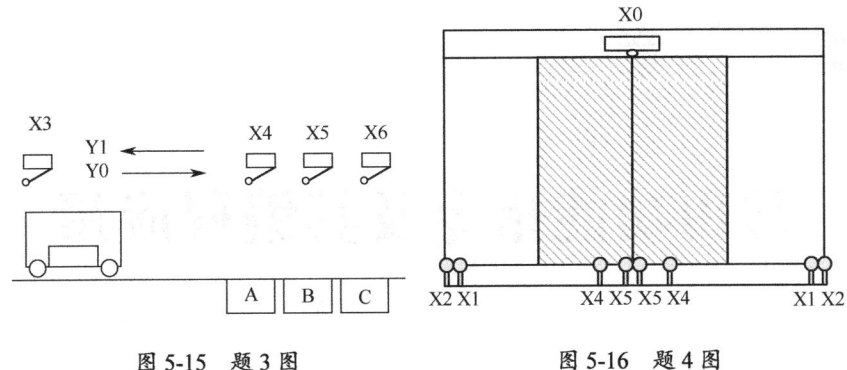

图 5-15 题 3 图   图 5-16 题 4 图

5. 按下启动按钮 X0，Y0 灯亮 10s、暗 5s，重复 3 次后停止工作，按要求设计对应的顺序功能图。

6. 按下启动按钮 X0，红灯、绿灯、黄灯 Y0、Y1、Y2 分别按照如图 5-17 所示的时序变化，按要求设计对应的顺序功能图。

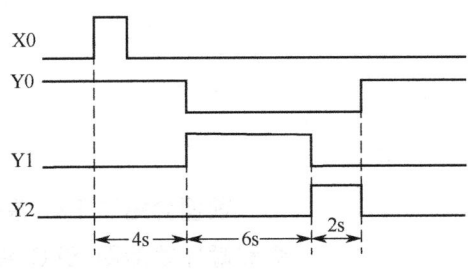

图 5-17 题 6 图

第6章

常用功能指令及其编程应用

前面介绍了 FX$_{2N}$ 系列 PLC 的基本指令和顺序功能图 SFC 编程。对于基本的典型控制系统,只需根据控制逻辑编程即可,但是对于控制过程中需要进行的数据运算、传递,程序的跳转、调用、循环,以及编写出适应特殊扩展模块使用的控制语句,仅靠基本指令是远远不够的。这就需要运用 PLC 中,具有完成特定功能的功能指令。

FX$_{2N}$ 系列 PLC 共有 130 多条功能指令,通过对本章的学习,使读者能够从应用出发,侧重掌握功能指令中的常用功能指令,并能在 PLC 应用中,根据系统控制要求在梯形图编程或是顺序功能图编程中选取这些指令,从而快速实现控制功能。

6.1 功能指令的基本规则

功能指令也称为应用指令，根据其功能不同分为程序流向控制指令、数据传递与比较指令、算术与逻辑运算指令、数据移位与循环指令、数据处理指令、高速处理指令、方便指令、外部设备 I/O 指令、外部设备串行通信指令、浮点运算指令、定位运算指令、时钟运算指令及触点比较指令等。一条功能指令相当于执行一个被封装成为 function（FNC）的子程序，以完成一系列操作。FX$_{2N}$ 系列 PLC 的功能指令表达形式与基本指令表达形式不同。

【视频】
功能指令的表示与执行方式。

6.1.1 功能指令的表示

图 6-1 是功能指令的梯形图编程示例。X010 是功能指令的执行条件，其后的中括号就是功能指令。一般来说，功能指令由助记符（功能指令的功能含义）和操作数两部分组成。

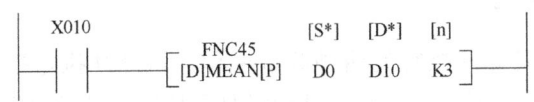

图 6-1 功能指令的梯形图编程示例

FNC45 是功能指令的第 45 号功能，45 是功能号。对于采用计算机软件编程的使用者，也可直接输入助记符 MEAN，此时 FNC45 不会显示。

功能指令的右侧为操作数，分为源操作数和目的操作数，不同的功能指令，其源操作数与目的操作数的个数也不相同。

（1）[S]表示源操作数，其内容不随指令执行而变化；在可利用变化地址修改元件编号的情况下，用[S*]表示，当源操作数不止一个时，用[S1*]、[S2*]等表示。

（2）[D]表示目的操作数，其内容不随指令执行而变化；在可利用变化地址修改元件编号的情况下，用[D*]表示，当源操作数不止一个时，用[D1*]、[D2*]等表示。

（3）m 和 n 表示其他操作数，其中 m 与 S 搭配，常用来表示源操作数的来源、数据长度等补充说明；n 与 D 搭配，常用来表示目标操作数的补充说明，可用十进制的 K、十六进制的 H 和数据寄存器 D 来表示。当需要表示多个这类操作数时，可以用 m1、m2、n1、n2 等表示。

注意，在使用计算机软件编程时，源操作数、目的操作数和其他操作数的代号不会在操作数顶部显示，故这些操作数仅作为指令说明使用。

6.1.2 指令的形态与执行形式

1. 数据长度

功能指令分为 16 位指令和 32 位指令。图 6-2 是数据长度使用的比对。

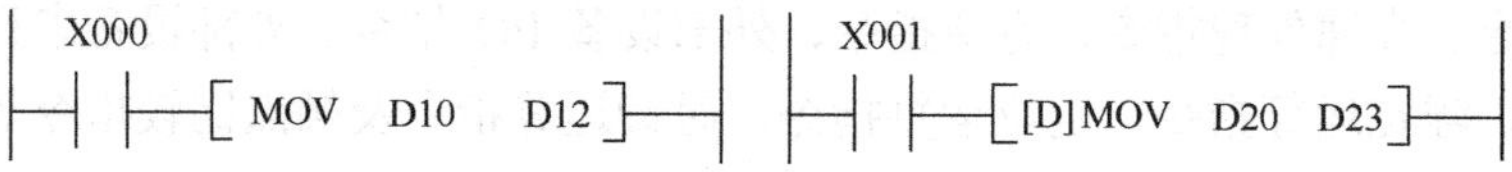

```
   X000                        X001
───┤ ├──[ MOV   D10   D12 ]───┤ ├──[ [D]MOV   D20   D23 ]───
```

图 6-2 数据长度使用的比对

当 X000 接通时，把 D10 中的数据送到 D12 中。当 X001 接通时，把 D21、D20 中的数据分别送到 D23、D22 中。通常在助记符前添加 D 符号来表示 32 位指令，并且用元件号相邻的两个元件组成元件对，元件对的首元件号用奇数、偶数表示均可。但为了避免混乱，建议将元件对的首元件号指定为偶数。

2. 脉冲执行

图 6-3 是脉冲执行的两种等价编程，该脉冲执行指令只在 X000 从 OFF 到 ON 变化时执行一次，其他时刻不执行，助记符后添加 P 表示脉冲执行。32 位指令和脉冲执行可以同时应用，如图 6-4 所示。

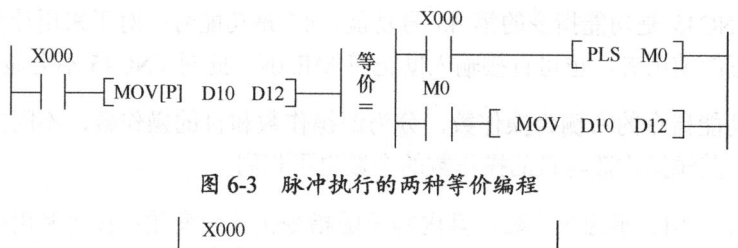

图 6-3 脉冲执行的两种等价编程

```
   X000
───┤ ├──[ [D]MOV[P]  D10   D12 ]───
```

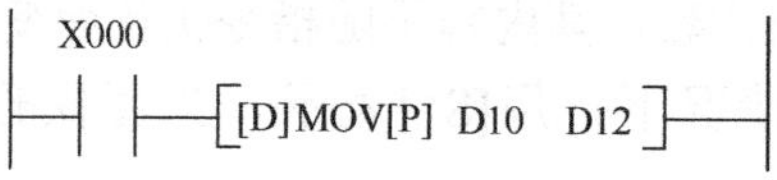

图 6-4 32 位指令和脉冲执行同时应用

3. 连续执行

图 6-5 是连续执行指令，当 X000 接通时，指令在每个扫描周期内都被重复执行。

有些功能指令在使用连续执行方式时，要特别注意指令被重复执行的情况，如 DC（加1）、DEC（减1）、XCH（交换）等。

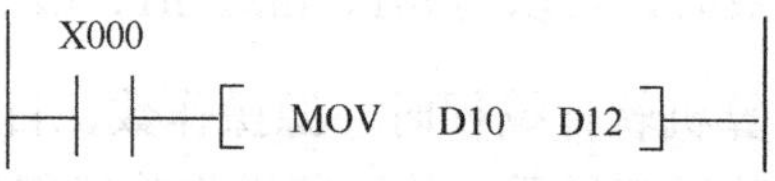

```
   X000
───┤ ├──[ MOV   D10   D12 ]───
```

图 6-5 连续执行指令

6.1.3 位元件和字元件

PLC 中的位元件只有两个状态，即 1 或 0，对应处理 ON、OFF 信息，如输入继电器 X、输出继电器 Y、辅助继电器 M 和状态继电器 S 均称为位元件。与此相对，计数器 C、数据寄存器 D 等处理数据的元件称为字元件。

常用数据寄存器 D 分为通用数据寄存器（D0~D199，共 200 点）；断电保持数据寄存器（D200~D511，共 312 点）；特殊数据继存器（D8000~D8255，共 256 点）。

即使是位元件，通过组合使用也可以处理数据。FX_{2N} 系列 PLC 提供一种由位元件组合成字元件或双字元件的表达方式，即用位数 Kn 和起始元件号的组合来表示。位元件每 4 位为一组合成单元，16 位数据为 K1~K4，32 位数据为 K1~K8。

例如，KnX、KnY、KnM 即是位元件组合，其中"K"表示后面的数是十进制数，"n"表示 4 位为一组的组数。K1X0 表示 X3~X0 的 4 位数据，X0 是最低位；K2Y0 表示 Y7~Y0 的 8 位数据，Y0 是最低位；K4M10 表示 M25~M10 的 16 位数据，M10 是最低位。

由于数据只能是 16 位或 32 位这两种形式，因此当用 K1~K3 组成字元件时，其高位不足 16 位的部分均当作 0 处理。

6.1.4 不同数据长度之间的传送

由于字元件与位元件之间在进行数据传送时的数据长度不同，因此需要按照如下原则处理，如图 6-6 所示。

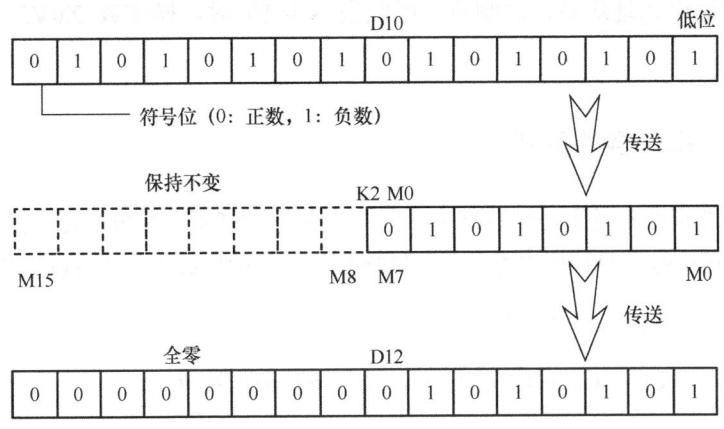

图 6-6 不同数据长度之间的传送

【视频】

扩展功能指令中与数据传送相关的指令

(1) 长数据到短数据的传送。长数据的高位保持不变。

(2) 短数据到长数据的传送。长数据的高位全部为零。

6.1.5 变址寄存器

变址寄存器 V 和 Z 均是 16 位数据寄存器，在应用指令中用来修改操作对象的元件号。其方法是将 V 和 Z 存放在各种寄存器的后面充当操作数地址的偏移量。操作数的实际地址就是寄存器的当前值及 V 和 Z 内容相加后的和。

当对 32 位数据进行操作时，可将 V 和 Z 组合成可以进行 32 位运算的变址寄存器，此时，V 作高 16 位，Z 作低 16 位。

变址操作如图 6-7 所示。当 X000 为 1 时，执行传送指令 V=8；当 X001 为 1 时，执行传送指令 Z=4；当 X002 为 1 时，执行传送指令将 D(0+8)的数据传送到 D(10+4)中。

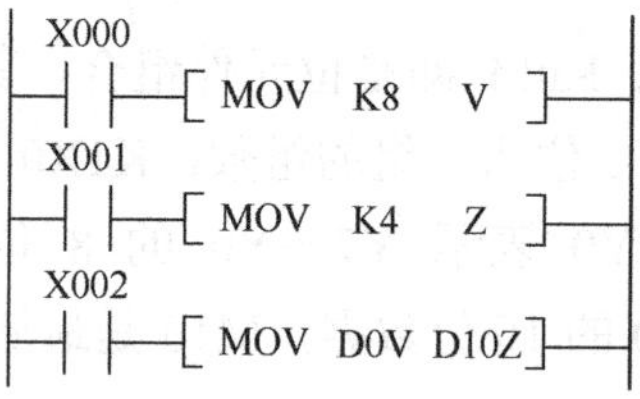

```
    X000
    ─┤├──────[ MOV  K8   V  ]
    X001
    ─┤├──────[ MOV  K4   Z  ]
    X002
    ─┤├──────[ MOV  D0V  D10Z ]
```

图 6-7 变址操作

此外，需要注意以下问题。

(1) 变址寄存器可用于常数，如当 V5=10 时，操作数 K20V5 相当于 K(20+V5)=K30。

(2) 变址寄存器可用于操作输入地址与输出地址，但需注意由于输入地址与输出地址均是八进制数，因此当 V5=10 时，操作数 X0V5 相当于 X12。

6.1.6 操作数的形式

功能指令都是用助记符来表示的，大部分功能指令都要求提供操作数，包括源操作数、目标操作数和其他操作数，这些操作数的形式有以下几种。

(1) 位元件 X、Y、M 和 S。

(2) 常数 K（十进制）、H（十六进制）和指针 P。

(3) 字元件 T、C、D、V 和 Z。

（4）由位元件 X、Y、M、S 的位指定组成字元件 KnX、KnY、KnM、KnS。

6.2 常用功能指令及其编程举例

6.2.1 程序流向控制指令

FX$_{2N}$ 系列 PLC 的程序流向控制指令共有 10 条，功能号是 FNC00～FNC09，主要用于按照控制要求改变程序的执行顺序。

1. 条件跳转指令 CJ（FNC00）

条件跳转指令为 CJ 或 CJP，P 是标号，其用法是当跳转条件成立时，跳过一段指令，跳转至指令中所标明的标号处继续执行；当条件不成立时，继续顺序执行。这样可以缩短扫描时间并使"双线圈操作"成为可能。

条件跳转指令使用示例如图 6-8 所示。假定 X000 端子处的按钮按下，X000 位信号变为"1"，则常开触点有效，跳转到程序段 2 处执行，程序段 2 执行完毕后，则运行结束。若按钮没有按下，则根据"从上至下"的扫描方式，执行程序段 1，由于 X000 位信号是"0"，因此常闭触点有效，程序跳转到 P1 处，程序运行结束。

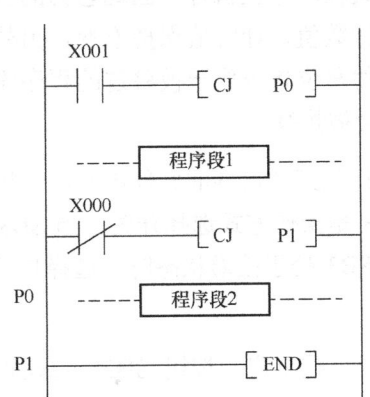

图 6-8 条件跳转指令使用示例

对标号 P 的进一步说明如下。

（1）FX$_{2N}$ 系列 PLC 的标号 P 有 128 点（P0～P127），用于分支和跳转，其中 P63 表示跳到 END。

（2）标号 P 放置在左母线的左边，一个标号只能出现一次。若一个标号出现两次或两次以上，则程序报错。

对条件跳转指令的进一步说明如下。

(1) 多个条件跳转指令可以使用同一个标号,即标号可以重复使用,如图 6-9 所示。

(2) 若用 M8000 作为控制跳转的条件,则 CJ 条件跳转指令将变成无条件跳转指令,如图 6-10 所示。由于在 PLC 运行时一直将 M8000 置 1,因此条件跳转指令与无条件跳转指令等价。

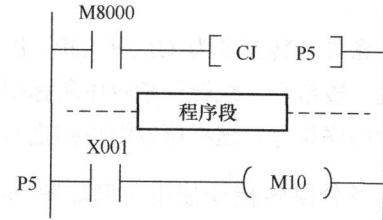

图 6-9 标号重复使用   图 6-10 条件跳转指令变成无条件跳转指令

(3) 对于被跳过的程序段中的定时器及计数器,无论它们是否具有断电保持功能,由于相关程序停止执行,因此它们的当前值寄存器都会被锁定,跳转发生后,其计数值、计时值保持不变。另外,计数、计时的复位指令具有优先权,即使复位指令位于被跳过的程序段中,但是若执行条件满足,则复位指定也会被执行。

【例 6-1】图 6-11 是某台设备的硬件电路图,控制系统具有手动与自动两种操作方式。SB3 是操作方式选择开关,当 SB3 处于断开状态时,选择手动操作方式;当 SB3 处于接通状态时,选择自动操作方式,不同操作方式的进程如下。

手动操作方式进程:按下启动按钮 SB2,电动机运行;按下停止按钮 SB1,电动机停止。

自动操作方式进程:按下启动按钮 SB2,电动机连续运行 1min 后,自动停止。按下停止按钮 SB1,电动机立即停止。

利用如图 6-8 所示的条件跳转指令使用示例,绘制电动机手动与自动两种操作方式的程序图(见图 6-12)。

2. 子程序调用指令 CALL(FNC01)和返回指令 SRET(FNC02)

子程序调用指令为 CALL 或 CALLP,其中 P 为标号,其范围为 P0~

【视频】
子程序调用指令

P127，标号 P63 相当于 END。CALL 和 CALLP 用于在一定条件下调用并执行子程序，子程序返回必须与返回指令 SRET 同时使用。子程序标号要写在主程序结束指令 FEND 之后。

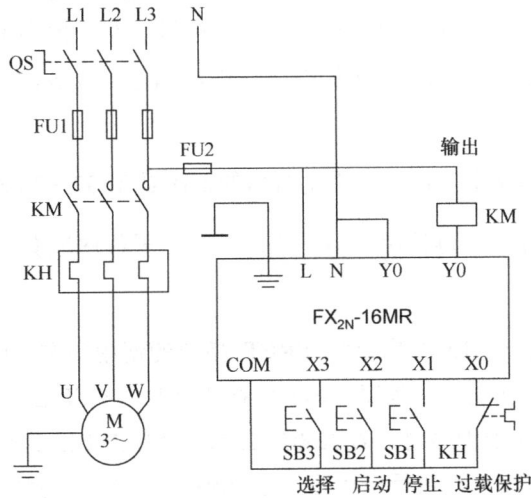

图 6-11　某台设备的硬件电路图

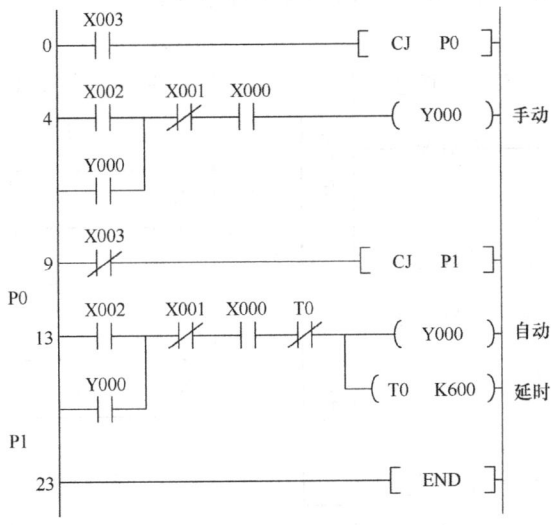

图 6-12　电动机手动与自动两种操作方式的程序图

图 6-13 是 CALL 指令和 SRET 指令的使用举例。标号 P10 和子程序返回指令 SRET 间的程序构成了子程序的内容。当 X001 接通时，CALL 指令使程序调至标号 P10 处，同时将在 CALL 指令后的一条指令的地址作为断点进行保存（PLC 系统自动完成），并从 P10 开始逐条顺序执行子程序，直到执行至 SRET 指令时，程序返回主程序断点处，继续执行主程序，即执行指令 LD X002 和 OUT Y000。

子程序调用指令的进一步说明。

（1）当主程序带有多个子程序时，子程序要依次存放在主程序结束指令 FEND 之后，并用不同的标号进行区别。子程序标号与条件转移中所用的标号相同，在条件转移中已经使用了的标号，在子程序中不能再使用。同一个标号只能使用一次，而不同的 CALL 指令可以多次调用同一个标号的子程序。

（2）在子程序中，可以使用定时器的范围是 T192~T199。

（3）在子程序中再调用其他子程序，称为子程序嵌套，嵌套总数可达 5 级。

图 6-14 为 CALLP 指令和 SRET 指令的使用举例。CALLP 指令与 CALL 指令的区别在于子程序，P11 仅在 X001 由 OFF 到 ON 变化时执行一次。在执行 P1 子程序时，若 X003 接通，CALLP P12 指令被执行，则主程序调用子程序 2，在执行子程序 2 的 SRET 指令后，程序返回到 P11 中的 CALLP PI2 指令的下一步，在执行子程序 1 的 SRET 指令后，再返回主程序。因此在子程序中，可以形成子程序嵌套。

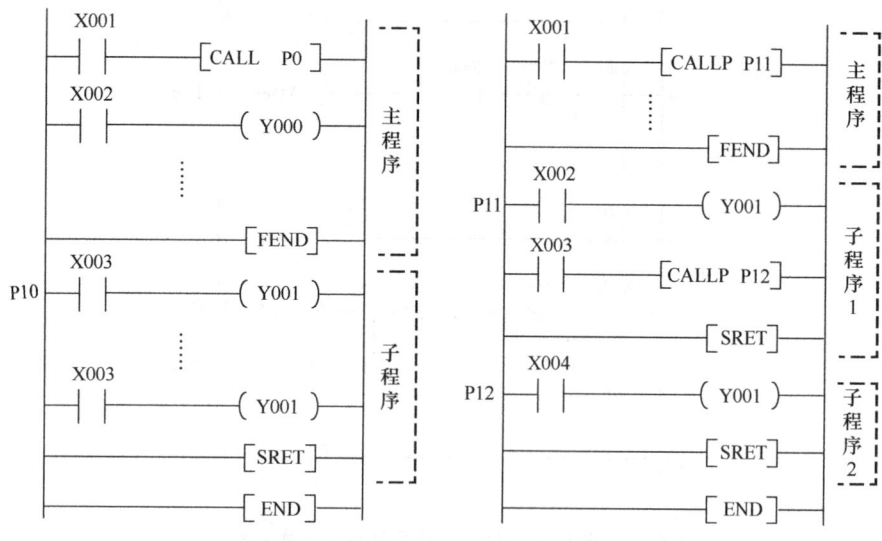

图 6-13　CALL 指令和 SRET 指令的使用举例　　图 6-14　CALLP 指令和 SRET 指令的使用举例

条件跳转和子程序调用的区别：CJ 指令跳转是"有去无回"的，而 CALL 指令的跳转则是"有去有回"的，在子程序执行结束后，将会回到主程序的断点处继续执行原来的程序。为了区别两者，把后者称为"调用"更恰当。CALL 指令与 CJ 指令不能使用同一个标号。

3. 中断返回指令 IRET（FNC03）、允许指令 EI（FNC04）和禁止指令 DI（FNC05）

FX$_{2N}$ 系列 PLC 有三类中断，即外部中断、内部定时器中断及内部计数器中断。外部中断信号从输入端子送入，可用于外部突发随机事件引起的中断。内部定时器中断是定时器定时时间到的中断。内部计数器中断是与高速计数器输出指令配合使用的中断。FX$_{2N}$ 系列 PLC 设置有 9 个中断源，15 个中断指针。9 个中断源可以同时向 CPU 发出中断请求信号，当多个中断依次发生时，先发生的中断的优先级最高；当多个中断同时发生时，中断指针号较小的中断具有较高优先级。

在主程序的执行过程中，计算机根据中断服务子程序的优先级决定是否响应中断。程序中允许中断响应的区间应该由 EI 指令开始，DI 指令结束，如图 6-15(a)所示。当中断子程序的处理遇到中断返回指令 IRET 时，中断子程序返回到原断点，继续执行主程序。在中断执行区间外的部分，即使有中断请求，CPU 也不会立即响应。通常情况下，在执行某个中断服务程序时，应禁止其他中断。

输入中断基本程序示例如图 6-15(a)所示。当外部输入上升沿进入 X000 时，外部中断进入中断程序，再判断外部输入 X001 的常开触点是否为"1"，若为"1"，则驱动输出 Y000。

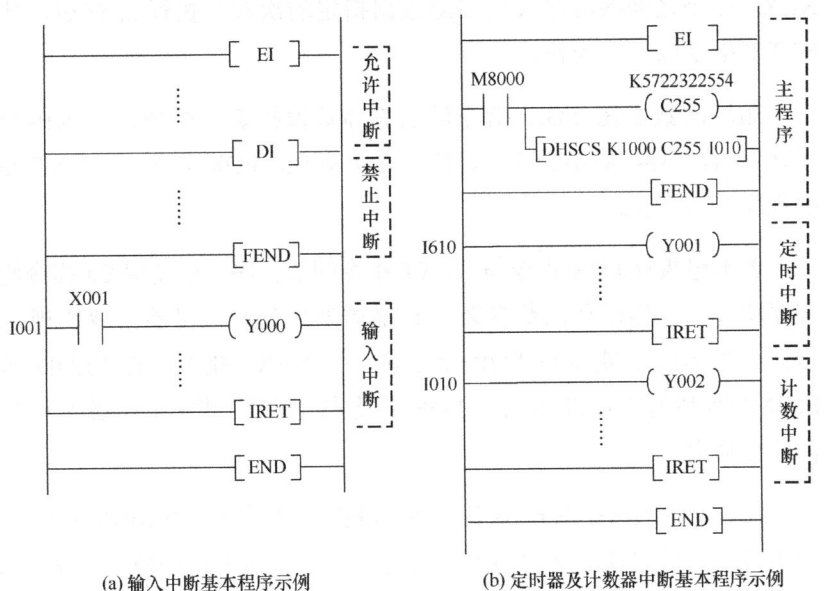

(a) 输入中断基本程序示例　　(b) 定时器及计数器中断基本程序示例

图 6-15　三类中断基本使用方法示例

定时器及计数器中断基本程序示例如图 6-15(b)所示。I610 表示每隔 10ms 中断一次，驱动输出 Y001 一次；I010 需要与高速计数器指令

DHSCS 搭配使用，通过第三个操作数确定中断指针。当 C255 的当前值为 1000 时，执行 I010 指针标号处的中断程序。

4. 主程序结束指令 FEND（FNC06）

FEND 指令表示主程序结束，该指令是无操作数的指令。子程序调用程序和中断服务程序都需要在 FEND 指令后编写。在同时使用多个 FEND 指令的情况下，应在最后的 FEND 指令与 END 指令之间编写子程序或是中断程序。

5. 循环开始指令 FOR（FNC08）和循环结束指令 NEXT（FNC09）

【视频】
循环指令

（1）指令格式：FOR [S*] 源操作数用于设置循环次数，软元件有 T、C、V、Z、D、K、H、KnX、KnY、KnM、KnS。

FOR 指令可以反复执行某一段程序，只要将一段程序存放在 FOR 指令与 NEXT 指令之间，执行完指定的循环次数后，才执行 NEXT 指令的下一条指令。循环程序可以使程序变得简练。

FOR 指令和 NEXT 指令两者必须配合使用，只有当 FOR 指令与 NEXT 指令之间的程序（利用源数据指定的次数）执行 m 次后，才处理 NEXT 指令以后的操作。

循环次数由在 FOR 指令后的具体数值指定。循环次数范围为 1～32767。若循环次数小于 1，则被当成 1 处理，FOR 指令与 NEXT 指令间的程序循环一次。

若不想执行 FOR 指令与 NEXT 指令间的程序，则使用 CJ 指令将这段程序跳过去。当循环次数多时，扫描周期会延长，可能出现监视定时器错误。当 NEXT 指令在 FOR 指令前、无 NEXT 指令、在 FEND 指令和 END 指令后有 NEXT 指令、FOR 指令与 NEXT 指令的个数不相等时，循环都会出错。

（2）指令用法：图 6-16 是三重循环的嵌套程序。当 X010 为 OFF 时，若 K1X000 的内容为 7，则循环[A]执行 7 次；循环[B]的循环次数由 D0 指定，若 D02 为 6 次，则因为循环[B]包含了整个循环[A]，所以整个循环[A]都要被循环 6 次；循环[C]的循环次数由 K4 指定为 4 次；在循环[C]执行 1 次的过程中，循环[B]被执行 6 次，所以循环[A]总计被执行了 4×6×7=168 次。然后向 NEXT 指令以后的程序转移。

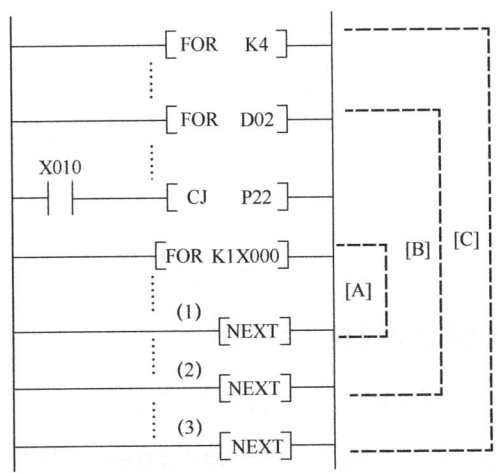

图 6-16 三重循环的嵌套程序

6.2.2 数据比较指令

FX$_{2N}$ 系列 PLC 设置了两条数据比较指令：单值比较指令 CMP 和区间比较指令 ZCP，其源操作数[S*]可用的软元件有 T、C、V、Z、D、K、H、KnX、KnY、KnM、KnS。目的操作数（标志位）[D*]可用的软元件有 Y、M、S。

1. 单值比较指令 CMP（FNC10）

（1）指令格式：CMP　[S1*] [S2*] [D*]。

其中，[S1*] [S2*]为两个比较的源操作数，分别为设定值和比较数。[D*]为比较结果的目标操作数，指令中给出的是存放比较结果的软元件首地址（标号最小的地址），并将该首地址作为标志位，同时自动占用随后的两个软元件。

（2）指令用法：CMP 指令是将源操作数[S1*]和源操作数[S2*]进行比较，并将比较结果送到目标操作数[D*]中，比较结果有 3 种情况：大于、等于和小于。

CMP 指令的用法如图 6-17 所示。若 X000 为 0N，则将执行 CMP 指令，即将 K100 与 C20 的当前值进行比较，再将比较结果写入相邻 3 个软元件（M0、M1、M2）中。在 CMP 指令中，目标操作数[D*]是由 3 个软元件 M0、M、M2 组成的，梯形图标出的是首地址 M0，另外两个软元件 M1、M2 自动占用。

【视频】
CMP 比较指令

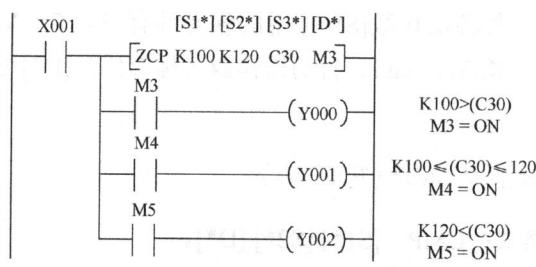

图 6-17 CMP 指令的用法

2. 区间比较指令 ZCP（FNC11）

（1）指令格式：ZCP [S1*] [S2*] [S3*] [D*]。

区间比较指令 ZCP

其中，[S1*]、[S2*]为区间比较的起点和终点操作数，[S3*]为另一个比较软元件，[D*]为比较结果的目标操作数，ZCP 指令中给出的是存放比较结果的软元件首地址（标号最小的地址），并自动占用随后的两个软元件。

（2）指令用法：ZCP 指令是将操作数[S3*]与源操作数[S1*]和源操作数[S2*]进行比较，并将比较结果送到目标操作数[D*]中。ZCP 指令的用法如图 6-18 所示。

图 6-18 ZCP 指令的用法

在使用 ZCP 指令时，需要注意：当 X000 为 OFF 时，不执行 ZCP 指令，M3～M5 仍保持 X000=OFF 之前的状态；[S2*]的数值不能小于[S1*]；所有的源数据都被当作二进制数处理。

6.2.3 数据转换指令

FX$_{2N}$ 系列 PLC 设置了两条数据转换指令：二进制数转换为 BCD 码指令 BCD，BCD 码转换为二进制数指令 BIN。这两条指令的[S*]源操作数可用的软元件有 T、C、V、Z、D、KnX、KnY、KnM、KnS。[D*]源操作数可用的软元件有 T、C、V、Z、D、KnY、KnM、KnS。

1. 二进制数转换为 BCD 码指令 BCD（FNC18）

（1）指令格式：BCD [S*] [D*]。

(2)指令用法：将二进制格式的源操作数转换为十进制格式的数据并存储到目标操作数中，该十进制格式称为 8421 编码，主要用于存放两位以上的十进制数据。在 PLC 存放数据时，十进制数的每一位均单独存放在一个 4 位的空间中，便于在 7 段式数码管等显示器上显示。

例如：十进制数 21 对应的二进制数是 10101，这时无法直接提取个位和十位上的数，故需要利用 BCD 指令将二进制数转换成 0001 0010（8421BCD 码），高 4 位表示 1，低 4 位表示 2。

需要注意：若 BCD 指令的转换结果不在 0～9999（16 位运算）范围内或不在 0～9999 9999（32 位运算）范围内，则出错。

2. BCD 码转换为二进制数指令 BIN（FNC19）

(1)指令格式：BIN [S*] [D*]。

(2)指令用法：将 BCD 码的源操作数转换为二进制格式的数据并存储到目标操作数中。若源操作数中的数据不是 BCD 码，则出错。

BIN 指令可以将 BCD 码对应的数字开关的设定值输入到 PLC 中，如图 6-19 所示。

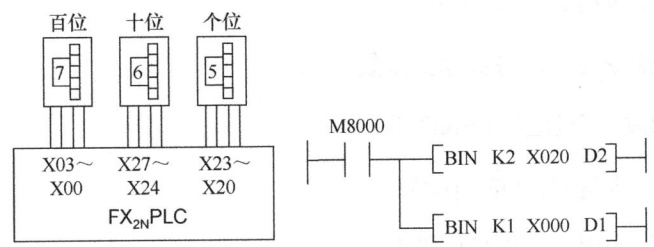

图 6-19 BIN 指令的用法

6.2.4 算术运算指令

FX_{2N} 系列 PLC 的算术运算指令包括：加法指令 ADD、减法指令 SUB、乘法指令 MUL、除法指令 DIV、递增指令 INC、递减指令 DEC。它们的[S*]源操作数可用所有软元件。[D*]源操作数可用的软元件有 T、C、V、Z、D、KnY、KnM、KnS。

1. 加法指令 ADD（FNC20）

(1)指令格式：ADD [S1*] [S2*] [D*]。

(2)指令用法：将两个源操作数[S1*]与[S2*]相加后，结果存入目标操作数[D*]中。

2. 减法指令 SUB（FNC21）

（1）指令格式：SUB [S1*] [S2*] [D*]。

（2）指令用法：将两个源操作数[S1*]与[S2*]相减后，结果存入目标操作数[D*]中。

3. 乘法指令 MUL（FNC22）

（1）指令格式：MUL [S1*] [S2*] [D*]。

（2）指令用法：将两个源操作数[S1*]与[S2*]相乘后，结果存入目标操作数[D*]中。

4. 除法指令 DIV（FNC23）

（1）指令格式：DIV [S1*] [S2*] [D*]。

（2）指令用法：将两个源操作数[S1*]与[S2*]相除后，结果存入目标操作数[D*]中。

5. 递增指令 INC（FNC24）

（1）指令格式：INC [D*]。

（2）指令用法：将目标操作数加 1。

6. 递减指令 DEC（FNC25）

（1）指令格式：DEC [D*]。

（2）指令用法：将目标操作数减 1。

使用算术运算指令时需要注意以下问题。

使用上述算术运算指令时，需要明确驱动条件是连续型还是脉冲型。若驱动条件为脉冲型，则条件为 ON，执行一次。若驱动条件为连续型，则每个扫描周期都会执行算术运算并改变目的操作数的存放结果。连续型驱动条件与脉冲型驱动条件执行的区别如图 6-20 所示。在功能指令后加标号 P 与改变驱动条件为上升沿触发是等价的脉冲执行。

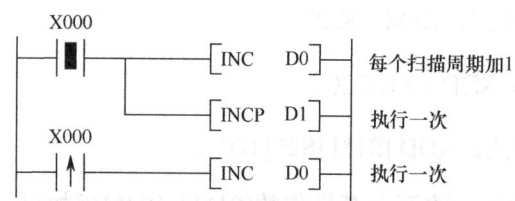

图 6-20　连续型驱动条件与脉冲型驱动条件执行的区别

在进行 16 位运算及 32 位运算时，乘、除法对目的操作数的占用是不同的。需要注意，运算结果是否超出存放空间的大小。当进行 16 位运算时，自动占用目的操作数的高 16 位空间；当进行 32 位运算时，自动占用目的操作数的连续 3 个高位 16 位空间。具体执行的区别如图 6-21 所示。

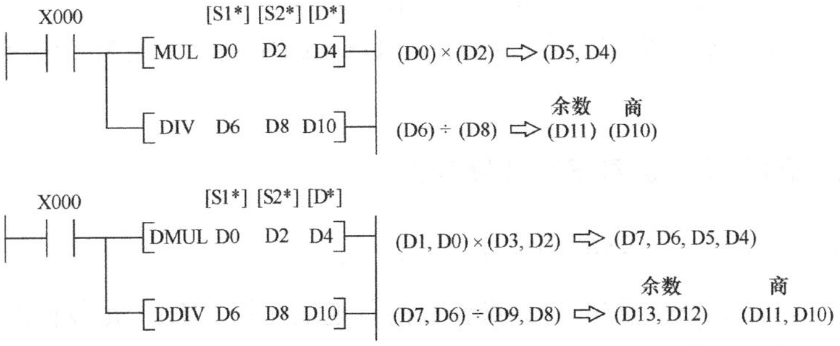

```
X000        [S1*] [S2*] [D*]
─┤├──┬──[MUL  D0   D2   D4]──  (D0)×(D2) ⇨ (D5, D4)
     │                                      余数     商
     └──[DIV  D6   D8   D10]── (D6)÷(D8) ⇨ (D11)  (D10)

X000        [S1*] [S2*] [D*]
─┤├──┬──[DMUL D0   D2   D4]── (D1,D0)×(D3,D2) ⇨ (D7, D6, D5, D4)
     │                                              余数         商
     └──[DDIV D6   D8   D10]── (D7,D6)÷(D9,D8) ⇨ (D13,D12)   (D11,D10)
```

图 6-21　16 位乘、除法运算与 32 位乘、除法运算执行的区别

6.2.5　逻辑运算指令

FX_{2N} 系列 PLC 的逻辑运算指令包括：逻辑与指令 AND、逻辑或指令 OR、逻辑异或指令 XOR。它们的源操作数[S*]可用所有软元件，源操作数[D*]可用的软元件有 T、C、V、Z、D、KnY、KnM、KnS。

1. 逻辑与指令 AND（FNC26）

（1）指令格式：AND [S1*] [S2*] [D*]。

（2）指令用法：将两个源操作数[S1*]和[S2*]的每一位均进行"与"操作后，结果存入目标操作数[D*]中。

（3）逻辑思想：只有同位均为 1，结果位才为 1。

2. 逻辑或指令 OR（FNC27）

（1）指令格式：OR [S1*] [S2*] [D*]。

（2）指令用法：将两个源操作数[S1*]和[S2*]的每一位均进行"或"操作后，结果存入目标操作数[D*]中。

（3）逻辑思想：只有同位均为 0，结果位才为 0。

3. 逻辑异或指令 XOR（FNC28）

（1）指令格式：SUB [S1*] [S2*] [D*]。

（2）指令用法：将两个源操作数[S1*]和[S2*]的每一位均进行"异或"操作后，将结果存入目标操作数[D*]中。

（3）逻辑思想：只有同位不相同，结果位才为 1。

6.2.6 数据处理指令

FX$_{2N}$系列PLC的数据处理指令共有10条,包括区间复位指令ZRST、译码指令DECO、编码指令ENCO、置1位数总和指令SUM、置1位判别指令BON、平均值指令MEAN、信号报警器置位指令ANS、信号报警器复位指令ANR、BIN数据开方运算指令SQR、BIN整数转换为二进制浮点数指令FLT。

1. 区间复位指令ZRST(FNC40)

(1)指令格式:ZRST [D1*] [D2*]。

其中,[D1*]是复位的目标操作数的首地址元件,[D2*]是复位的目标操作数的末地址元件,[D1*]与[D2*]必须是同类元件,且[D1*]的元件号应小于[D2*]的元件号。[D1*]和[D2*]可用的软元件有Y、M、S、T、C、D。

(2)指令用法:区间复位指令可将指定范围内的同类元件成批复位。复位的含义一般是将目标操作数清零。ZRST指令的用法如图6-22所示。当PLC上电时,M8002脉冲置一次"1",位元件断电保持辅助继电器M500-M599成批复位一次。

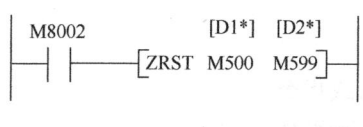

图6-22 ZRST指令的用法

2. 平均值指令MEAN(FNC45)

(1)指令格式:MEAN [S*] [D*] n。

其中,[S*]是源操作数取值的首地址,[D*]是存放操作结果地址的目标操作数,n是取操作数的个数,当n值不在1~64范围内时,会出错。

(2)指令用法:将n个源操作数的平均值(余数省略)送到指定目标操作数中。MEAN指令的用法如图6-23所示。

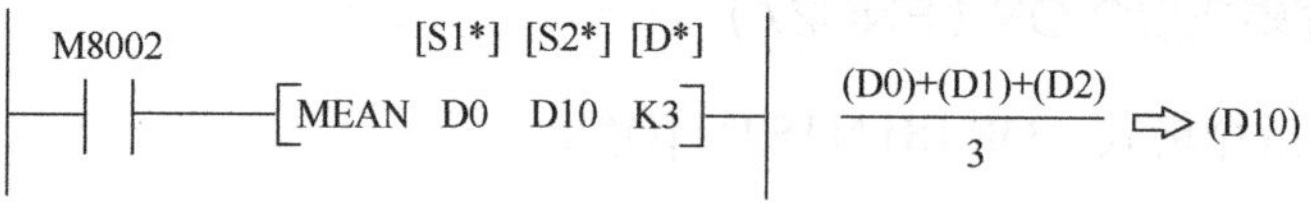

图6-23 MEAN指令的用法

6.2.7 其他常用功能指令

其他常用功能指令主要有脉冲输出指令、交替输出指令、7段数码管译码指令、读特殊功能模块指令、写特殊功能模块指令和触点比较指令。

1. 脉冲输出指令PLSY(FNC57)

(1)指令格式:PLSY [S1*] [S2*] [D*]。

（2）指令用法：该指令属于高速处理指令，两个源操作数[S1*]和[S2*]可取所有数据类型，目标操作数可取 Y000 和 Y001。[S1*]表示输出脉冲的频率，其范围为 2～20000Hz，[S2*]表示输出脉冲个数，在执行本指令期间，可以通过改变[S1*]的数据来改变输出脉冲的频率。PLSY 采用类似中断方式输出脉冲，与扫描无关，即执行该指令，脉冲数输出完毕后，操作结束。

PLSY 指令的用法如图 6-24 所示。当 X000 端子信号为 ON 时，无论是短暂信号还是持续高电平信号，CPU 均立即采用中断方式，Y000 端子输出的是频率为 1kHz，占空比 50%的脉冲，直到输出 D2 内存放的数据所表示的脉冲个数后，停止脉冲输出。

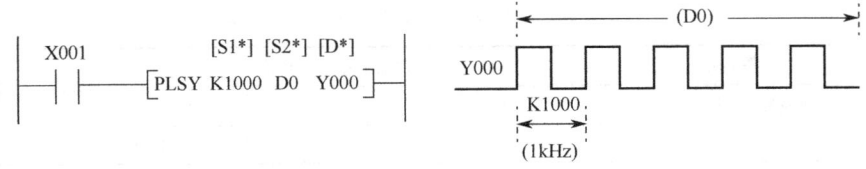

图 6-24　PLSY 指令的用法

2. 交替输出指令 ALT（FNC66）

（1）指令格式：ALT [D*]。

（2）指令用法：[D*]源操作数可用的软元件有 Y、M、S。若驱动条件由 OFF 变为 ON，则每个扫描周期都要翻转一次。ALT 指令的用法如图 6-25 所示。

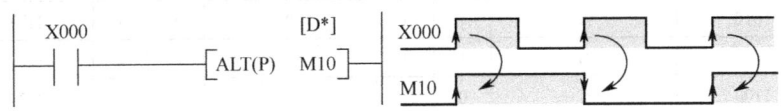

图 6-25　ALT 指令的用法

3. 7 段数码管译码指令 SEGD（FNC73）

（1）指令格式：SEGD [S*] [D*]。

（2）指令用法：该指令是将源操作数指定的软元件的低 4 位单独看成十六进制数，并将其译成对应的段码，即字形码，并送给目标操作数的连续 7 段显示器进行显示，输出时要占用 7 个输出点。[S*]源操作数可用所有软元件。[D*]源操作数可用的软元件有 T、C、V、Z、D、KnY、KnM、KnS。若要对存放在 PLC 中超过 9 的十进制数进行显示，则需要进行 BCD 码转换。

7 段数码管示意图如图 6-26 所示。表 6-1 是十进制数与显示段码的关系表。

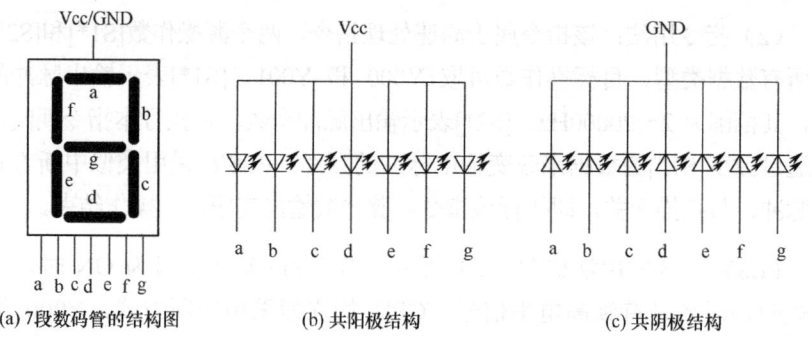

(a) 7段数码管的结构图　　(b) 共阳极结构　　(c) 共阴极结构

图 6-26　7 段数码管示意图

表 6-1　十进制数与显示段码的关系表

需要显示的数		7位输出端子电平信号							段码
二进制数	十六进制数	g	f	e	d	c	b	a	
0000	0	0	1	1	1	1	1	1	H3F
0001	1	0	0	0	0	1	1	0	H06
0010	2	1	0	1	1	0	1	1	H5B
0011	3	1	0	0	1	1	1	1	H4F
0100	4	1	1	0	0	1	1	0	H66
0101	5	1	1	0	1	1	0	1	H6D
0110	6	1	1	1	1	1	0	1	H7D
0111	7	0	0	0	0	1	1	1	H27
1000	8	1	1	1	1	1	1	1	H7F
1001	9	1	1	0	1	1	1	1	H6F
1010	A	1	1	1	0	1	1	1	H77
1011	B	1	1	1	1	1	0	0	H7C
1100	C	0	1	1	1	0	0	1	H39
1101	D	1	0	1	1	1	1	0	H5E
1110	E	1	1	1	1	0	0	1	H79
1111	F	1	1	1	0	0	0	1	H71

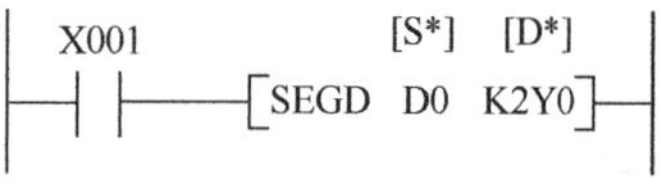

```
 X001           [S*]   [D*]
──┤├──────[ SEGD  D0  K2Y0 ]──
```

图 6-27　SEGD 指令的应用示例

SEGD 指令的应用示例如图 6-27 所示，当 X001 为 ON 时，将 D0 的二进制数的低 4 位单独看成十六进制数，并将其译成对应段码，显示的数据送入 K2Y0 中。若[D*]是 16 位空间，则写入低 8 位，其高 8 位不变。当 X001 为 OFF 时，[D*]输出不变。

4. 读特殊功能模块指令 FROM（FNC78）和写特殊功能模块指令 TO（FNC79）

（1）指令格式：FROM/TO m1 m2 [D*] n。

（2）指令用法：[D*]目标操作数可用的软元件有 KnY、KnM、KnS、

T、C、D、V、Z；m1 表示特殊功能模块的模块号，按照距离基本单元的远近从 0 到 7 进行编号；m2 表示特殊功能模块缓冲区的单元号，不同的特殊模块，其缓冲区的大小也不一样；[D*]表示传送目标；n 表示传送的点数（次数）。

FROM 指令的用法如图 6-28 所示，当 X001 为 ON 时，执行 FROM 指令，将特殊功能模块 0 中的第 29 号单元的数据读取送到 K4M0 组成的单元中。

TO 指令的用法如图 6-29 所示，当 X001 为 ON 时，执行 TO 指令，将 K4 重复两次（K2）写入特殊功能模块 0 的第 1 号单元和第 2 号单元中。

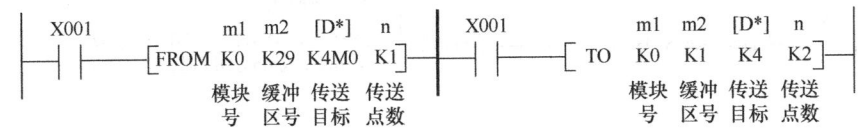

图 6-28　FROM 指令的用法　　　　图 6-29 TO 指令的用法

5. 触点比较指令

触点比较指令是由 LD、AND、OR 与关系运算符组合而成的，通过对两个数值的关系运算来实现触点的接通和断开，该指令共有 18 个。触点比较指令表如表 6-2 所示。

表 6-2　触点比较指令表

FNC NO.	指令记号	导通条件	FNC NO.	指令记号	导通条件
224	LD=	[S1*]=[S2*]	236	AND<>	[S1*]≠[S2*]
225	LD>	[S1*]>[S2*]	237	AND≤	[S1*]≤[S2*]
226	LD<	[S1*]<[S2*]	238	AND≥	[S1*]≥[S2*]
228	LD<>	[S1*]≠[S2*]	240	OR=	[S1*]=[S2*]
229	LD≤	[S1*]≤[S2*]	241	OR>	[S1*]>[S2*]
230	LD≥	[S1*]≥[S2*]	242	OR<	[S1*]<[S2*]
232	AND=	[S1*]=[S2*]	244	OR<>	[S1*]≠[S2*]
233	AND>	[S1*]>[S2*]	245	OR≤	[S1*]≤[S2*]
234	AND<	[S1*]<[S2*]	243	OR≥	[S1*]≥[S2*]

（1）指令格式：比较符号 [S1*] [S2*]。

（2）指令用法：[S1*]与[S2*]源操作数可用全部软元件。其中 LD 触点比较指令的最高位为符号位，若最高位为 1，则作为负数处理。C200 以后的计数器的触点比较，都必须使用 32 位指令，若指定为 16 位指令，则程序会出错。触点比较指令 LD 的用法如图 6-30 所示，触点比较指令 AND 的用法如图 6-31 所示，触点比较指令 OR 的用法如图 6-32 所示。

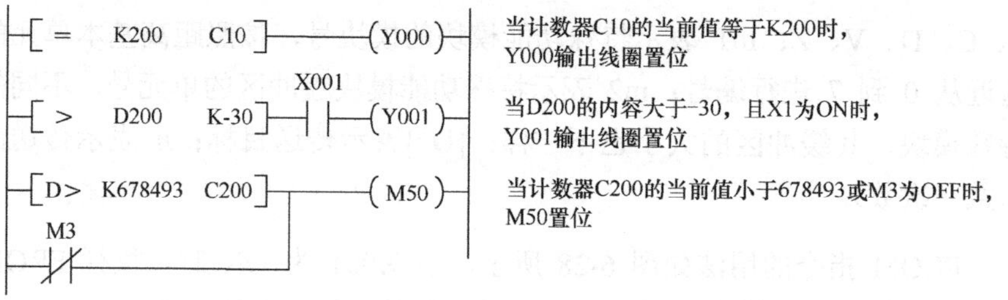

```
    ┌─[= K200  C10]──────(Y000)     当计数器C10的当前值等于K200时,
    │                                Y000输出线圈置位
    │              X001
    ├─[> D200  K-30]──┤├──(Y001)    当D200的内容大于-30,且X1为ON时,
    │                                Y001输出线圈置位
    │
    ├─[D> K678493 C200]──(M50)      当计数器C200的当前值小于678493或M3为OFF时,
    │   M3                           M50置位
    └───┤/├
```

图 6-30 触点比较指令 LD 的用法

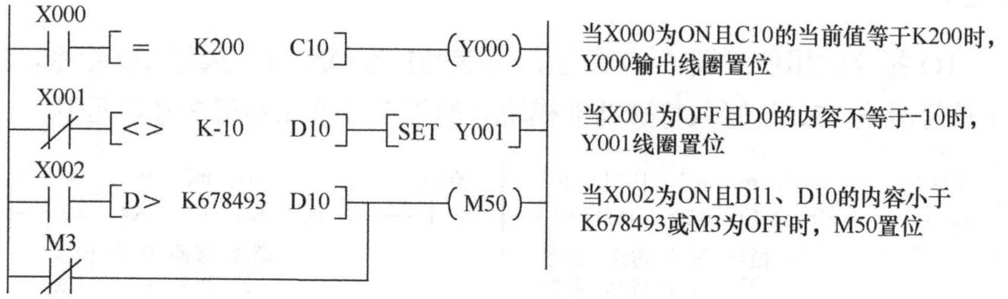

```
 X000
 ─┤├──[= K200  C10]──────(Y000)     当X000为ON且C10的当前值等于K200时,
                                     Y000输出线圈置位
 X001
 ─┤/├─[<> K-10  D10]─────[SET Y001]  当X001为OFF且D0的内容不等于-10时,
                                     Y001线圈置位
 X002
 ─┤├──[D> K678493 D10]───(M50)       当X002为ON且D11、D10的内容小于
  M3                                 K678493或M3为OFF时,M50置位
 ─┤/├
```

图 6-31 触点比较指令 AND 的用法

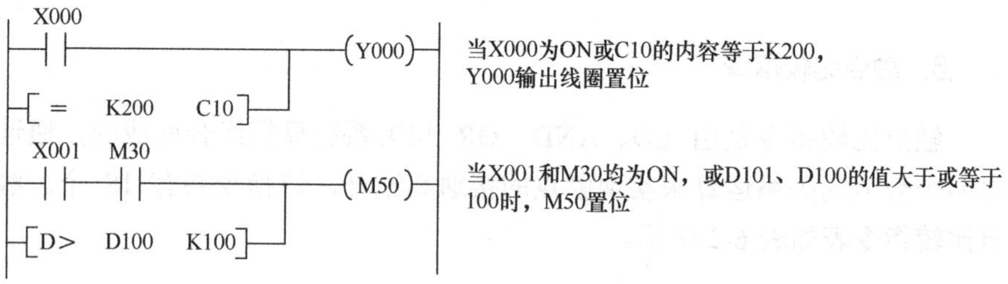

```
 X000
 ─┤├─────────────────────(Y000)     当X000为ON或C10的内容等于K200,
    │                                Y000输出线圈置位
    └─[= K200  C10]─┘

 X001  M30
 ─┤├───┤├────────────────(M50)      当X001和M30均为ON,或D101、D100的值大于或等于
    │                                100时,M50置位
    └─[D> D100  K100]─┘
```

图 6-32 触点比较指令 OR 的用法

6.3 功能指令编程实例

【例 6-1】彩灯交替点亮控制。

彩灯交替控制梯形图如图 6-33 所示。X000 信号对应的硬件端子接有 1 个启停开关,Y000～Y007 信号对应的硬件端子接有 8 个 LED 灯,要求开关转到启动状态,彩灯间隔一个点亮,且每 2s 变换一次,反复进行。

如图 6-33(a)所示,定时器在 X000 启动保持信号下,T0 和 T1 交替定时 1s,使得 T0 每隔 2s 产生高电平,K85 和 K170 被 PLC 转换为二进制数后,分别是 01010101 和 10101010。MOV 指令加 P,实现每 2s 一个上升沿将 K58 和 K170 交替送入 K2Y000 中,实现题目要求的控制效果。

如图 6-33(b)所示,利用特殊辅助继电器产生周期方波,PLC 的 M8013 是周期为 1s 的脉冲输出,由 ALT 指令实现 M10 是周期为 2s 的脉冲输出,HAA 和 H55 等价于 K85 和 K170,可读性更好。

X000 T0
K10
T0
T0
K10
T1
T0 X000
MOVP K85 K2Y000
T0 X000
MOVP K170 K2Y000
END
M8013
ALT M10
X000 M10
MOVP HAA K2Y000
M10
MOVP H55 K2Y000
END

(a)　　　　(b)

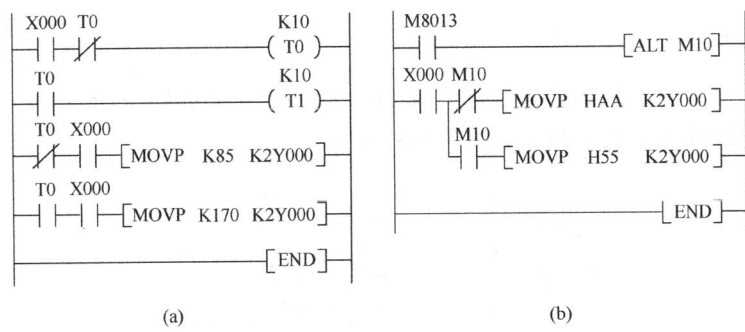

图 6-33　彩灯交替控制梯形图

【例 6-2】小车行程控制。

小车行程系统简图如图 6-34 所示。一辆小车在一条线路上运行，线路上共有 8 个站点，每个站点各设有一个行程开关和一个呼叫按钮。无论小车在哪个站点，当某一个站点按下呼叫按钮，小车都会自动运行到呼叫点。

小车
SQ8 SQ7 SQ6 SQ5 SQ4 SQ3 SQ2 SQ1
X7 X6 X5 X4 X3 X2 X1 X0
行程开关
SB8 SB7 SB6 SB5 SB4 SB3 SB2 SB1
X17 X16 X15 X14 X13 X12 X11 X10
呼叫按钮

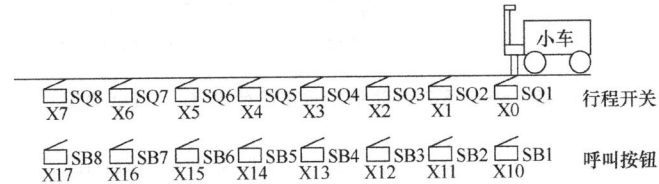

图 6-34　小车行程系统简图

小车行程控制梯形图如图 6-35 所示。

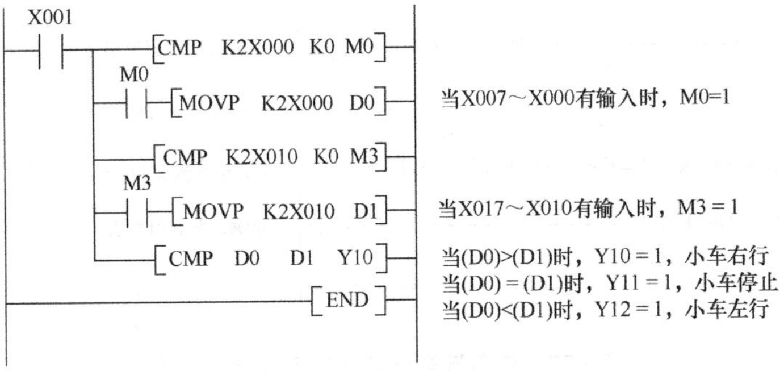

X001
CMP K2X000 K0 M0
M0
MOVP K2X000 D0
当X007～X000有输入时，M0=1
CMP K2X010 K0 M3
M3
MOVP K2X010 D1
当X017～X010有输入时，M3 = 1
CMP D0 D1 Y10
当(D0)>(D1)时，Y10 = 1，小车右行
当(D0) = (D1)时，Y11 = 1，小车停止
当(D0)<(D1)时，Y12 = 1，小车左行
END

图 6-35　小车行程控制梯形图

【例 6-3】停车场车位数量显示系统。

某停车场最多可停 50 辆车，用两位数码管显示停车数量。使用出入传感器检测进出车辆数，每进一辆车停车数量增 1，每出一辆车停车数量减 1。当停车场内停车数量小于 45 时，入口处绿灯亮，允许入场；当停车场内停车数等于或大于 45 时，绿灯闪烁，提醒待进车辆注意将满场；当停车场内停车数等于 50 时，红灯亮，禁止车辆入场。要求设计满足上述

要求的控制电路和 PLC 程序。

停车场车位数量显示系统的 PLC 接线电路图如图 6-36 所示，停车场车位数量显示系统梯形图如图 6-37 所示。

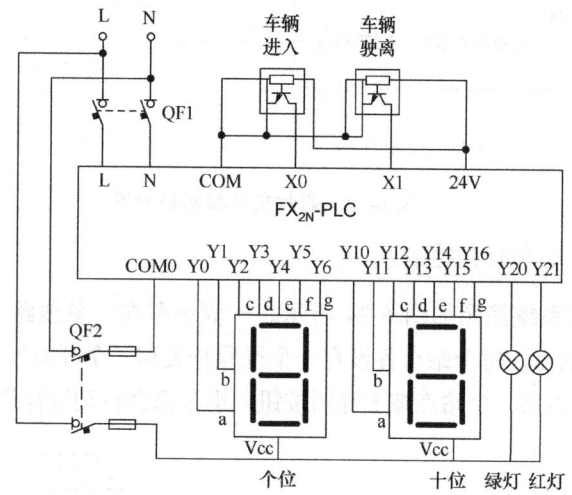

图 6-36　停车场车位数量显示系统的 PLC 接线电路图

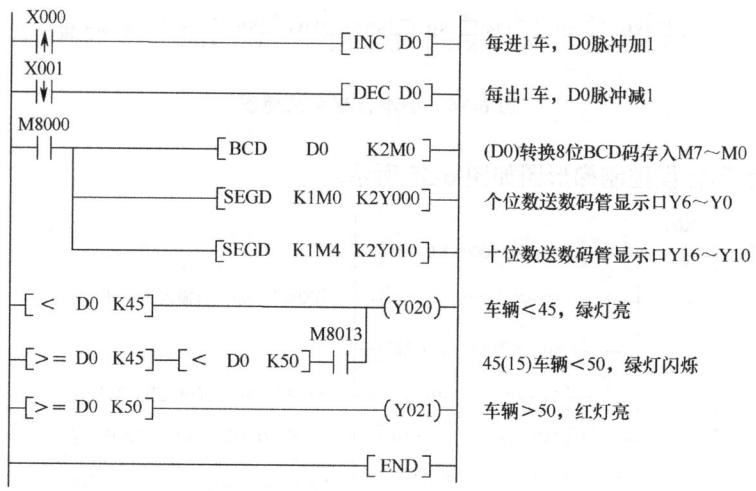

图 6-37　停车场车位数量显示系统梯形图

习题 6

1. 设 PLC 输出 Y0～Y7 连接有 8 盏指示灯，有以下两种控制要求：

第一种：当 X0 接通时，全部灯亮；当 X1 接通时，奇数灯亮；当 X2 接通时，偶数灯亮；当 X3 接通时，全部灯灭。试用数据传送指令 MOV 编写程序。

第二种：指示灯正依次点亮至全亮、反序依次熄至全熄，再循环控制。用加 1、减 1 指令及变址寄存器实现正序依次亮至全亮、反序依次熄灭至全灭，再循环控制，指示灯状态变化的时间单位为 s，要求用秒脉冲 M8013 实现。

2．设有 1 个功率选择按钮 SB1 和 1 个停止按钮 SB2，控制输出端子 Y0~Y2 连接的 3 个接触器，其中 Y0 的接触器控制 0.5kW 的加热电阻接入电路，其中 Y1 连接的接触器控制 1kW 的加热电阻接入电路，其中 Y2 连接的接触器控制 2kW 的加热电阻接入电路，要求利用功能指令 INC 实现加热功率有 7 个挡位可调，大小分别是 0.5kW、1kW、1.5kW、2kW、2.5kW、3kW 和 3.5kW。第 1 次按下 SB1，选择功率第 1 挡，第 2 次按下 SB1，选择功率第 2 挡。依此类推，第 8 次按下 SB1 或按下 SB2，停止加热。

3．编程实现在 PLC 运行时，利用输入继电器组成的字元件 K2X0 的相反状态去控制由输出继电器组成的字元件 K2Y0，即当 X 某位为"1"时，Y 的相应位为"0"；当 X 某位为"0"时，Y 的相应位为"1"。

4．运用循环指令 FOR 编程实现求 0+1+2+3+…+100 的和，并将结果存入 D0 中。

5．某台设备有两台电动机，分别受输出继电器 Y0、Y1 控制。设有手动、自动 1、自动 2 和自动 3 这 4 种工作方式。使用 X0~X4 输入端，其中 X0、X1 接工作方式选择开关，X2、X3 接启动/停止按钮，X4 接过载保护。表 6-3 是题 5 的控制关系表，在手动工作方式中采用点动操作，在自动工作方式中，Y0 启动后分别延时 10s、20s、和 30s 后，再启动 Y1，要求用触点比较指令编写满足以上要求的程序。

表 6-3　题 5 的控制关系表

工作方式	工作方式选择		输入按钮作用			输出继电器动作过程
	X1	X0	X2	X3	X4	
手动	0	0	点动 Y0	点动 Y1	过载	Y0、Y1 点动
自动 1	0	1	启动	停止	过载	Y0 启动后 10s，Y1 启动
自动 2	1	0	启动	停止	过载	Y0 启动后 20s，Y1 启动
自动 3	1	1	启动	停止	过载	Y0 启动后 30s，Y1 启动

6．使用 SEGD 指令设计一个用 7 段数码管显示的 5 人智力竞赛抢答器。当某选手抢先按下自己的按钮（X1~X5）时，显示该选手的号码 1~5（Y0~Y6 连接 7 段数码管的 a~g 段码线，），同时互锁其他选手的输入信号。在主持人按下复位按钮（X0）清除显示数码后，比赛继续进行。

第 7 章

FX 系列 PLC 模拟量处理

PLC 不仅要具有逻辑控制功能和处理数字开关量的能力，还要对生产环境中的模拟量（如温度、湿度、压力、流量等）进行控制。本章从模拟量处理的硬件连接出发，介绍常用的 FX$_{2N}$-4AD、FX$_{2N}$-4DA 模块的设置与编程方法，并结合 PID 指令，深入介绍提高模拟量处理效率的方法。

通过对本章的学习，使读者能够重点掌握模拟量处理模块的具体应用技术，并结合当前工业控制的 PID 闭环控制要求进行优化编程，提高面向实际工业系统设计的数据处理能力。

7.1 模拟量处理模块基本知识

在 PLC 产品系列中,具有模/数(A/D)转换或数/模(D/A)转换处理功能的特殊功能模块大致可以分为两类:一类是通用型,可输入通用仪表使用的标准电压、电流,如 FX_{2N}-2DA 或 FX_{2N}-2AD;另一类为指定传感器的专用功能模块,如 FX_{2N}-4AD-PT。

模拟量处理模块既有单独输入/输出的,也有混合输入/输出的。该模块一般都具有多路,且多路的数据可分别存储。从工作过程来说,输入/输出的数据依次按扫描周期自动更新,这些数据在程序中被使用。

【问题】

知识回顾:FX_{2N} 系列 PLC 的基本单元最多可连接几个特殊模块?每个特殊模块占用 PLC 基本单元多少个 I/O 点?

答:8 个特殊模块,8 个 I/O 点

7.1.1 基本性能指标

具有模拟量采集并将其转化为数字量的功能模块主要有以下几种,如表 7-1 所示。

表 7-1 FX_{2N} 系列 PLC 具有 A/D 转换功能的模拟量模块

【型号】 模拟量输入通道数	DC 24V 消耗 电流	模拟量输入参数及分辨率		
		输入参数范围	最小分辨率	输出(二进制数)
【FX0N-3A】 2 输入	90mA	电压:0~10V 0~5V 电流:4~20mA	40mV 20mV 64μA	8 位 8 位
【FX2N-5A】 4 输入	90mA	电压:−10~10V 电流:4~20mA −20~20mA	312.5μV 1.25μA	带符号 16/12 位 带符号 15 位
【FX2N-2AD】 2 输入	50mA	电压:0~10V 0~5V 电流:4~20mA	2.5mV 1.25mV 4μA	12 位 12 位
【FX2N-4AD】 4 输入	55mA	电压:−10~10V 电流:4~20mA −20~20mA	5mV 20μA	带符号 12 位 带符号 11 位
【FX2N-8AD】 8 输入	80mA	电压:−10~10V 电流:4~20mA −20~20mA	0.63mV 2μA 2.5μA	带符号 16 位 带符号 16 位
【FX2N-4AD-PT】 4 输入 PT100Ω	50mA	−100~600℃	0.2℃	带符号 12 位
【FX2N-4AD-TC】 4 输入热电偶	50mA	K 型:100~1200℃ J 型:100~600℃	0.4℃ 0.3℃	带符号 12 位

【资料】

FX 系列特殊功能模块用户手册

具有将二进制数的数字量转换为相应的电压或电流的模拟量功能的模拟量模块主要有以下几种，如表 7-2 所示。

表 7-2 FX$_{2N}$ 系列 PLC 具有 D/A 转换功能的模拟量模块

【型号】 模拟量输出通道数	DC 24V 消耗 电流	模拟量输出参数及分辨率		
		输入参数	最小分辨率	输出（二进制）
【FX0N-3A】 1 输出	90mA	电压：0～10V 0～5V 电流：4～20mA	40mV 20mV 64μA	8 位 8 位
【FX2N-5A】 1 输出	90mA	电压：-10～10V 电流：4～20mA 0～20mA	5mV 10μA	带符号 12 位 10 位
【FX2N-2DA】 2 输出	85mA	电压：0～10V 0～5V 电流：4～20mA	2.5mV 1.25mV 4μA	12 位 12 位
【FX2N-4DA】 4 输出	200mA	电压：-10～10V 电流：0～20mA	5mV 20μA	带符号 12 位 10 位

7.1.2 转换接口

实现对模拟量的控制首先要有合适的接口，包括 PLC 接收输入模拟量的 A/D 转换接口及 PLC 输出模拟量的 D/A 转换接口。

图 7-1(a)是 A/D 处理模块端口通用连接方式，模拟量输入接口用于连接输出为模拟量的各类传感器及控制装置。需要注意的是，当电压输入存在波动或大量干扰时，可以在 VIN 端口和 COM 端口之间连接一个电压为 25V、电容为 0.1～0.47μF 的滤波电容。

图 7-1(b)是 D/A 处理模块端口通用连接方式，模拟量输出接口用于连接需要模拟量的各类驱动装置，如变频器，或带有模拟量输入的伺服电动机驱动器等。需要注意的是，当电压输入存在波动或大量干扰时，可在变频器或驱动器等执行器的输入端连接一个电压为 25V、电容为 0.1～0.47μF 的滤波电容。

为了提高通用性，模拟量输入模块电路中设有衰减（偏置）或增益调整电路，通过硬件或编程设定，以便连接各类输出是标准电流、电压的传感变送器件。若模块硬件提供 OFFSET（偏置）和 GAIN（增益）电位器旋钮，则可以直接通过旋转电位器旋钮来统一调整所有通道的偏置和增益，转动时按照先调整增益后调节偏置的顺序进行。

模拟量输出模块则可利用接线方式来改变输出电量的电压或电流类型，或改变输出量程。

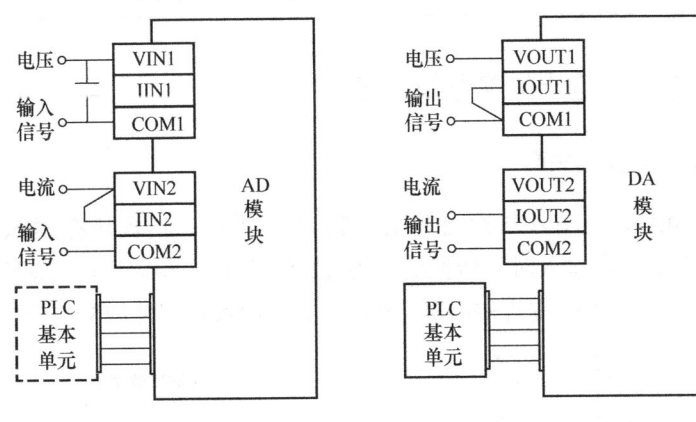

(a) A/D处理模块端口通用连接方式　　(b) D/A处理模块端口通用连接方式

图 7-1　模拟量处理模块端口通用连接方式

7.1.3　模块安装位置与地址编号

PLC 的 A/D 模块和 D/A 模块作为扩展模块的一种特殊类型，具有扩展模块的特点，即无电源、无 CPU。因此 PLC 特殊功能模块需要安装在基本单元的右边。从最靠近基本单元的那个功能模块开始向右依次编号，最多可以连接 8 个功能模块，对应编号为 0～7 号。同时使用的扩展单元不计算在编号之内。图 7-2 是 PLC 扩展系统地址编号示例，图中共有三个功能模块，从基本单元 FX_{2N}-48MR 开始，分别设置编号 K0～K2。

基本单元	功能模块	扩展单元	功能模块	扩展单元	功能模块
FX_{2N}-48MR	FX_{2N}-4AD	FX_{2N}-16EX	FX_{2N}-4DA	FX_{2N}-32ER	FX_{2N}-4AD-PT
编号	K0		K1		K2

图 7-2　PLC 扩展系统地址编号示例

由于基本单元、扩展单元提供的 DC 24V/5V 电源容量需要大于全部扩展元件消耗的电流，因此连接功能模块时需要注意查询表 7-1 和表 7-2 中的电流消耗数值。下面以常用的 DC 24V 供电为例进行说明。

16 点、32 点的基本单元可提供的电流为 250mA，48 点及 48 点以上的基本单元可提供的电流为 460mA。

7.2 FX$_{2N}$-4AD 模拟量输入模块及编程设置

7.2.1 输入与输出的关系及调整

1. 输入与输出关系

FX$_{2N}$-4AD 的输入与输出关系如图 7-3 所示。当模块在模拟电压为 -10~10V 范围内输入时，转换结果为 12 位带符号的数字量，最高位为符号位，数字量输出范围为-2048~2047。电压输入范围是-15~15V。

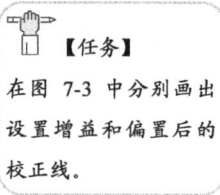

【任务】
在图 7-3 中分别画出设置增益和偏置后的校正线。

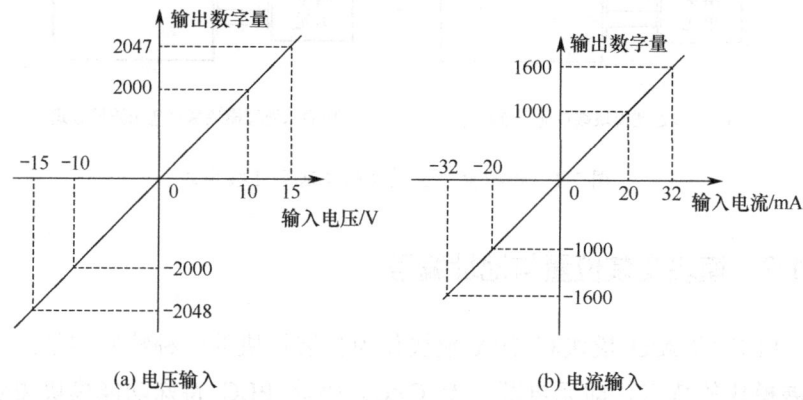

(a) 电压输入　　　　　　(b) 电流输入

图 7-3　FX$_{2N}$-4AD 的输入与输出关系

当模拟量输入为-20~20mA 模拟电流时，A/D 转换结果为 11 位带符号的数字量，最高位为符号位，数字量输出范围为-1024~1023。电流输入范围是-32~32 mA。

为了计算方便，一般将最大输入（DC 10V 或 20mA）对应的 A/D 转换输出分别设定为 2000/10V 与 1000/20mA。

2. 缓冲存储器（BFM）的参数与设定

基本单元与模拟量模块之间交换数据是通过缓冲存储器进行的，FX$_{2N}$-4AD 共有 32 个缓冲存储器，每个缓冲存储器均占 16 位，这些缓冲存储器的功能及参数如表 7-3 所示。

表 7-3　FX$_{2N}$-4AD 缓冲存储器的功能及参数

BFM 编号	功能	参数
*#0（E）	选择通道 1~4 的模拟量输入形式	4 位十六进制数，见后述内容
#1~#4	设置各通道平均值采样次数	默认：8，参数设置范围 1~4096
#5~#8	各通道输入数据的平均值输出	输出范围：-2048~2047
#9~#12	各通道输入数据的瞬时采样值输出	输出范围：-2048~2047

(续表)

BFM 编号	功能	参数
*#13~#14	保留	不能改变
*#15	设置转换速度	默认低速"0"为15ms；高速"1"为6ms
#16~#19	保留	不能改变
*#20（E）	模块初始化	b0默认"0"禁止调整；"1"恢复出厂设置
*#21（E）	增益与偏置调整禁止/使能	(b1,b0)默认"01"允许；"10"禁止
*#22（E）	增益与偏置调整通道选择	b7~b0 每两位"11"对应一个通道被选中
*#23	偏置值设定	默认：0；单位 mV、μA
*#24	增益值设定	默认：5000
#25~#28	保留	不能改变
#29	出错信息	见表 7-4
#30	模块识别码	K2010
#31	保留	不能改变

说明：带"*"的缓冲存储器可以使用 TO 指令从 PLC 写入数据，不带"*"的缓冲存储器的数据可以使用 FROM 指令读入 PLC。

带"E"的缓冲存储器 BFM#20（E）、BFM#21（E）的值保存在 E^2PROM（电可擦编程只读存储器）中。当使用 BFM#22（E）时，BFM#23、BFM#24 的值复制到 E^2PROM 中。同样，BFM#20（E）会使 E^2PROM 复位。E^2PROM 的使用寿命大约是 10000 次改写，因此不要使用程序频繁地修改这些缓冲存储器中的内容。

因为写入 E^2PROM 需要时间，所以指令之间需要 300ms 左右的延迟。因此在第二次写入 E^2PROM 前，需要使用定时器。

在从特殊模块中读出数据前，应确保带"*"的缓冲存储器已经写入正确的设置，否则，将使用以前设置的默认值。

（1）输入模式选择（BFM*#0（E））

对于 4 位十六进制数 H△△△△的控制。从低位到高位，每位字符均控制一个通道，即最低位控制 CH1，最高位控制 CH4。

每位字符的设置方式和模式字的意义如下。

△=0：电压输入型，-10~+10V。

△=1：电流输入型，4~20mA。

△=2：电流输入型，-20~+20mA。

△=3：通道关闭。

例如：通道 0 连接的传感器为电压输入型，其电压范围为-10～+10V；通道 1 连接的传感器为电流输入型，其电流范围为 4～20mA；CH3、CH4 关闭，则其模式字为 BFM#0=H3310。

（2）A/D 转换速度的改变（BFM*#15）

在 FX_{2N}-4AD 的 BFM*#15 中写入 0 或 1，就可以改变 A/D 转换的速度。注意：为保持高速转换率，尽可能少地使用 FROM/TO 指令。这是因为当改变了转换速度后 BFM*#1～BFM*#4 将立即复位到默认值，这一操作不考虑它们原有的数据，会造成数据丢失。

（3）调整增益和偏置值（BFM*#20（E），EFM*#21（E），EFM*#22（E），EFM*#23（E），BFM*#24）

为了适应具有特殊量程的传感器，使特殊模块在获取模拟量之后可以进行恰当的 A/D 转换，必须通过改变增益和偏置来优化输入与输出关系曲线。

① 将 BFM*#20（E）设为 1，即将其激活，特殊模块内的所有设置都将初始化（复位成默认值，即出厂设定值），这是快速删除不需要的增益和偏置调整值的方法。

② 若将 BFM*#21（E）的(b1,b0)设为(1,0)，则禁止增益和偏置的调整，这样可以防止误改动；若需要改变增益和偏移，则将 EFM*#21（E）的(b1,b0)必须设为(0,1)，其默认值是(0,1)。

③ BFM*#22（E）的低 8 位增益和偏置用于指定待调整的输入通道，BFM*#23 和 BFM*#24 用于暂存增益和偏置。

例如：将 BFM*#22（E）的 b1 位和 b0 位均设为 1（指定 CH1），当用 TO 指令写入 BFM*#22（E）后，BFM*#23 和 BFM#24 内的增益和偏移就被传送到指定通道 1 的增益与偏置 E^2PROM 中。对于具有相同增益和偏置的通道，可以单独或一起调整。

④ BFM*#23 或 EFM*#24 中的增益和偏置的单位是 mV 或 μA，实际的响应以 5mV 或 20μA 为最小刻度。

调整增益与偏置时应注意以下问题。

① BFM*#21（E）的位(b1,b0)应设置为(0,1)，以允许调整增益与偏置。一旦调整完毕，就将位(b1,b0)设置为(1,0)，以防止增益与偏置发生变化。

② 对于通道输入模式选择（BFM*#0（E）），应该将其设置到增益和偏置都最接近的模式和范围内。

（4）错误状态信息（BFM#29）

BFM#29 的错误状态信息如表 7-4 所示。

表 7-4 BFM#29 的错误状态信息

BFM#29 的位	b=1
b0: 转换错误	当 b1~b3 中任何一位为 ON 时 若 b1~b3 中任何一位为 ON，则所有通道的 A/D 转换停止
b1: 偏置/增益数据错误	E^2PROM 中偏置与增益数据不正常
b2: 电源故障	DC 24V 电源故障
b3: 硬件故障	其他硬件故障
b4~b9	保留
b10: 数字范围错误	数字输出值大于或等于 2047，小于或等于 -2048
b11: 平均采样数错误	平均采样数大于或等于 4096，小于或等于 0
b12: 偏置/增益调整禁止	禁止：当 BFM*#21（E）的(b1,b0)设置为(1,0)时
b13~b15	保留

（5）识别码（BFM#30）

PLC 中的用户程序可以使用 FROM 指令读出特殊模块的识别码（ID 号），以便在传送/接收数据前确认此特殊模块。FX_{2N}-4AD 单元的识别码是 K2010。

7.2.2 编程实例

下述程序中，FX_{2N}-4AD 特殊模块的单元编号为 No.0。

【例 7-1】FX_{2N}-4AD 通道输入模式和参数设置程序如图 7-4 所示。通道 CH1 和 CH2 用作电压输入，平均采样数设为 4，并且 PLC 的数据寄存器 D0 和 D1 均可以接收输入数据的平均值。

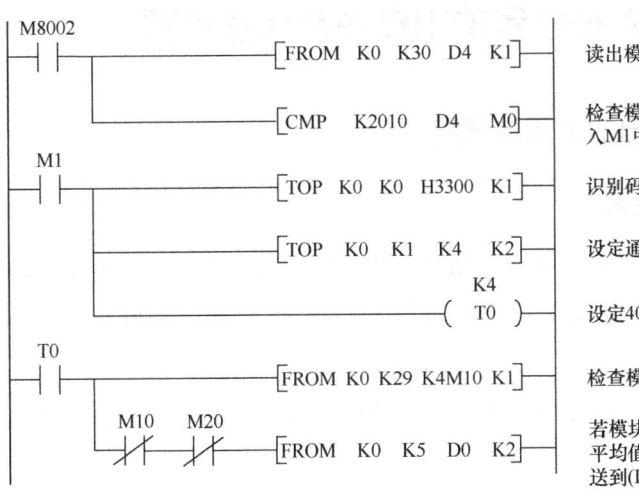

图 7-4 FX_{2N}-4AD 编程示例

【任务】
采用比较指令，对 K4M10 中存放的模块工作状态进行数据比较，判断程序是否有错误。

【例 7-2】当 X010 为"1"时,通过软件设置调整偏置与增益。输入通道 CH1:−5~5V 的模拟电压输入,±5V 对应的转换值是±2000,当输入 0V 时,对应转换值为 0。将偏置和增益分别调整为 0V 和 2.5V,2.5V 对应的转换值是 1000,增益设定值为 2500。

FX_{2N}-4AD 增益和偏置调整示例,如图 7-5 所示。

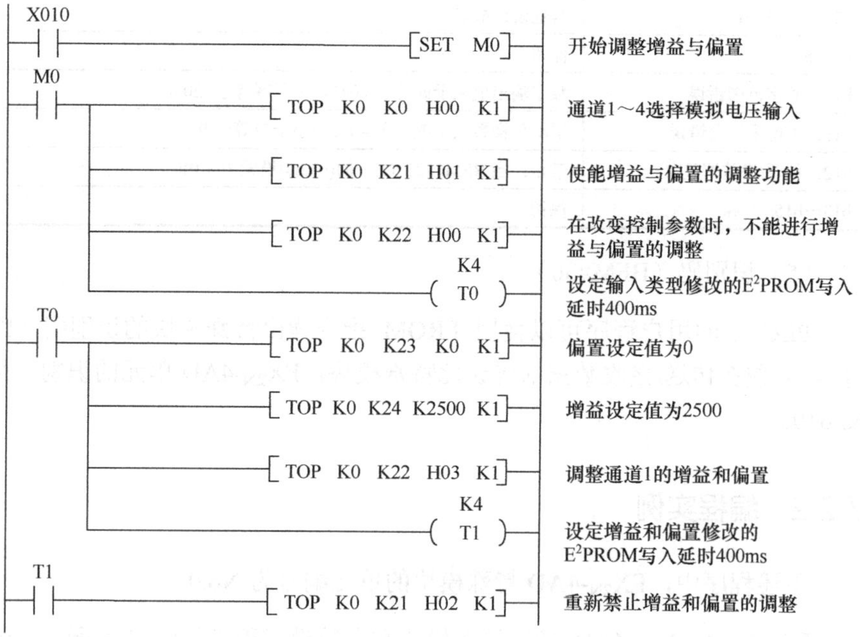

```
X010
─┤├──────────────────────────────[SET  M0]    开始调整增益与偏置
  M0
─┤├──────────────────[TOP  K0  K0   H00  K1]   通道1~4选择模拟电压输入
  │
  ├──────────────────[TOP  K0  K21  H01  K1]   使能增益与偏置的调整功能
  │
  ├──────────────────[TOP  K0  K22  H00  K1]   在改变控制参数时,不能进行增
  │                                              益与偏置的调整
  │                          K4
  └──────────────────────(  T0  )              设定输入类型修改的$E^2$PROM写入
                                                 延时400ms
  T0
─┤├──────────────────[TOP  K0  K23  K0    K1]  偏置设定值为0
  │
  ├──────────────────[TOP  K0  K24  K2500 K1]  增益设定值为2500
  │
  ├──────────────────[TOP  K0  K22  H03   K1]  调整通道1的增益和偏置
  │                          K4
  └──────────────────────(  T1  )              设定增益和偏置修改的
                                                 $E^2$PROM写入延时400ms
  T1
─┤├──────────────────[TOP  K0  K21  H02  K1]   重新禁止增益和偏置的调整
```

图 7-5 FX_{2N}-4AD 增益与偏置调整示例

7.3 FX_{2N}-4DA 模拟量输出模块及编程设置

7.3.1 输入与输出的关系与调整

1. 输入与输出关系

FX_{2N}-4AD 输入与输出关系如图 7-6 所示。当模拟量电压输出时,需 12 位带符号的数字量输入,其最高位为符号位,数字量输入范围为 −2048~2047。

当模拟量电流输出时,需 10 位无符号的数字量,数字量输出范围为 0~1024。

为了计算方便,一般将 DC 10V/20mA 最大输出对应的数字量输入设定为 2000/10V 与 1000/20mA。

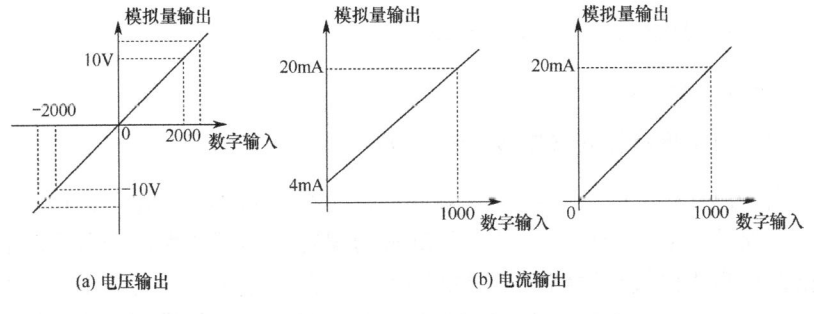

图 7-6 FX$_{2N}$-4DA 输入与输出关系

2. 缓冲存储器（BFM）参数与设定

FX$_{2N}$-4DA 共有 32 个缓冲存储器，每个缓冲存储器均占 16 位，这些缓冲存储器的功能及参数如表 7-5 所示。

表 7-5 FX$_{2N}$-4DA 缓冲存储器的功能及参数

BFM 编号	功能	参数
*#0（E）	选择通道 1~4 的模拟量输出形式	4 位十六进制数，见后述内容
#1~#4	设置各通道 D/A 转换数字量	参数设置范围-2048~2047
*#5（E）	转换输出保持功能	默认 H0000："0" 保持；"1" 清除
#6~#7	保留	不能改变
*#8（E）	通道 1/2 偏置与增益调整允许控制	b0 默认为 "0" 禁止调整，为 "1" 可调整
*#9（E）	通道 3/4 偏置与增益调整允许控制	b0 默认为 "0" 禁止调整，为 "1" 可调整
#10#12*#14*#16	分别是通道 1~4 的偏置设定	默认为 0，详见后述内容
#11#13*#15*#17	分别是通道 1~4 的增益设定	默认为+5000，详见后述内容
#18~#19	保留	不能改变
*#20（E）	模块初始化	b0 默认为 "0" 禁止调整，为 "1" 恢复出厂设置
*#21（E）	增益与偏置调整禁止/使能	(b1,b0)默认 "01" 允许；"10" 禁止
#22~#28	保留	不能改变
#29	出错信息	见后述内容
#30	模块识别码	K3020
#31	保留	不能改变

说明：带 "*" 缓冲存储器可以使用 TO 指令从 PLC 写入数据，不带 "*" 的缓冲存储器的数据可以使用 FROM 指令读入 PLC 中。带 E 的缓冲存储器的使用方式与 FX$_{2N}$-4AD 缓冲存储器的使用方式相同。

（1）输出模式选择（BFM*#0（E））

输出模式由缓冲存储器 BFM*#0（E）中的 4 位十六进制数 H△△△△ 控制。从低位到高位，每位字符均控制一个通道，即最低位控制 CH1，最高位控制 CH4。

每位字符的设置方式与模式字的意义如下。

△=0：电压输出型，-10~+10V。

△=1：电流输出型，+4~+20mA。

△=2：电流输出型，-20～+20mA。

△=3：通道关闭。

（2）数据保持模式（BFM*#5（E））

当 PLC 处于停止（STOP）状态时，运行（RUN）状态下的最后输出值将被保持。若要复位这些值并使其成为偏置，则可使用数据保持功能。数据保持模式由缓冲存储器 BFM#5（E）中的 4 位十六进制数 H△△△△ 控制。最低位控制 CH1，最高位控制 CH4。每位字符的设置方式和控制字的意义如下。

△=0：保持输出。

△=1：复位到偏置。

例如：H0011 表示 CH1、CH2 复位到偏置，CH3、CH4 保持输出。

（3）调整增益和偏置（BFM*#8（E）～BFM*#17（E））

偏置和增益的设定由 BFM*#8（E）和 BEM*#9（E）中的 4 位十六进制数 H△△△△表示，若△=0，则不做改变；若△=1，则改变偏置或增益。

偏置和增益命令字与 BFM*#8（E）和 BEM*#9（E）的对应控制关系如表 7-6 所示。

表 7-6 偏置和增益命令字与 BFM*#8（E）和 BEM*#9（E）的对应控制关系

BFM 编号	4 位十六进制数（H△4△3△2△1）			
	△4	△3	△2	△1
BFM*#8（E）	G2	O2	G1	O1
BEM*#9（E）	G4	O4	G3	O3

其中，G 表示字节高 4 位的增益，O 表示字节低 4 位的偏置，在 BFM*#8（E）或 BFM*#9（E）对应的十六进制数据位中写入 1，将 BFM*#10～BFM*#17 中的数据写入 E^2PROM 中，以改变相应通道的偏置和增益。

若将新数据写入 BFM*#10～BFM*#17 中，则可以改变偏置和增益。写入数据的单位可以是 mV 或 A，在数据写入后，对 BFM*#8（E）和 BFM*#9（E）做相应的设置。需要注意的是，因为数据可能被四舍五入，所以数据选择以 5mV 或 20μA 为单位的最近值。

（4）错误状态信息（BFM#29）

BFM#29 错误状态信息中除了 b1 位是系统保留无意义，其余位的错误状态信息与表 7-4 所示的错误状态信息一致。

（5）识别码（BFM#30）

FX_{2N}-4AD 单元的识别码是 K3020。

7.3.2 编程实例

下述程序中 FX$_{2N}$-4DA 特殊模块的单元编号为 No.1。

【例 7-3】FX$_{2N}$-4AD 通道输入模式和参数设置程序如图 7-7 所示，通道 CH1 和通道 CH2 用作电压输出，CH3 用作电流（4～20mA）输出，CH4 用作电流（0～20mA）输出，当 PLC 主单元处于 STOP 状态时，输出保持，并使用状态信息。

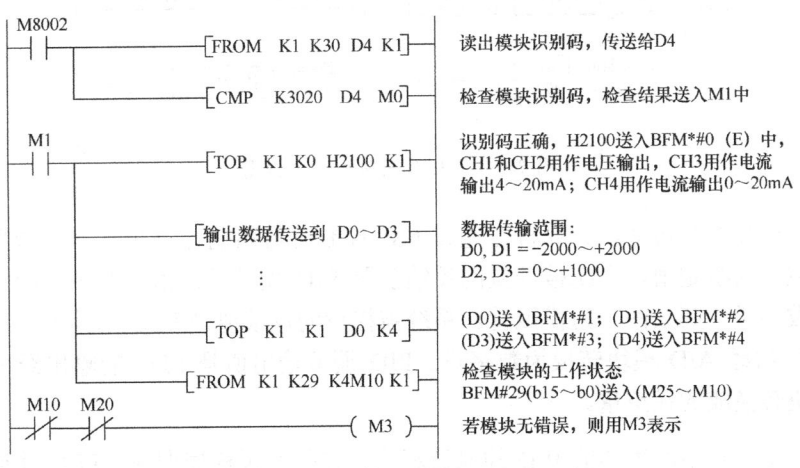

图 7-7　FX$_{2N}$-4DA 编程示例

【例 7-4】当 X010 为"1"时，通过软件设置调整偏置和增益。输入通道只有 CH2，将偏置和增益分别调整为 7mA 和 20mA。FX$_{2N}$-4AD 增益与偏置的调整示例，如图 7-8 所示。

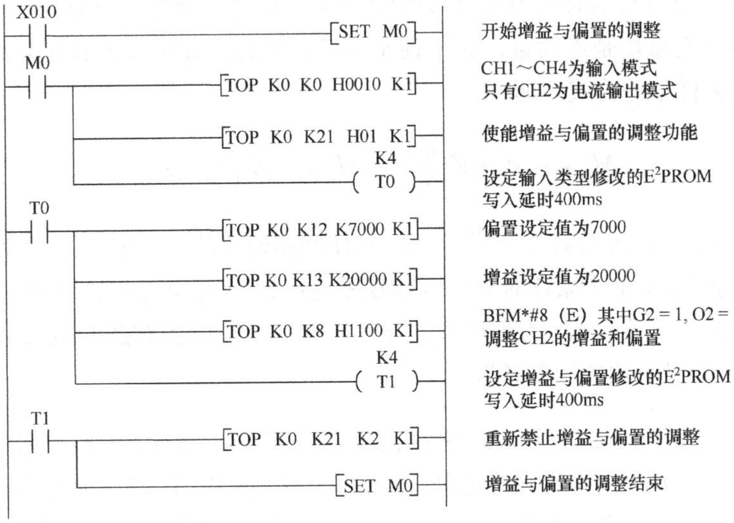

图 7-8　FX$_{2N}$-4AD 增益与偏置的调整示例

7.4 模拟量的闭环调节及 PID 指令应用

PLC 在配置了模拟量输入/输出模块的基础上，可以通过 PID 指令实现模拟量的闭环 PID 调节功能。图 7-9 为模拟量闭环控制方框图，图中虚线框内为 PLC 实现的功能。

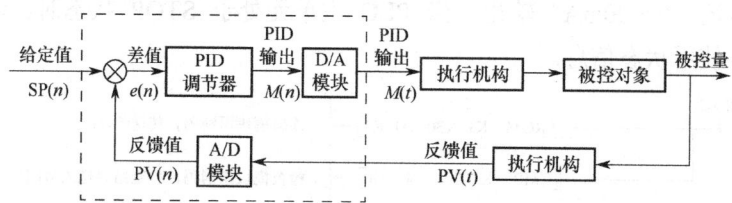

图 7-9 模拟量闭环控制方框图

由图 7-9 可知，计算机在完成 PID 控制时与系统有 3 个接口，即系统被控量的给定值、系统被控量的反馈值及 PID 调节输出值。其中，给定量是数字量，其余两个为模拟量。系统被控量的反馈值是 PLC 的输入，进入 PLC 后经 A/D 模块转换为数字量。PID 调节输出值是 PLC 的输出经 D/A 模块转换成的模拟量。

图 7-9 中所表述的 PID 控制过程为：在每个采样周期内，PLC 计算被控量的给定值与反馈值的差，在对该差值进行 PID 处理后，将 PID 输出值作为执行机构及被控对象的驱动调节信号，使被控量不断接近给定值。

7.4.1 PID 调节的数学依据

PID 调节输出时间函数 $M(t)$ 包括比例、积分、微分三个部分，由于函数中各个变量均是连续量，为了便于计算机处理，连续量公式必须离散化为周期采样偏差公式，即

$$M_n = K_C e_n + K_I \sum_{i=1}^{n} e_i + M_{\text{initial}} + K_D (e_n - e_{n-1}) \tag{7-1}$$

式中，M_n 为在第 n 个采样时刻 PID 回路输出的计算值；K_C 为回路增益；e_n 为在第 n 个采样时刻的回路误差值；e_{n-1} 为在第 $(n-1)$ 采样时刻的误差值（偏差常项）；K_I 为积分项的比例常数；M_{initial} 为 PID 回路输出的初值；K_D 为微分项的比例常数。

由式 7-1 可知，积分项包括从第一个采样周期到当前采样周期所有的误差项；微分项由本次采样值和前一次采样值决定；比列项仅为当前采样的函数。由于从第一次采样开始，每获得一个误差值，计算机都要计算出一次输出值，所以只需要将上一次的误差值及上一次的积分项存储，利用计

算机处理的迭代运算,并将式(7-1)代入 $e_n = SP_n - PV_n$, $K_I = K_C(T_S/T_I)$, $K_D = K_C(T_D/T_S)$ 这三个公式中,假定给定值不变,可得

$$M_n = K_C(SP_n - PV_n) + K_C(T_S/T_I)(SP_n - PV_n) + MX + K_C(T_D/T_S)(PV_{n-1} - PV_n) \tag{7-2}$$

式中,K_C 为回路增益;T_S 为采样时间间隔;T_I 为积分时间常数;T_D 为微分时间常数;SP_n 为第 n 个采样时刻的给定值;PV_n 为第 n 个采样时刻的过程变量值;PV_{n-1} 为第$(n-1)$采样时刻的过程变量值;MX 为积分项前值。

7.4.2 PID 指令及应用要点

PID 指令(FNC 88)具有偏差计算、PID 处理、输出限制、报警输出及自动调节等功能,其编程格式如图 7-10 所示。PID 指令允许使用的操作数格式与作用如下:

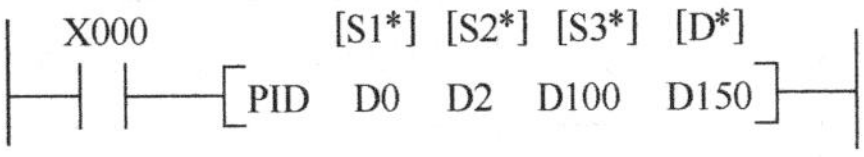

[S1*]:数据寄存器 D,指定给定输入的存储器地址。

[S2*]:数据寄存器 D,指定反馈输入的存储器地址。

[S3*]:数据寄存器 D,PID 调节与控制参数,FX$_{2N}$ 系列 PLC 需要连续 25 个字符。

[D*]:数据寄存器 D,PID 运算结果的存储器地址。

图 7-10 PID 指令编程格式

PID 指令可以自动计算出设定值和反馈值之间的偏差,并对该偏差进行反馈控制,具体的反馈控制在实际使用中可使用 PI 两项或是 PID 三项。其中,比例项 P 与误差在时间上是一致的,它能消除偏差;积分项 I 的大小与偏差的历史情况有关,可通过该项消除稳态偏差,提高控制精度;而微分项 D 可以改善系统的动态响应速度,具有缓和输出值过度震荡的作用。

图 7-11 是 PID 控制指令的数据流向示意图,在使用 PID 指令时,对 A/D 转换模块初始化,读入反馈输入 PV 值,对基本单元中的 PID 指令进行初始化设置 SV 和 SO 等参数,PID 指令运算,并通过 D/A 转换模块输出控制值。

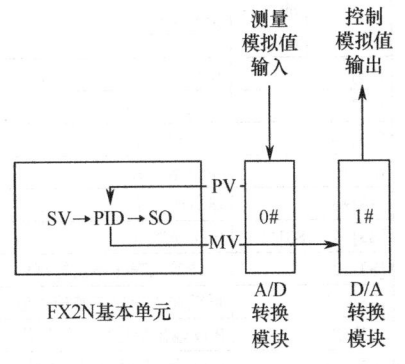

图 7-11 PID 控制指令的数据流向示意图

1. PID 指令的初始设置

对 PID 指令初始设置主要使用数据寄存器 D,分为以下几个步骤进行。

(1)控制目标值设定为[S1]。

(2)将传感器测量结果存入反馈输入地址[S2]中。

(3)决定是否使用反馈输入滤波器[S3+2]。

（4）设置比例增益 K_P [S3+3]、积分时间 T_I [S3+4]、微分增益项 K_D [S3+5]和微分时间项 T_D [S3+5]。

（5）PID 输出变化率监控阈值[S3+22]、[S3+23]。

（6）PID 采样周期 T_S 设置为[S3]。

（7）PID 自动协调设置为[S3+1]。

对参数[S3]其他内容的设置，详见表 7-7 的说明。

表 7-7 PID 调节与控制参数设定表

参数地址		名称	设定范围	作用	备注
[S3]		采样周期	1~32767ms	PID 调节的采样周期	设定时间应大于循环时间
[S3]+1	bit0	PID 调节器选择	0/1	0：正动作 1：逆动作	见后述内容
[S3]+1	bit1	反馈输入变化率监控功能设定	0/1	0：反馈变化率监控功能无效 1：反馈变化率监控功能有效	变化率监控阈值由[S3]+20 和[S3]+21 设定
	bit2	PID 调节器输出变化率监控功能设定	0/1	0：输出变化率监控功能无效 1：输出变化率监控功能有效 （不能同时选择上/下极限监控）	不能同时设定 bit5=1 变化，监控阈值由[S3]+22 和[S3]+23 设定
	bit3	不能使用	—		
	bit4	自动调谐功能设定	0/1	0：自动调谐功能无效 1：自动调谐功能有效	自动调谐完成后为"0"
	bit5	PID 输出限制功能设定	0/1	0：PID 输出限制功能无效 1：PID 输出限制功能有效 （不能同时选择变化率监控）	不能同时设定 bit2=1，PID 输出限制值由[S3]+22 和[S3]+23 设定
	bit6	自动调谐方式选择	0/1	0：阶跃法 1：极限循环法	FX1S/1N/2N 不能设定本参数，自动调节默认为阶跃法
	bit7～bit15	不能使用	—		
[S3]+2		反馈输入滤波器常数 L	0~99%	0：滤波器无效	
[S3]+3		比例增益 K_P	1~32767		
[S3]+4		积分时间 T_I	0~32767	0：积分调节无效	单位为 100ms
[S3]+5		微分增益 K_D	0~100%	0：微分调节无效	
[S3]+6		微分时间 T_D	0~32767	0：微分调节无效	单位为 10ms
[S3]+7～[S3]+19		PID 处理用	—	—	—
[S3]+20		反馈输入变化率监控阈值	0~32767	正向变化率阈值	当（[S3]+1）bit1=1 时的反馈输入变化率监控值
[S3]+21		反馈输入变化率监控阈值	0~32767	反向变化率阈值	
[S3]+22		PID 输出变化率监控阈值	0~32767	正向变化率阈值	当（[S3]+1）bit2=1 时的 PID 输出变化率监控值
[S3]+23		PID 输出变化率监控阈值	0~32767	反向变化率阈值	
[S3]+22		PID 调节输出上限值	0~32767	PID 调节输出的最大值	当（[S3]+1）bit5=1 时的 PID 输出限制值
[S3]+23		PID 调节输出下限值	0~32767	PID 调节输出的最小值	
[S3]+24	bit0	反馈输入变化率超差报警	—	1：反馈输入正向变化率超差	报警输出，正常为"0"
	bit1	反馈输入变化率超差报警	—	1：反馈输入正向变化率超差	报警输出，正常为"0"
	bit2	PID 输出变化率超差报警	—	1：PID 输出正向变化率超差	报警输出，正常为"0"
	bit3	PID 输出变化率超差报警	—	1：PID 输出正向变化率超差	报警输出，正常为"0"

注：①表中的 PID 调节器输出变化率监控与 PID 输出限制值相同，两种功能不能同时选择。②参数[S3]在 FX$_{2N}$ 系列 PLC 上不能使用。

2. 选择采样周期 T_S

采样周期 T_S 是 PLC 进行 PID 运算时的时间间隔,为了能及时地对传感器输出的模拟量变化进行反应,采样周期越短越好,但太短的时间间隔又会导致 PLC 负担过重。若模拟量的变化在一定时间间隔(T)内保持稳定,则当 $T_S<T$ 时,将会导致 PID 调节过度。故可根据如表 7-8 所示的经验数据进行参数设置。

表 7-8 采样周期的经验数据

被控制量	流量 m³/s	压力/MPa	温度/℃	液位	成分/%
采样周期/s	1～5	3～10	15～20	6～8	15～20

FX_{2N} 系列 PLC 中自动调谐方式固定采用阶跃法,阶跃法的具体做法为:断开系统反馈,将 PID 调节器设定为 $K_P=1$ 的比例调节器,在系统输入端加上一个阶跃信号,测量并画出被控对象的开环阶跃响应曲线。绝大多数被控对象的响应曲线如图 7-12 所示。

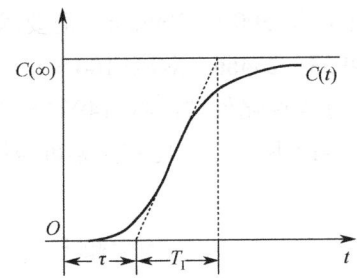

图 7-12 绝大多数被控对象的阶跃响应曲线

根据图 7-12 可以求出的被控对象的纯滞后时间 τ 和上升时间常数 T_1,通过表 7-9 可以得到比例增益 K_P、积分时间 T_I、微分时间项 T_D 的参考值。

表 7-9 阶跃法 PID 参数经验公式

控制方式	K_P	T_I	T_D
PI	$0.84T_{1/\tau}$	3.4τ	—
PID	$1.15T_{1/\tau}$	2.0τ	0.45τ

3. PID 控制的安全性设置

为了防止由于 PID 参数设置不当引起的系统输出剧烈变化,保障控制系统的安全指令设定了反馈输入变化率、PID 输出变化率及 PID 输出上/下限等限幅阈值,并设定了专用的报警位。具体设置包含两部分,一部分相关功能的选择,通过[S3]+1 的有关位对其设置,PID 输出变化率监控阈值则需存储在[S3]+20～[S3]+23 的存储单元中。另一部分报警输出可由[S3]+24 有关位读出。

4. 参数设定过程中的工程量换算

PID 指令涉及许多工程量与数字量之间的换算问题。换算过程中涉及的问题包括工程量反馈传感器量程与 A/D 转换数字量范围，PID 调节数字量的变化范围，PID 输出模拟量及对应被控工程量的量值等。这些量的换算一般是简单地遵从线性关系进行的。下面以实例计算说明换算过程。

例如，锅炉水位 L 由压差变送器检测，变送器输出信号为 4～20mA，模拟量输入模块将 20mA 的输入信号转换为 0～32000 的数字量，4～20mA 对应的 A/D 转换值为 6400～32000，如图 7-13 所示。由比例关系可得水位 L 与转换数值 X 间的关系为

$$\frac{L-(-300)}{X-6400}=\frac{300-(-300)}{32000-6400}$$

又如，水位测量范围为-300～+300mm，但要求将水位控制在-100～+100mm，所以截取 14933～23466（对应-100～+100mm）作为 PID 自动调节的范围，并对其进行线性化处理，将 14933～23466 范围内数值扩大至 6400～32000，如图 7-14 所示。由比例关系可得检测值 X 与 A/D 转换值 Y 间的关系式如下。

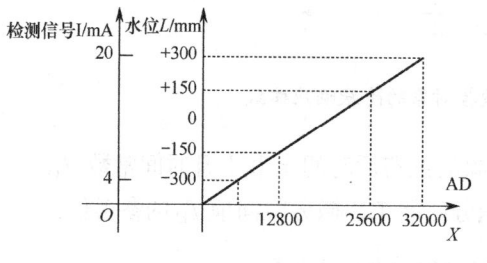

图 7-13 水位 A/D 转换

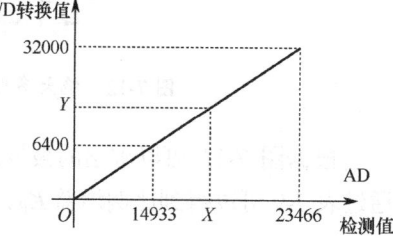

图 7-14 PID 调节范围 A/D 转换

7.4.3 PID 指令应用举例

已知有一种鼓风机进气加热装置，进来的空气不断被加热器加热，为了保证温度恒定在 50℃，采用 K 型热电偶传感器连接 4AD-TC 模块的 2 号通道进行温度采集，通过 PID 控制改变加热器的加热时间从而实现对温度的闭环控制。鼓风机主要的 PID 调控参数设置如表 7-10 所示。鼓风机 PLC 的输入点、输出点分配如表 7-11 所示。

表 7-10 鼓风机主要的 PID 调控参数设置

功能	设置位		自动调谐中的设定值	PID 控制中的设定值
标值	[S1·]		500（+50℃）	500（+50℃）
调控参数	采样时间[S3·]		3000ms	500ms
	输入滤波[S3·]+2		70%	70%
	微分增益[S3·]+5		0	0
	输出值上限[S3·]+22		2000（2s）	2000（2s）
	输出值下限[S3·]+23		0	0
	动作方向（ACT）	输入变化量报警[S3·]+1 的 bit1	0（无）	0（无）
		输出变化量报警[S3·]+1 的 bit2	0（无）	0（无）
		输出值上下限设定[S3·]+1 的 bit5	1（有）	1（有）
输出值	[D·]		1800	根据运算

表 7-11 鼓风机 PLC 的输入点、输出点分配

输入	X010	自动调谐启动输入	X011	PID 无自动调谐调节
输出	Y000	故障显示灯	Y001	加热器
数据寄存器	D500	目标温度值设定	D501	温度反馈输入
	D502	PID 调节输出	D510	PID 控制参数起始寄存器

根据上述设置，编写如图 7-15 所示的采样与设置程序段和如图 7-16 所示的 PID 调谐与控制程序段。

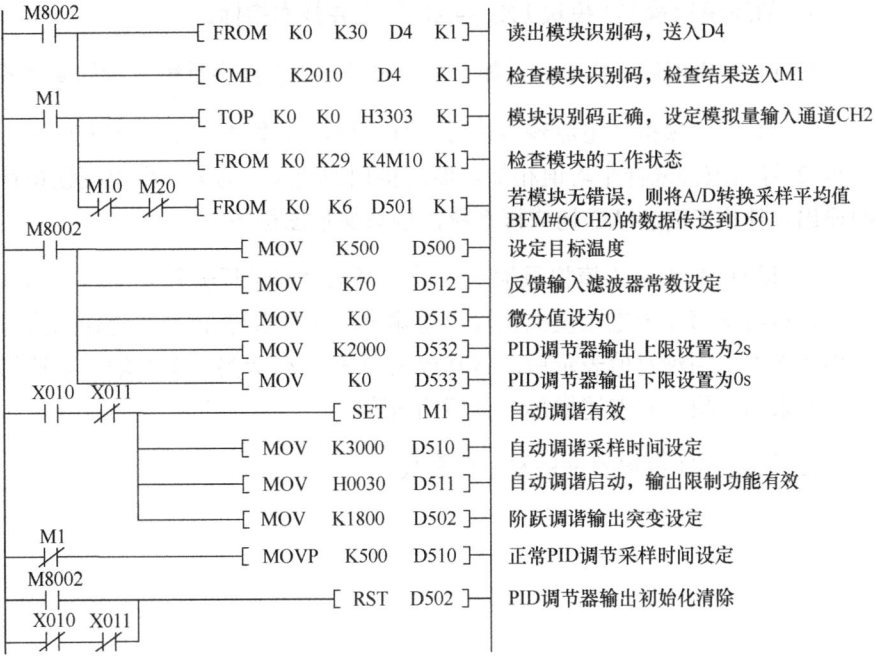

图 7-15 采样与设置程序段

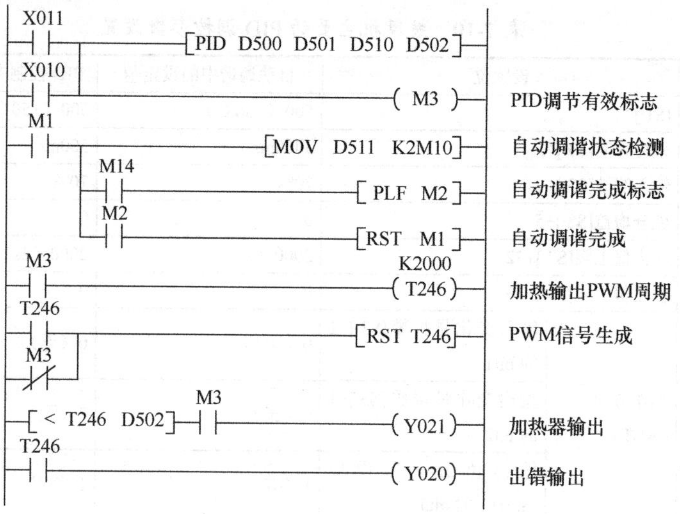

```
         X011
        ─┤ ├──┬───────────[PID D500 D501 D510 D502]
         X010 │
        ─┤ ├──┘
          M1
        ─┤ ├──────────────────────( M3 )         PID调节有效标志
                        ───────[MOV D511 K2M10]  自动调谐状态检测
          M14
        ─┤ ├──┬─────────────────[PLF M2]         自动调谐完成标志
          M2  │
        ─┤ ├──┘
          M3                          K2000
        ─┤ ├──────────────────────[RST M1]       自动调谐完成
          T246                        K2000
        ─┤ ├──────────────────────( T246 )       加热输出PWM周期
                                ──[RST T246]     PWM信号生成
          M3           M3
        ─┤/├─[< T246 D502]┤ ├──────( Y021 )      加热器输出
          T246
        ─┤ ├──────────────────────( Y020 )       出错输出
```

图 7-16 PID 调谐与控制程序段

习题 7

1．说明 PLC 模拟量模块的功能、用途及工作原理。

2．什么是 BFM？BFM 在特殊功能模块中有什么作用？如何对 BFM 进行读/写？

3．简述模拟量 I/O 模块 FX_{2N}-4AD 的主要技术指标。

4．PLC 模拟量工作单元是如何适应多种传感器及多种输入量程要求的？

5．对 2 点模拟量电流输入信号进行采样，并将 1 号通道的采样平均值与 2 号通道的采样平均值相加，然后将相加结果作为另一个电流模拟量的输出。使用 FX_{2N}-4AD 构成该系统，编写梯形图程序。

6．现有 4 点电压模拟量输入信号，要求对其进行输入采样，并加以平均，再将该值作为电压模拟量输出值输出；同时求得 1 号通道输入值与平均值之差，用绝对值表示后，将其放大 2 倍，作为另一个量输出。选用符合要求的模块，并叙述梯形图程序的内容。

7．描述 PID 设置的过程及主要参数。

第 8 章

FX 系列 PLC 通信技术

随着生产的发展和控制系统规模的不断扩大，当现场设备和系统在较大范围内分布时，仅依靠单台计算机来完成所有任务是可能的，这就要求 PLC 与 PLC 之间、计算机与各种现场设备之间可以进行信息交换，从而实现分布式控制。

通过本章的学习，使读者熟悉 FX 系列 PLC 的通信模式，重点掌握 PLC 之间的并行连接、N:N 模式及 PLC 与计算机间的无协议通信方式，并对现代主流的三菱系列 PLC 的 CC-Link 现场总线通信技术有一定的了解。

8.1 FX 系列 PLC 通信基础

当任意两台设备之间有信息交换时，它们之间就发生了通信。PLC 通信的任务是将地理位置不同的计算机、各种现场设备等，通过通信介质连接起来，按照规定的通信协议，以某种特定的通信方式高效地完成数据的传送、交换和处理。

8.1.1 通信接口与传输介质

1. 通信接口

FX 系列 PLC 与其他设备之间的通信主要采用串行异步传输方式，其常用的串行通信接口有 RS-232C、RS-422 和 RS-485。

2. 传输介质

传输介质决定了网络的传输速率、网络段的最大长度及传输的可靠性。目前，常用的传输介质主要有双绞线、同轴电缆和光缆。

（1）双绞线。双绞线是将两根绝缘导线扭绞在一起，这一对线可以作为一条通信线路，这样可以减小电磁干扰，若再加上屏蔽套，则抗干扰效果更好。双绞线的成本低，安装简单，串行通信接口多采用双绞线实现通信连接。

（2）同轴电缆。同轴电缆由中心导体、电介质绝缘层、外屏蔽导体及外绝缘层组成。同轴电缆的传输速率快，传送距离远，但其成本比双绞线的成本高。

（3）光缆。光缆是一种传导光波的光纤介质，由纤芯、包层和护套三部分组成。纤芯是最内层部分，由一根或多根非常细的玻璃或塑料制成的绞合纤维组成，每根纤维都由各自的包层包着，包层可以是玻璃层或塑料涂层，具有与光纤不同的光学特性，最外层则是起保护作用的护套。光缆传送的是经编码后的光信号。光缆的尺寸小，重量轻，其传输速率比同轴电缆的传输速率快，传送距离比同轴电缆的传输距离远，但是成本高，需要专门设备对其进行安装。

以上传输介质的性能比较如表 8-1 所示。

【问题 8.1】
串行异步传输分为那几种传输方式？
答：
（1）单工方式。
（2）半双工方式。
（3）全双工方式。

表 8-1 传输介质的性能比较

性能	双绞线	同轴电缆	光缆
传输速率	1～4Mbit/s	1～450Mbit/s	10～500Mbit/s
连接方法	点对点，多点 1.5km 内不使用中继器	点对点，多点 1.5km 内不使用中继器（基带） 10km 内不使用中继器（宽带）	点对点 50km 内不使用中继器
传送信号	数字信号、调制信号、模拟信号（基带）	数字信号、调制信号（基带）、数字、声音、图像（宽带）	调制信号（基带） 数字、声音、图像（宽带）
支持网络	星型、环型	总线型、环型	总线型、环型
抗干扰	好	很好	极好

8.1.2 串行通信接口标准

1. RS-232C

RS-232C 是美国电子工业协会（EIA）公布的标准，C 为修改次数，具有该标准的接口特点为单端发送，单端接收，传输距离短（最大传输距离为 15m），数据传输速率低（最高传输速率是 20kbit/s），抗干扰能力较弱，只能一对一的通信。表 8-2 是 RS-232C 信号引脚一览表。

表 8-2 RS-232C 信号引脚一览表

引脚	信号名称	信号作用	信号功能
1	CD 或 DCD（Data Carrier Detect）	载波检测	当接收到 Modem 载波信号时，为 ON
2	RD 或 RXD（Received Data）	数据接收	接收来自 RS-232C 设备的数据
3	SD 或 TXD（Transmitted Data）	数据发送	发送传输数据到 RS-232C 设备
4	ER 或 DTR（Data Terminal Ready）	终端准备好	数据发送准备好，可作为请求发送信号
5	SG 或 GND（Signal Ground）	信号地	—
6	DR 或 DSR（Data Set Ready）	接收准备好	数据接收准备好，可作为数据发送请求回答
7	RS 或 RTS（Request to Send）	发送请求	请求数据发送信号
8	CS 或 CTS（Clear to Send）	发送请求回答	发送请求回答信号
9	RI	呼叫指示	只表示状态

2. RS-422

RS-422 接口采用两对平衡差分信号线，以全双工方式传输数据，支持一点对多点的通信，1 个发送端最多可以连接 10 个接收端，但接收设备间不能相互通信。RS-422 接口抗干扰能力较强，适合远距离传输数据。表 8-3 为 RS-422 信号引脚一览表。

表 8-3 RS-422 信号引脚一览表

PLC侧引脚	信号名称	信号作用	信号功能
1	SG 或 GND（Signal Ground）	信号地	—
2	SDB 或 TXD−（Transmitted Data）	数据发送负端	发送传输数据到 RS-422 设备
3	RDB 或 RXD−（Received Data）	数据接收负端	接收来自 RS-422 设备的数据
4	SG 或 GND（Signal Ground）	信号地	—
5	SDA 或 TXD+（Transmitted Data）	数据发送正端	发送传输数据到 RS-422 设备
6	RDA 或 RXD+（Received Data）	数据接收正端	接收来自 RS-422 设备的数据

3. RS-485

RS-485 接口是在 RS-422 接口基础上发展起来的一种标准接口，该接口满足 RS-422 接口的全部技术规范，可以使用 9 芯连接器或接线端子连接，信号名称、作用、端子含义与 RS-422 的相同。RS-485 也支持一点对多点的通信，1 个发送端最多可以连接 32~128 个接收端，但接收设备间也不能相互通信。接口可采用 2 对双绞线 RS-422 连接，实现全双工通信，即同时进行双向收/发信息。也可以用 1 对双绞线采用如图 8-1 所示的 RS-485 的半双工连接方式进行连接，以半双工方式传输数据，及交替进行双向收/发信息。

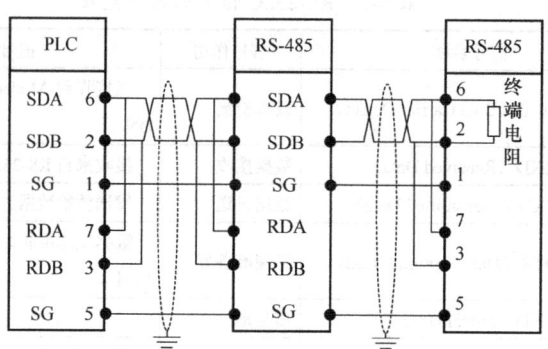

图 8-1 RS-485 的半双工连接方式

8.2 并行通信与 N:N 通信

并行通信与 N:N 通信是 FX 系列 PLC 之间的简易通信方式。因为具有相同的通信接口使用共同的通信协议，所以同系列 PLC 之间的通信很容易实现。

8.2.1 并行通信

并行通信是两台 FX 系列 PLC 间数据共享的通信。只需对机内特殊辅助继电器做一些必要的设定，不需编写程序控制通信过程，通信由 PLC 自动完成。

并行通信为 1:1 通信。两台 FX 系列 PLC 通过 FX_{2N}-485BD 通信模块连接，一台作为主站，一台作为从站。在通信系统中，主站与从站是根据功能划分的。主站可以对网络中的其他设备发出通信相关的请求，而从站只能响应主站的请求。

与并行通信相关的特殊辅助继电器和寄存器功能如表 8-4 所示。由该表可知，并行通信的主站及从站需经 M8070 和 M8071 设定，并行通信具有标准及高速两种方式，需经 M8162 设定。图 8-2 给出两种并行通信方式中主站与从站之间共享的数据存储单元。

表 8-4 与并行通信相关的特殊辅助继电器和寄存器功能

元件号	说明
M8070	当 M8070=ON 时，表示该 PLC 为主站
M8071	当 M8071=ON 时，表示该 PLC 为从站
M8072	当 M8072=ON 时，表示 PLC 工作在并行通信方式
M8073	当 M8073=ON 时，表示 PLC 在标准并行通信工作方式，发送 M8070/M8071 的设置错误
M8162	当 M8162=ON 时，表示 PLC 工作在高速并行通信方式，仅用于 2 个字的读/写操作
D8070	并行通信的警戒时钟 WDT（默认值为 500ms）

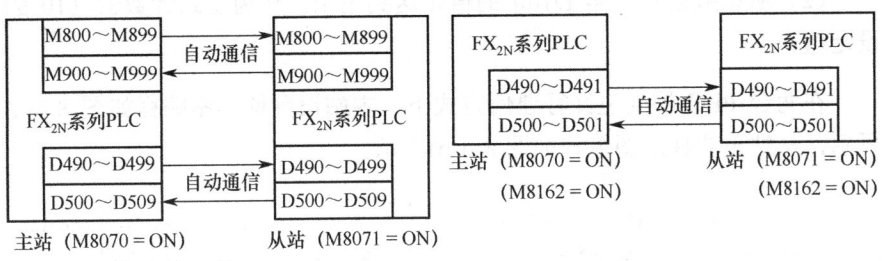

(a) 标准并行通信模式的连接示意图　　(b) 高速并行通信模式的连接示意图

图 8-2 两种并行通信方式中主站与从站之间共享的数据存储单元

【问题 8-2】
并行通信需要的辅助继电器和数据寄存器的数量各是多少？
解答：100 个辅助继电器；10 个数据寄存器，在 1:1 的基础上完成。

【例 8-1】两台 FX 系列 PLC 之间采用标准并行通信方式进行通信。要求完成如下的控制要求。

（1）主站的输入端口 X000～X007 的状态传送到从站，通过从站的 Y000～Y007 输出。

（2）当主站的计算值（D0+D2）小于或等于 100 时，从站的 Y010 输出为 ON。

（3）从站的辅助继电器 M0～M7 的状态传送到主站，通过主站的 Y000～Y007 输出。

（4）从站数据寄存器 D10 的值传送到主站，作为主站计数器 T0 的设定值。

在两台 PLC 的标准并行通信方式下，主站设置梯形图编程如图 8-3(a)所示，从站设置梯形图编程如图 8-3(b)所示。

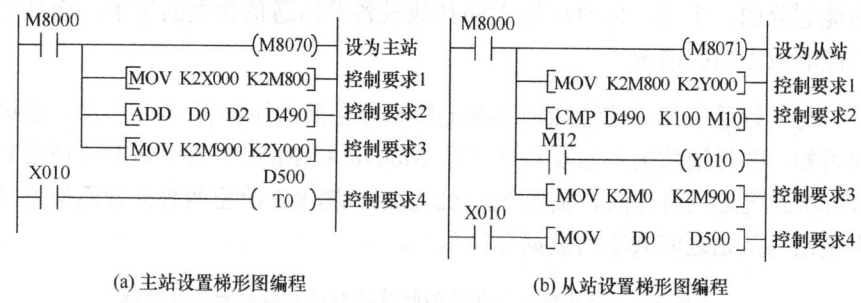

图 8-3　标准并行通信方式下的编程

【例 8-2】两台 PLC 之间采用高速并行通信方式进行通信，要求这两台 PLC 之间能够完成如下的控制要求。

（1）当主站的计算值(D10+D12)小于或等于 100 时，从站的 Y000 输出为 ON。

（2）从站数据寄存器 D100 的值传送到主站，作为主站计数器 T10 的设定值。

在两台 PLC 的高速并行通信方式下，主站设置梯形图编程如图 8-4(a)所示，从站设置梯形图编程如图 8-4(b)所示。

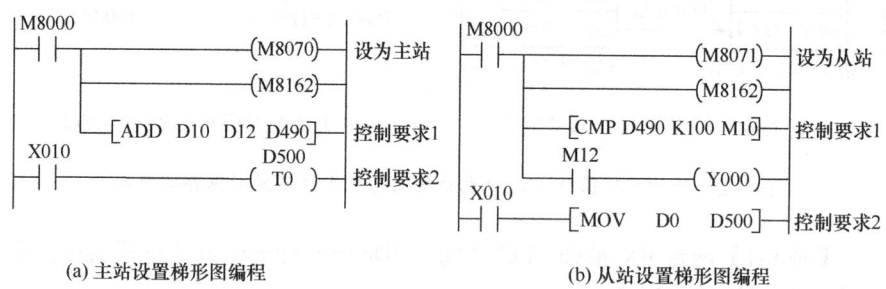

图 8-4　高速并行通信方式编程

8.2.2　N:N 通信

N:N 通信是多台 FX 系列 PLC 间的数据共享通信，最多可以有 8 台 PLC（站号 0～7）参与，其中只能有一台 PLC 作为主站。

N:N 通信基于 RS-485 的半双工通信，采用 38.4kbit/s 固定的传输速率，当使用 RS-485ADP 模块时，最大传输距离为 500m；当采用 RS-485BD 模块时，最大传输距离为 50m。与并行通信一样，N:N 通信也只需对机内特殊辅助继电器做必要的设定，不需要用程序安排通信过程，通信由 PLC 自动完成。表 8-5 和表 8-6 分别为 N:N 通信中相关的辅助寄存器和数据寄存器的相关情况。

表 8-5　N:N 通信中相关的辅助寄存器

动作	特殊数据寄存器	名称	说明	响应形式
只读	M8038	N:N 网络参数设定	用于 N:N 网络参数设定	主站，从站
只读	M8063	网络参数错误	当主站参数错误时，置 ON	主站，从站
只读	M8183	主站通信错误	当主站通信错误时，置 ON	从站
只读	M8184～M8019	从站通信错误	当从站通信错误时，置 ON	主站，从站
只读	M8191	数据通信	当与其他站通信时，置 ON	主站，从站

表 8-6　N:N 通信中相关的数据寄存器

动作	特殊数据寄存器	名称	说明	响应形式
只读	D8173	站号	存储从站的站号	主站，从站
只读	D8174	从站总数	存储从站总数	主站，从站
只读	D8175	刷新范围	存储刷新范围	主站，从站
只写	D8176	设定站数	设定本站站号	主站，从站
只写	D8177	设定总从站数	设定从站总数	主站
只写	D8178	设定刷新范围	设定刷新范围	主站
读/写	D8179	设定重试次数	设定重试次数	主站
读/写	D8180	超时设定	当设定命令超时	主站
只读	D8201	当前网络扫描时间	存储当前网络扫描时间	主站，从站
只读	D8202	最长网络扫描时间	存储最长网络扫描时间	主站，从站
只读	D8203	主站通信错误数	主站中通信错误数	从站
只读	D8204～D8210	从站通信错误数	从站中通信错误数	主站，从站
只读	D8211	主站通信错误码	主站中通信错误码	从站
只读	D8212～D8218	从站通信错误码	从站中通信错误码	主站，从站

网络中每个站点都指定一个用特殊辅助继电器和特殊数据寄存器组成的连接存储区，各个站点连接存储区的地址编号都是相同的。各站点向自身连接存储区中规定的数据发送区写入数据。任何一台 PLC 中的数据发送区的状态都会反映到网络中的其他 PLC 上，因此，数据可供通所有连接起来的 PLC 共享，且所有的数据都能同时完成更新。

N:N 通信的设定内容如下。

1. 站号的设置

将数值 0～7 写入相应 PLC 的数据寄存器 D8176 中，就完成了站号设置。主站号设为 "0"，从站号设为 1～7。

2. 从站数的设置

将数值 1～7 写入主站的数据寄存器 D8177 中，其数值对应从站的数量,默认值为 7(7 个从站)。从站不需要进行此设置。

3. 设置数据更新范围

将数值 0~2 写入主站的数据寄存器 D8178 中,选择 N:N 通信模式,默认值为模式 0,3 种刷新模式对应的辅助继电器和数据寄存器如表 8-7 所示。注意,该设置不需要从站的参与。

表 8-7 3 种刷新模式对应的辅助继电器和数据寄存器

站号	刷新范围					
	模式 0		模式 1		模式 2	
	位元件	4 点字元件	32 点位元件	4 点字元件	64 点位元件	8 点字元件
1	—	D10~D13	M1064~M1095	D10~D13	M1064~M1127	D10~D17
2	—	D20~D23	M1128~M1159	D20~D23	M1128~M1191	D20~D27
3	—	D30~D33	M1192~M1223	D30~D33	M1192~M1255	D30~D37
4	—	D40~D43	M1256~M1287	D40~D43	M1256~M1319	D40~D47
5	—	D50~D53	M1320~M1351	D50~D53	M1320~M1383	D50~D57
6	—	D60~D63	M1384~M1415	D60~D63	M1384~M1447	D60~D67
7	—	D70~D73	M1448~M1479	D70~D73	M1448~M1511	D70~D77

4. 通信重试次数的设置

将数值 0~10 写入主站的数据寄存器 D8179 中,其数值对应通信重试次数,默认值是 3,该设置不需要从站的参与。当主站向从站发出通信信号时,若在规定的重试次数内没有完成连接,则网络发出通信错误信号。

5. 设置公共暂停时间

将数值 5~255 写入主站的数据寄存器 D8180 中,其数值对应公共暂停时间默认值为 5(单位:10ms),如数值 10 对应的公共暂停时间为 100ms。该等待时间产生的原因是主站和从站通信时引起的延时等待。

【例 8-3】3 台 FX_{2N} 系列 PLC 采用 RS-485BD 内置通信板连接,构成 N:N 网络。要求将 FX_{2N}-80MT 设置为主站,两台 FX_{2N}-48MT 设置为从站,数据更新采用模式 1,重试次数为 3,公共暂停时间为 50ms。试设计满足下列要求的主站程序和从站程序。

(1) 主站 No.0 的控制要求如下。

① 将主站的输入信号 X000~X003 作为网络共享资源。

② 将从站 No.1 的输入信号 X000~X003 通过主站的输出端 Y014~Y017 输出。

③ 将从站 No.2 的输入信号 X000～X003 通过主站的输出端 Y020～Y023 输出。

④ 将数据寄存器 D1 的值作为网络共享资源；当从站 No.1 的计数器 C1 触点闭合时，主站的输出端 Y005=ON。

⑤ 将数据寄存器 D2 的值作为网络共享资源；当从站 No.2 的计数器 C2 触点闭合时，主站的输出端 Y006=ON。

⑥ 将数值 10 送入数据寄存器 D3 和 D0 中，作为网络共享资源。

⑦ 适当配置通信系统出现错误的提示。

（2）从站 No.1 的控制要求为：首先要进行站号的设置，然后完成以下控制任务。

① 将主站 No.0 的输入信号 X000～X003 通过从站 No.1 的输出端 Y010～Y013 输出。

② 将从站 No.1 的输入信号 X000～X003 作为网络共享资源。

③ 将从站 No.2 的输入信号 X000～X003 通过从站 No.1 的输出端 Y020～Y023 输出。

④ 将主站 No.0 数据寄存器 D1 的值作为从站 No.1 计数器 C1 的设定值；当从站 No.1 的计数器 C1 触点闭合时，使从站 No.1 的 Y005 输出，并将 C1 接点的状态作为网络共享资源。

⑤ 当从站 No2 的计数器 C2 触点闭合时，从站 No.1 的输出端 Y006=0N。

⑥ 将数值 10 送入数据寄存器 D10 中，作为网络共享资源。

⑦ 将主站 No.0 数据寄存器 D0 的值和从站 No.2 数据寄存器 D20 的值相加，其结果存入从站 No.1 的数据寄存器 D11 中。

（3）从站 No.2 的控制要求为：首先要进行站号的设置，然后完成以下控制任务。

① 将主站 No.0 的输入信号 X000～X003 通过从站 No.2 的输出端 Y010～Y013 输出。

② 将从站 No.1 的输入信号 X000～X003 通过从站 No.2 的输出端 Y014～Y017 输出。

③ 将从站 No.2 的输入信号 X000～X003 作为网络共享资源。

④ 当从站 No.1 的计数器 C1 触点闭合时，从站 No.2 的输出端 Y005=ON。

⑤ 将主站 No.0 数据寄存器 D2 的值作为从站 No.2 计数器 C2 的设定值；当从站 No.2 的计数器 C2 触点闭合时，使从站 No.2 的 Y006 输出，并将 C1 触点的状态作为网络共享资源。

⑥ 将数值 10 送入数据寄存器 D20 中，作为网络共享资源。

⑦ 将主站 No.0 数据寄存器 D3 的值和从站 No.1 数据寄存器 D10 的值相加，其结果存入从站 No.2 的数据寄存器 D21 中。

在配置 N:N 网络时，首先要根据通信信息量的要求选择数据更新模式，配置站号及网络的一些公共参数。

网络参数设置梯形图如图 8-5 所示，该程序写入 FX$_{2N}$-80MT 主站中。网络通信错误的报警程序如图 8-6 所示，该程序也写入 FX$_{2N}$-80MT 主站中。

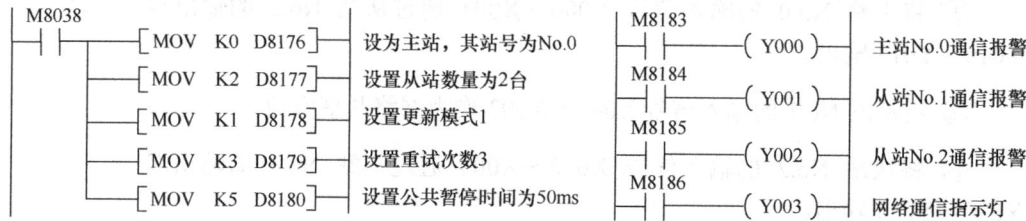

图 8-5 网络参数设置梯形图　　　　图 8-6 网络通信错误的报警程序

主站和从站均满足以上控制要求的程序主要根据数据共享进行编写。主站 No.0 的控制程序如图 8-7 所示。从站 No.1 的控制程序如图 8-8 所示。从站 No.2 的控制程序如图 8-9 所示。

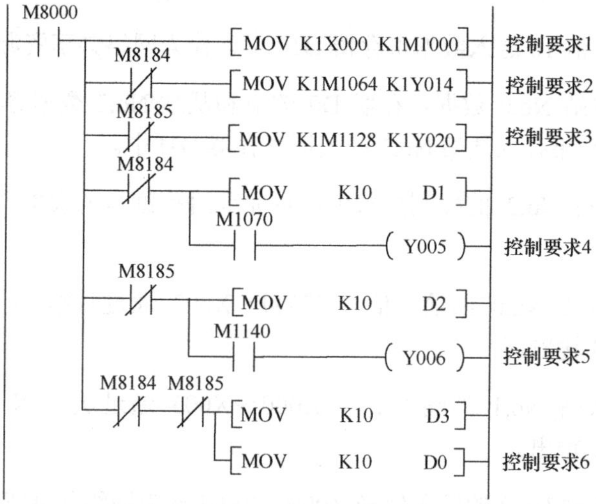

图 8-7 主站 No.0 的控制程序

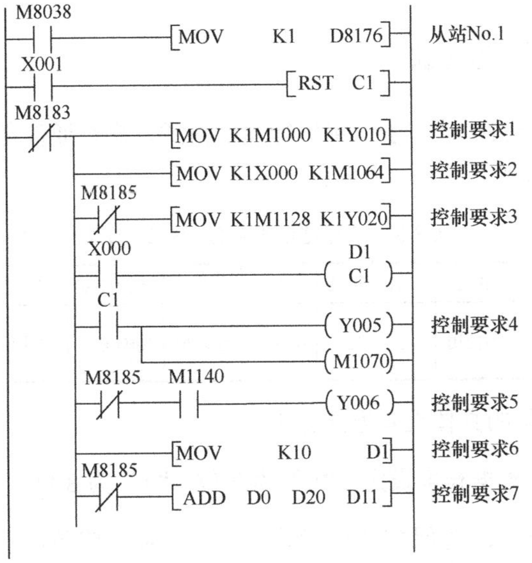

图 8-8 从站 No.1 的控制程序

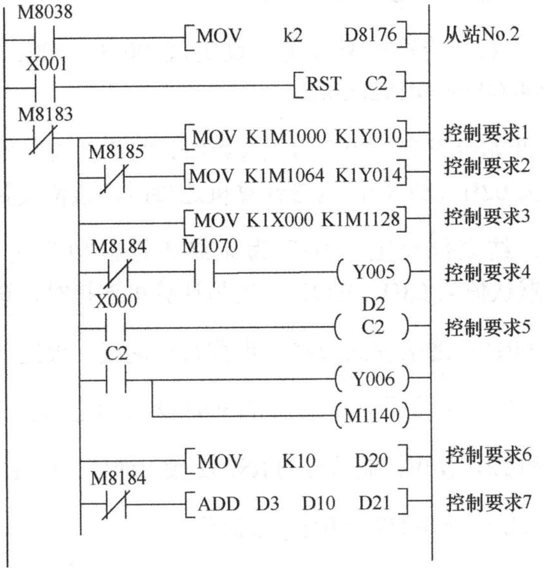

图 8-9 从站 No.2 的控制程序

8.3 计算机连接与无协议通信

计算机连接与无协议通信用于 FX 系列 PLC 与智能设备之间的通信，如计算机与 PLC 的通信，PLC 与打印机或变频器的通信等。为了实现这类通信，PLC 专设了串行通信协议、计算机连接协议及 RS 通信指令。

8.3.1 串行通信协议

PLC 的 D8120 被用于设置串行通信格式。串行通信寄存器 D8120 的设置格式如表 8-8 所示。

表 8-8　串行通信寄存器 D8120 的设置格式

bit15	bit14	bit13	bit12	bit11，bit10	bit9	bit8	bit7～bit4	bit3	bit2～bit1	bit0
传输控制	协议	校验和	不使用	控制线	结束位	起始位	传输速率	停止位	奇偶校验位	数据长度

D8120 各位的具体设置方法如下。

（1）bit0：数据长度设定，"0" 为 7 位，"1" 为 8 位。

（2）bit2/bit1：奇偶校验位设定，"00" 为无校验，"01" 为奇校验，"11" 为偶校验。

（3）bit3：停止位设定，"0" 为 1 位，"1" 为 2 位。

（4）bit7～bit4：传输速率设定，设定值 0011～1001 分别对应 300/600/1200/2400/4800/9600/19200bit/s。

（5）bi8：起始位设定，"0" 为无起始符，"1" 为有起始符，由 D8124 设定，默认值为 02H（STX），当与计算机连接时，该位设置为 0。

（6）bit9：结束位设定，"0" 为无终止符，"1" 为有终止符，由 D8125 设定，默认值为 03H（ETX），当与计算机连接时，该位设置为 0。

（7）bit11/bit10：通信模式选择，也称为控制线，设定如下。

① 00：模式 1，不使用控制信号的 RS232 接口通信。

② 01：模式 2，使用控制信号的 RS232 接口通信（单独发送与接收）。

③ 10：模式 3，RS-232 互锁模式通信。

④ 11：模式 4，RS-232 通信、RS-485 通信。

在不使用 RS 通信指令时，这两位设定为 "00" 表示 RS-485 通信，"01" 表示 RS-232C 通信。

（8）bit12：不使用。

（9）bit13："0" 为无和校验码，"1" 为附加和校验码，在使用 RS 通信指令时，需将该位设定为 "0"。

（10）bit14："0" 为无协议通信，"1" 为专用协议通信协议，在使用 RS 指令通信时，需将该位设定为 "0"。

(11) bit15:"0"为通信方式 1（无回车换行符），"1"为通信方式 4（有回车换行符），当使用 RS 通信指令时，需将该位设定为"0"。

例如，某通信格式的要求为：数据长度为 8 位，偶校验位，1 个停止位，传输速率为 19200bit/s，无起始位和结束位，无校验和，计算机连接协议，RS-232C 接口，控制协议格式 1。

对照表 8-8 及以上设置规定，可以确定 D8120 的二进制数为 0100 1000 1001 0111，对应的十六进制数为 4897H。

在 D8120 设置好后需关闭 PLC 电源，然后接通电源后，设置才能生效。

除 D8120 外，通信中还会用到一些其他的特殊辅助继电器及特殊数据寄存器，这些器件的功能如表 8-9 所示。

表 8-9 通信用的特殊辅助继电器及特殊数据寄存器的功能描述

特殊辅助继电器	功能描述	特殊数据寄存器	功能描述
M8121	数据发送延时（RS 命令）	D8120	通信格式（RS 命令、计算机连接）
M8122	数据发送请求标志（RS 命令）	D8121	站号设置（计算机连接）
M8123	接收结束标志（RS 命令）	D8122	未发送的数据数（RS 命令）
M8124	载波检测标志（RS 命令）	D8123	接收的数据数（RS 命令）
M8126	全局标志（计算机连接）	D8124	起始字符（初始值为 STX，RS 命令）
M8127	请求式握手标志（计算机连接）	D8125	结束字符（初始值为 ETX，RS 命令）
M8128	请求式出错标志（计算机连接）	D8127	请求式起始元件号寄存器（计算机连接）
M8129	请求式/字节转换（计算机连接）超时判断标志（RS 命令）	D8128	请求式数据程度寄存器（计算机连接）
M8161	8/16 位转换标志（RS 命令）	D8129	数据网络的超时定时器设定值（RS 命令和计算机连接，单位为 10ms，为 0 时表示 100ms）

8.3.2 RS 通信指令与无协议通信

1. RS 通信指令

FX 系列 PLC 串行异步通信指令 RS（FNC80）用于 PLC 与其他智能设备间的无协议通信。指令编程格式为：RS [S*] [m] [D*] [n]。指令允许使用的操作数格式与作用如下。

（1）[S*]：数据寄存器 D，指定发送数据在 PLC 中的起始地址。

（2）m：常数 K/H，发送数据的长度，允许数据长度的范围为 0～4096，接收数据时应设为"0"。

(3) [D*]：数据寄存器 D，指定接收数据在 PLC 中的起始地址。

(4) n：常数 K/H，接收数据的长度，允许数据长度的范围为 0～4096，发送数据时应设为"0"。

此外，对于 RS 指令的使用，不允许 32 位操作指令和边沿执行指令。

例如：RS D200 K10 D500 K0

通过 PLC 传送指令把通信数据装到从 D200 开始的连续单元中；D200：发送数据的首地址（指针）；K10：发送数据的字节数（点数 10），根据协议可以用常数直接指定字节数，在不进行发送数据的系统中，将数据发送点数设定为 K0。D00：接收数据的首地址（指针）；K0：接收数据的字节数（点数 0），根据协议可以用常数直接指定字节数，在不进行接收数据的系统中，将数据接收点数设定为 K0。在发送通信数据时，需要使用脉冲执行方式，SET M8122 即可。

2. 无协议通信

无协议通信方式最为灵活，绝大多数 PLC 具有该功能，可以使用用户自定义的通信规定实现 RS-232 设备之间的通信，包括个人计算机、条形码阅读器和打印机，都可通过无协议通信完成。但是 PLC 的编程工作量较大，对编程人员的要求较高。如果不同厂家的设备使用的通信规定不同，那么即使物理接口都是 RS485，也不能将它们接在同一个网络内。此时对于 FX_{2N} 系列 PLC 可使用 RS 指令或一个 FX_{2N}-232F 特殊功能模块完成上述工作。这里重点介绍 RS 指令的使用。

RS 指令仅仅是规定了接收及发送数据在 PLC 中的存储位置，通信过程还需另外设置。这也正是无协议通信的特点。

无协议通信也称为"自由口"通信，即是根据公开的通信条件自由设定通信过程的通信。具体到 RS 通信指令，通信设置需通过 D8120 进行，通信过程可以借助表 8-9 中的特殊辅助继电器进行。图 8-10 为数据传送程

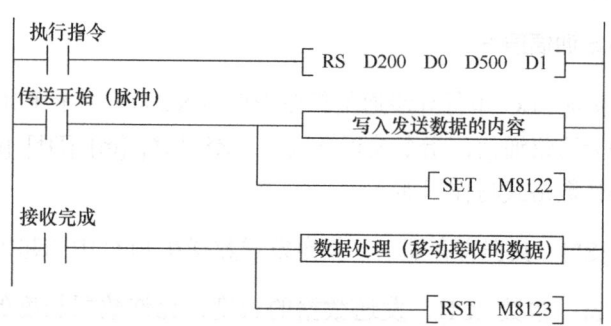

图 8-10 数据传送程序的基本格式

序的基本格式。在通信开始前，需要先确定 PLC，以及设备的通信格式，如校验位、波特率、停止位等，以及设备的站地址，然后用串口软件对 PLC 发出的报文进行检测，以及对设备接收的报文进行检测等。

【例 8-4】FX 系列 PLC 配有 RS-485-BD 模块及触摸屏蔽，该 PLC 与 S500 系列变频器（FR-S540）通信，控制变频器的启动、停车及频率调整。完成通信电路连接并设计 PLC 通信程序。

（1）三菱变频器有一个称为 PU 接口，该接口用于连接变频器的操作单元。PU 接口是一个 RS-485 接口，利用这个接口可以用上位机（PLC 或计算机）对变频器进行参数读/写、开机、关机、改变运行频率等操作，最终完成变频器与 PLC 的硬件连接如图 8-11 所示。

（2）明确通信协议与数据的写入格式、读出格式如图 8-12 所示。

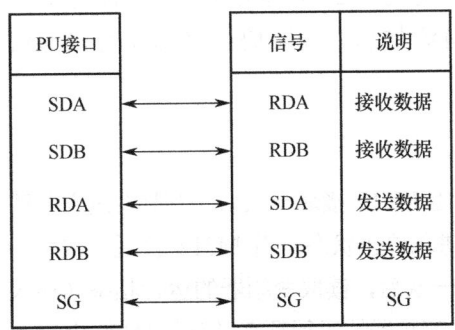

图 8-11　变频器与 PLC 的硬件连接

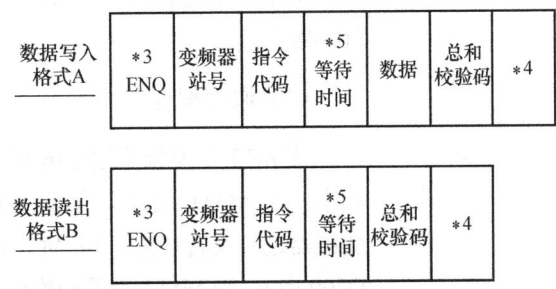

图 8-12　通信协议与数据的写入格式、读出格式

其中，*3 表示控制代码；*4 表示 CR（回车符）或 LF（换行符）代码；*5 规定变频器接收到计算机发来的数据和传输应答数据之间的等待时间；指令代码由变频器手册给出，对于不同的运行指令有不同的数据；总和校验码是由被校验的 ASC 数据的总和（二进制数）的最低一个字节（8 位）表示的 2 个 ASCII 码（十六进制）。总和校验码的范围是从"站号"开始到"数据"结束。

（3）三菱变频器的设置参数信息参考 S500 系列变频器的通信设置（见表 8-10）。

表 8-10　S500 系列变频器的通信设置（RS-485）

参数号	名称	设定值	说明
Pr.79	操作模式选择	0	PU/EXT 键可切换或进行外部操作
Pr.30	扩展功能显示选择	1	扩展功能参数有效
n1	站号	0	设定变频器站号为 0
n2	通信速率	%	设定传输速率为 9600bit/s

(续表)

参数号	名称	设定值	说明
n3	停止位长/数据位长	11	设定停止位 2 位, 数据位 7 位
n4	奇偶校验有/无	2	设定为偶校验
n5	通信再试次数	—	即使发生通信错误, 变频器也不停止工作
n6	通信校验时间间隔	—	通信校验终止
n7	等待时间设定	—	通信数据设定
n8	运行指令权	0	指令权在计算机
n9	速度指令权	0	指令权在计算机
n10	联网启动模式选择	1	用计算机联网运行模式启动
n11	CR, LF 有/无选择	0	选择无 CR, LF

将 D8120 设置为二进制数 0000110010001110B，对应的十六进制数为 0C8EH。即数据长度为 7 位，偶校验，2 位停止位，传输速率为 9600bit/s，无起始位和结束位，没有添加总和校验码，采用无协议通信（RS485）。

（4）通信编程

图 8-13 是变频器通信编程举例，当 M510 接通一次后，变频器进入正转状态；当 M511 接通一次后，变频器进入停止状态；当 M512 接通一次后，变频器进入反转状态；当 M513 接通一次后，读取变频器的运行频率（存入 D700 中）；当 M514 接通一次后，写入变频器的运行频率（存入 D400 中）。

【问题 8-3】
图 8-13 中的 H30, H32, H34 分别表示什么？
答：分别表示 ASCII 码：0,2,4。

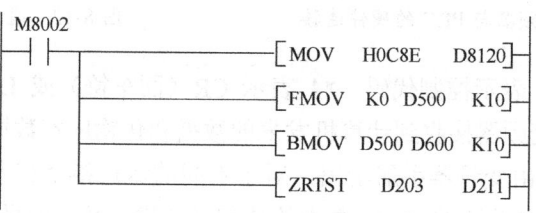

(a) PLC通信设置及初始化

(b) 通信请求, 站号0, 计算总和校验码

图 8-13 变频器通信编程举例

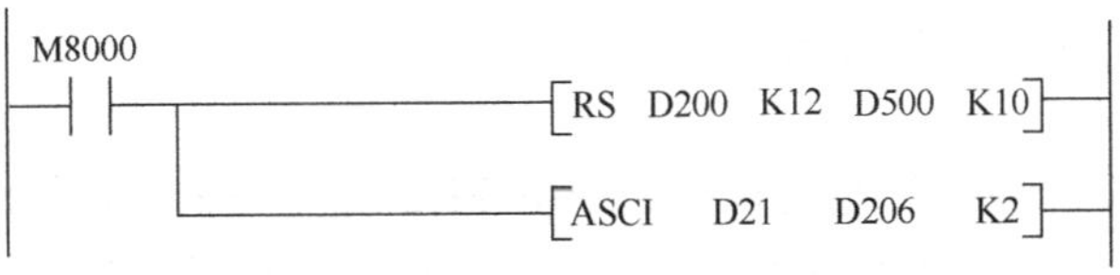

```
    M8000
─────┤ ├──────────────────┤ RS   D200  K12  D500  K10 ├─
         │
         └──────────────────┤ ASCI  D21   D206  K2 ├─
```

(c) 校验值ASCII码的转换，串行通信

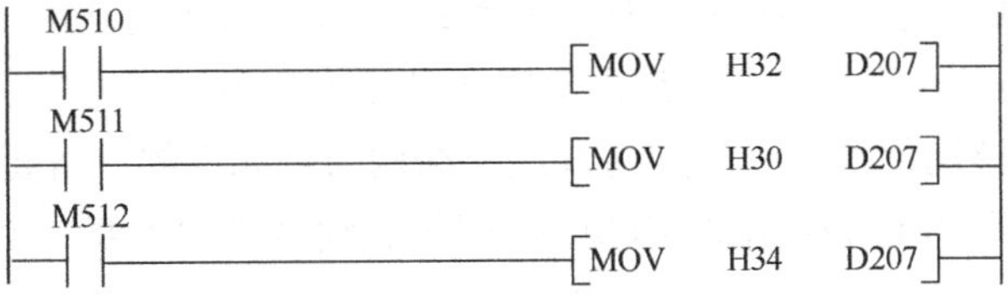

```
    M510
─────┤ ├──────────────────┤ MOV   H32   D207 ├─
    M511
─────┤ ├──────────────────┤ MOV   H30   D207 ├─
    M512
─────┤ ├──────────────────┤ MOV   H34   D207 ├─
```

(d) D207中存放运行数据，"2"正转，"0"停止；"4"反转

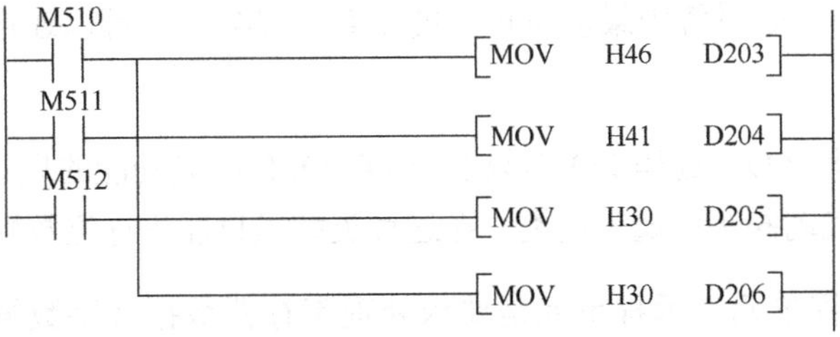

```
    M510
─────┤ ├──────────────────┤ MOV   H46   D203 ├─
    M511
─────┤ ├──────────────────┤ MOV   H41   D204 ├─
    M512
─────┤ ├──────────────────┤ MOV   H30   D205 ├─
         │
         └──────────────────┤ MOV   H30   D206 ├─
```

(e) D203与D204中存放"运行"指令代码

注：D205为等待时间；D206为运行指令中一位数据"0"

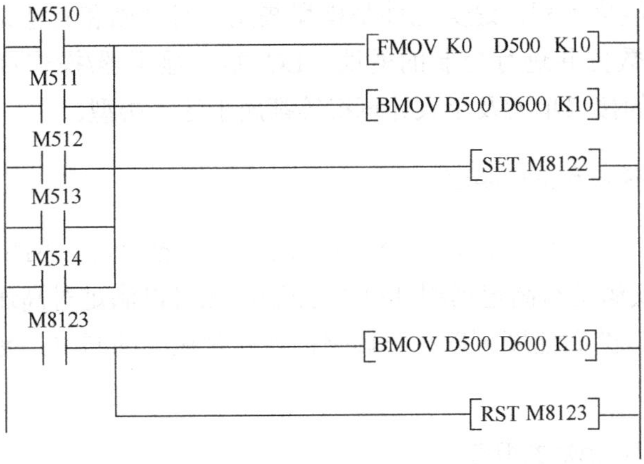

```
    M510
─────┤ ├──────────────────┤ FMOV  K0   D500  K10 ├─
    M511
─────┤ ├──────────────────┤ BMOV  D500 D600  K10 ├─
    M512
─────┤ ├──────────────────┤ SET M8122 ├─
    M513
─────┤ ├
    M514
─────┤ ├
    M8123
─────┤ ├──────────────────┤ BMOV  D500 D600  K10 ├─
         │
         └──────────────────┤ RST M8123 ├─
```

(f) 发送数据

图 8-13 变频器通信编程举例（续）

8.4 CC-Link 现场总线通信技术

CC-Link（Control & Communication Link）是三菱公司最新开发的现场总线网络，该网络基于 RS-485 串行接口，采用屏蔽双绞线组成总线网。

8.4.1　CC-Link 的特点

CC-Link 不仅可以构建以大、中型 PLC 为主站的 CC-Link 系统，FX 系列小型 PLC 可作为其远程设备站连接，还可以构建以 FX 系列小型计算机为主站的 CC-Link 系统，该系统在实时性、分散控制、与智能机器通信、RAS 功能等方面在同行业中具有最新和最全面的功能。同时，CC-Link 可以与各种现场机器制造厂家的产品相连，为用户提供多厂商设备的使用环境。该网络满足了用户对开放式结构与可靠性的严格要求。以 Q、QnA、A 系列 PLC 为主站的 CC-Link 现场总线网络的主要三个特点如下。

1. 控制和信息

在 CC-Link 系统中最多可连接的站数为 64 个，可以连接下述三种远程元件。

（1）远程 I/O。远程 I/O 是只要求 ON/OFF 控制功能的现场元件，如数字式 I/O 或气动阀等就属于这类。在这种类型里只能进行位数据的通信。

（2）远程单元。远程单元是要求处理寄存器数据（字数据）的现场元件，如 A/D 转换单元、D/A 转换单元、高速计数器单元、温度输入单元、ID 阅读器等。在这类元件中，除位数据外，还能进行寄存器数据的通信。

（3）智能化远程。这类元件是指那些允许对主站和其他站的动作进行存取、采集数据并进行控制的就地 PLC 站。显示器/操作终端、定位单元、编程器的接口单元及个人计算机等都属于这一类型。

2. 通信速度和通信距离

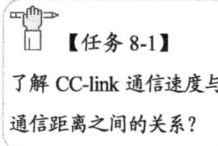

【任务 8-1】
了解 CC-link 通信速度与通信距离之间的关系？

CC-Link 可提供最高达 10Mbit/s 的高速数据传输，网络总距离可达 1200m，不仅满足对高速远程 I/O 的控制，还可以满足对高速的现场信息的控制。这样的高速度可以在不影响机器控制速度的同时，允许大量数据进行通信。

3. 主控/就地站的组态

CC-link 除能进行主站与远程站的配置还能进行主站与就地站的配置。一台就地 PLC 能与主站 PLC 及其他远程工作站进行通信。可以在主站 PLC 与本地 PLC 之间进行 N:N 的循环传送，简易地构成分散的 PLC 系统。

8.4.2　CC-Link 网络连接设备

以下介绍以 FX 系列 PLC 为 CC-Link 主站的主站模块和以 FX 系列

PLC 为 CC-Link 远程设备站的接口模块。

1. FX$_{2N}$-16CCL-M 型 CC-Link 系统主站模块

FX$_{2N}$-16CCL-M 型 CC-link 系统主站模块是特殊功能模块，它将 FX 系列 PLC 分配为 CC-Link 中的主站，并通过 PLC 的 CPU 来控制该模块，使用 FROM/TO 指令与 FX$_{2N}$-16CCL-M 的缓存区进行数据交换，占用 PLC 的 I/O 点数（8 点）。

（1）特点

① 将 FX 系列 PLC 作为 CC-Link 主站。

② 在主站上最多可连接 8 个远程设备站和 7 个远程 I/O 站。

③ 使用 FX$_{2N}$-32CCL 型 CC-Link 接口模块可以将 FX 系列 PLC 作为 CC-Link 远程设备站来连接。

④ 通过连接各种 CC-Link 设备，实现各种用途的系统，最适用于生产线等设备的控制。

【资料】

FX$_{2N}$-16CCL-M 和 32CCL CC-Link 使用手册

（2）主要技术参数

FX$_{2N}$-16CCL-M 主站模块的主要技术参数如表 8-11 所示。

表 8-11　FX$_{2N}$-16CCL-M 主站模块的主要技术参数

项目	规格
功能	主站功能（无本地站、备用主站功能）
CC-Link 版本	V.1.10
站号	0 号站
传输速度	156kbit/s、625kbit/s、2.5Mbit/s、5Mbit/s、10Mbit/s 可选
最大传输距离	电缆最大总延长距离为 1200m（因传输速率而异）
最多连接台数	远程 I/O 站：最多 7 个站（当连接在 FX1N、FX1NC、FX2N、FX2NC、FX3UCPLC 上时，每个站实际占用 PLC 的输入/输出 32 点） 远程设备站：最多 8 个站，当满足以下条件时 $(1 \times a)+(2 \times b)+(3 \times c)+(4 \times d) \leq 8$ a：占用 1 个站的远程设备站的台数；b：占用 2 个站的远程设备站的台数； c：占用 3 个站的远程设备站的台数；d：占用 4 个站的远程设备站的台数； 远程 I/O 站+远程设备站≤15 站。此外需满足"每个系统的最大 I/O 点数"
每个系统的最大 I/O 点数	FX1N、FX1NC、FX2N、FX2NC、FX3UC（V.2.20 以下）PLC： (PLC 的实际 I/O 点数)+(特殊模块和主站模块占用的点数)+(3×远程 I/O 点数)≤256 点 (FX2N、FX2NC、FX3UC)，128 点（FX1N、FX1NC） FX3U、FX3UC（V.2.20 以上）的 PLC： ① (PLC 的实际 I/O 点数)+(特殊模块和主站模块占用的点数)≤256 点 ② 32×远程 I/O 站数≤224 点 ①+②≤384 点

(续表)

项目	规格
每个站的连接点数	远程 I/O 站：远程 I/O（RX、RY）32 点
	远程设备站：远程 I/O（RX、RY）32 点
	远程寄存器写入区（RWw）4 点（主站→远程设备站）
	远程寄存器读出区（RWr）4 点（远程设备站→主站）
RAS 功能	自动恢复功能，子站分离功能，通过连接特殊继电器、特殊寄存器的错误检测功能
占用 I/O 点数	占用 I/O 点数，8 点（计算在输入/输出侧均可）
与 PLC 的通信	使用 FROM/TO 指令访问缓存
控制电源	DC 5V（自供电）
驱动电源	DC 24V、150mA（由外部终端模块供电）

2. FX_{2N}-32CCL 型 CC-Link 系统接口模块

FX_{2N}-32CCL 型 CC-Link 接口模块是特殊功能模块，用于将 FX 系列 PLC 连接到系统作为远程设备站，并通过 PLC 的 CPU 来控制该模块，使用 FROM/TO 指令与 FX_{2N}-32CCL 的缓存区进行数据交换，占用 PLC 的 I/O 点数（8 点）。

（1）特点

① 可以将 FX 系列 PLC 作为 CC-Link 系统的远程设备站。

② 与 FX_{2N}-16CCL-M 主站模块共同使用，FX 系列 PLC 就可以构建 CC-Link 系统。

（2）主要技术参数

FX_{2N}-32CCL 接口模块的主要技术参数如表 8-12 所示。

表 8-12 FX_{2N}-32CCL 接口模块的主要技术参数

项目	规格
功能	远程设备站
CC-Link 版本	V.1.00
站号	1~64 号站（用旋转开关设定）
站数	1~4 个站（用旋转开关设定）
传输速率	156kbit/s、625kbit/s、2.5Mbit/s、5Mbit/s、10Mbit/s（用旋转开关设定）
最大传输距离	电缆最大总传输距离为 1200m（因传输速率，传输速率不同而异）
绝缘方式	网络总线与内部电源光电隔离
远程 I/O 点数	每个站的远程输入为 32 点、输出为 32 点，但最后一个站的高 16 点被 CC-Link 系统作为系统区域占用
远程寄存器点数	每个站的远程寄存器写入区（RWw）为 4 点，读出区（RWr）为 4 点
占用 I/O 点数	占用 I/O 点数为 8 点（计算在输入/输出侧均可）

(续表)

项目	规格
与 PLC 的通信	使用 FROM/TO 指令访问缓存
控制电源	DC 5V、130mA（由 PLC 供电）
驱动电源	DC 24V±2.4V、50mA（由外部端子供电）

习题 8

1．N:N 网络的功能有哪些？在 FX2N 系列 PLC 构成的 N:N 网络中允许有多少个从站和主站？

2．FX2N 系列 PLC 在构建 N:N 网络时基于什么通信原理？需要什么特殊模块？使用时有什么区别？

3．在由 5 台 FX2N 系列 PLC 构成的 N:N 网络中，试编写所有各站的输出信号 Y0~Y7 和数据寄存器 D10~D17 共享，各站都将这些信号保存在各自的辅助继电器 M 和数据寄存器 D 中的程序。

4．为什么 RS 通信称为无协议通信？为了达成通信协议，RS 通信要知道通信双方的哪些信息？

5．采用标准模式完成并行传输，要求将从站的输入信号 X000~X017 传送到主站，当从站的这些信号全部为 ON 时，主站将数据寄存器 D10~D20 的值传送给从站并保存在从站的数据寄存器 D10~D20 中。

6．使用 FX2N-485-BD 模块实现 1:1 并行通信，试编写程序实现以下控制要求：

① 主站中数据寄存器 D0 每 5s 自动加 1，D2 每 10s 自动加 1；

② 主站输入继电器 X000~X017 的 ON/OFF 状态输出到从站的 Y000~Y017；

③ 当主站计算结果(D0+D2)<200 时，从站的 Y020 变 ON；

④ 当主站计算结果(D0+D2)=200 时，从站的 Y021 变 ON；

⑤ 当主站计算结果(D0+D2)>200 时，从站的 Y022 变 ON；

⑥ 从站中的 X000~X017 的 ON/OFF 状态输出到主站的 Y000~Y017；

⑦ 主站 D10 的值用于对从站计数器 C10 的间接设定值，该数值为 K60，用于从站中每秒 1 次的计数。

7．扩展学习并总结什么是 CC-Link，以及它的功能和通信形式。

第9章

常见物流设备电气控制系统实例

将前面几章所学习的知识运用于实际的工业控制系统中是学习 PLC 的目的。当前中国线上经济的不断发展催生了智能物流仓储设备制造业的崛起。

通过对本章的常见物流设备电气控制系统实例的设计过程讲解，让读者进一步掌握 PLC 控制系统设计的内容、步骤及设计方法。

9.1 货运电梯控制系统

9.1.1 低压继电器控制电路设计与分析

三层货梯继电器–接触器控制系统原理图如图 9-1 所示。

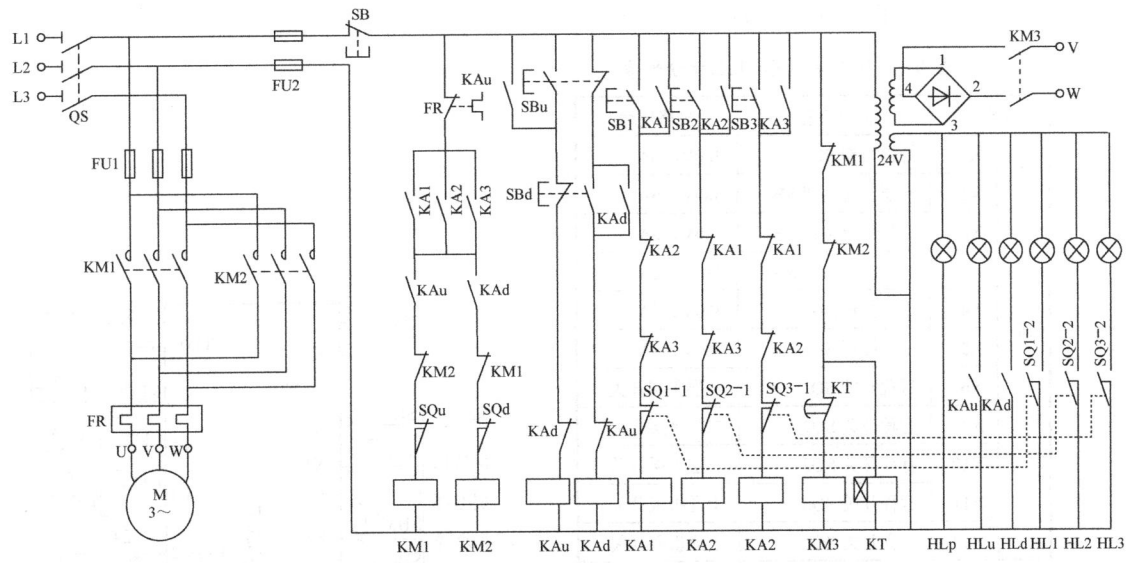

图 9-1 三层货梯继电器–接触器控制系统原理图

假定货梯在一层,有人在三层呼叫货梯,按下三层给定按钮 SB3,中间继电器 KA3 线圈得电并自锁,KA3 的两对常闭触点断开,使一层、二层不能呼叫货梯。按下升降选择按钮中的上升按钮 SBu,KAu 线圈得电并自锁,上升信号灯 HLu 亮。由于中间继电器 KA3、KAu 的常开触点闭合,使得接触器 KM1 线圈得电,KM1 主触点闭合,升降电动机带动货梯向上运行。当货梯箱撞上行程开关 SQ3 时,KA3 线圈失电,KM1 线圈也失电,货梯停止上升。同时三层的楼层信号灯 H3 亮。由于 KM1 的常闭触点恢复闭合使得 KM3 及时间继电器 KT 线圈得电,因此整流电路把直流电输入到电动机的两相绕组进行能耗制动,使电动机迅速制动且停在三层。同理可分析货梯移动到其他楼层的运行过程。

9.1.2 PLC 硬件接线及 I/O 口地址分配

三层货梯控制线路中的电源电路、主电路保持不变,在控制电路中,起制动作用的电路(即变压器 36V 输出部分)保持不变,变压器的输入直接接至熔断器 FU2 的输出端，将 K1、K2、K3 的线圈额定电压改为 220V，去掉中间继电器及时间继电器，其他元件可以采用原来的型号。

根据图 9-1 的控制系统 I/O 口的数量，可选择三菱 FX_{2N}-32MR 型 PLC。输出元件分为两个电压等级：一个是交流接触器使用的 220V 交流电；另一个是信号灯使用的 24V 交流电，该交流电仍由变压器 T 的一组输出提供。PLC 的 I/O 口地址分配表如表 9-1 所示，PLC 的 I/O 端子接线图如图 9-2 所示。

表 9-1 PLC 的 I/O 口地址分配表

接点		元件名称	规格用途
输入	X0	急停按钮 SB	380V、6A
	X1	一层给定按钮 SB1	380V、6A
	X2	二层给定按钮 SB2	380V、6A
	X3	三层给定按钮 SB3	380V、6A
	X4	上升按钮 SBu	380V、6A
	X5	下降按钮 SBd	380V、6A
	X6	行程开关 SQ1	一层平层开关
	X7	行程开关 SQ2	二层平层开关
	X10	行程开关 SQ3	三层平层开关
	X11	行程开关 SQu	上升极限开关
	X12	行程开关 SQd	下降极限开关
输出	Y1	接触器 KM1	上升接触器
	Y2	接触器 KM2	下降接触器
	Y3	接触器 KM3	制动接触器
	Y4	信号灯 HLu	~24V，上升
	Y5	信号灯 HLd	~24V，下降
	Y6	信号灯 HL1	~24V，一层
	Y7	信号灯 HL2	~24V，二层
	Y10	信号灯 HL3	~24V，三层
	Y11	信号灯 HLp	PLC 工作灯

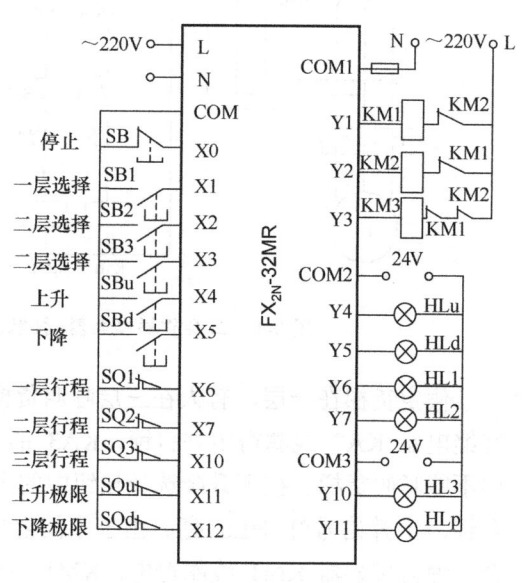

图 9-2 PLC 的 I/O 端子接线图

9.1.3 梯形图编程

根据如图 9-1 所示的三层货梯的控制要求，在设计梯形图时，梯形图共有 13 条支路。图 9-3 是升降电动机控制逻辑程序，即第 1 支路，表示 X000 的常开触点保证在急停按钮动作时，第 1 支路以下的程序均不能执行；第 2 支路表达了升降电动机 M 升降控制的工作逻辑；图 9-4 是升降选择逻辑程序即第 3、4 支路，表示升降选择逻辑，分别通过上升按钮、下降按钮及其互锁实现辅助继电器自锁；图 9-5 是楼层给定逻辑程序，即楼层给定逻辑关系的第 5、6、7 支路；图 9-6 是制动及输出逻辑程序，即保证制动控制的第 8 支路。以上程序及 PLC 的硬接线完全保证了电路的工作逻辑关系及各种电气联锁关系。

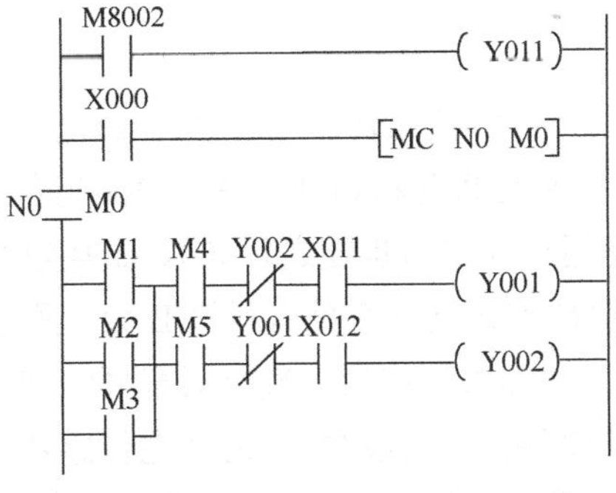

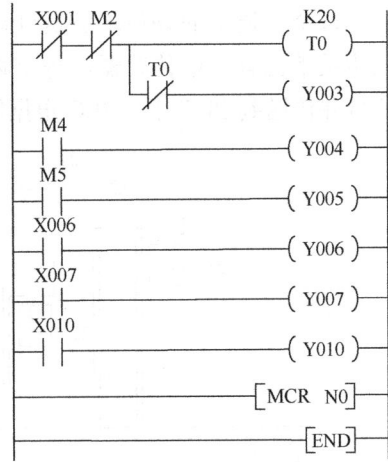

图 9-3　升降电动机控制逻辑程序 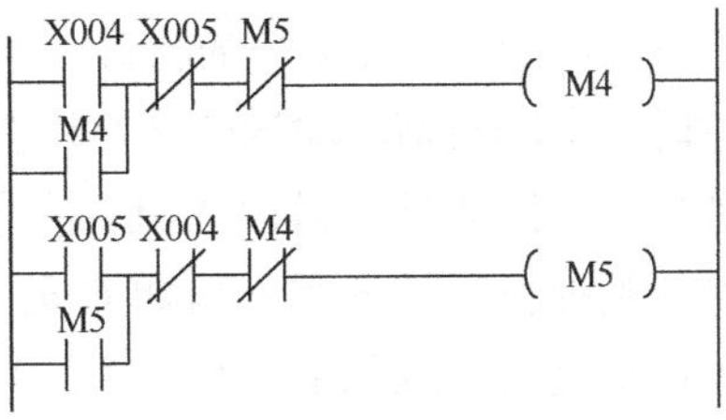　　图 9-4　升降选择逻辑程序

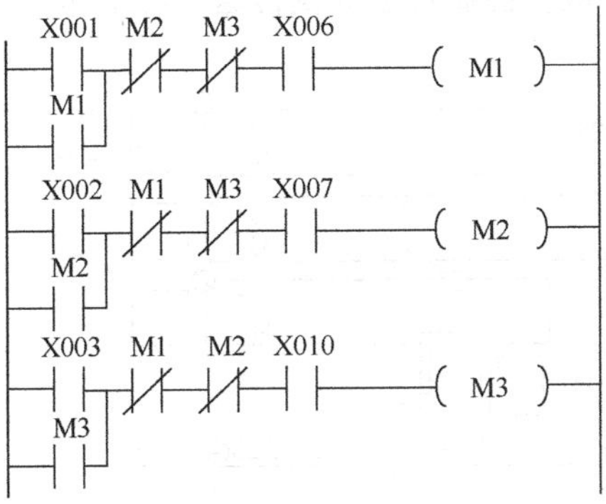

图 9-5　楼层给定逻辑程序　　图 9-6　制动及输出逻辑程序

9.2　分拣传送计数平台电气控制系统

在物流包装领域中，为了提高产品的加工效率和包装效率，往往需要自动化分拣传送计数平台。分拣传送计数平台根据不同的应用场景，其主要具有辨别不同颜色、不同材质、不同大小或是质检不合格产品的功能，现有的分拣传送计数平台的结构主要包括：主控制器、传送带、推料装置及检测设备。利用变频器来实现对传输带电机的控制；利用气动或是万向滚动方式对产品进行分拣；利用扫码器、传感器或是摄像头进行产品计数。本节采用三菱 PLC 作为主控制器，通过顺控功能及触点比较指令，利用不同类型的传感器作为传输信号辨别金属、白色塑料和黑色塑料三种

零件，对不同的物料传送分拣计数控制，实现物料传送分拣计数的准确性、稳定性和可靠性，以及分拣计数的自动化控制。

9.2.1 分拣传送计数平台简介

图 9-7 是分拣传送计数平台示意图。从落料口随机掉落金属、白色、黑色三种不同材质和颜色的物料，当传送带输送机落料口处传感器检测到有工件时，电动机拖动输送带从左往右匀速运行（物料也随之运动）。金属物料被推料气缸 4 推入料槽 A 处，白色物料被推料气缸 5 推入料槽 B 处，黑色物料被推料气缸 6 推入料槽 C 处，将工件推入料槽后，气缸活塞杆缩回，才可从进料口放入下一个工件。其中，物料检测传感器 7 为光电传感器，电感传感器 8 为检测金属的传感器，光纤传感器 9、10 主要是通过光纤放大器来实现颜色辨别的，将颜色辨别信号再传送到 PLC 中，实现气缸的动作。每个料槽上的物料均被送到计数传送带上，传送带由电动机驱动，并且传送带上有光电传感器，每个物料在经过光电传感器后，都会触发脉冲信号并传送到 PLC 中，PLC 根据脉冲数量控制指示灯及传送带的工作。

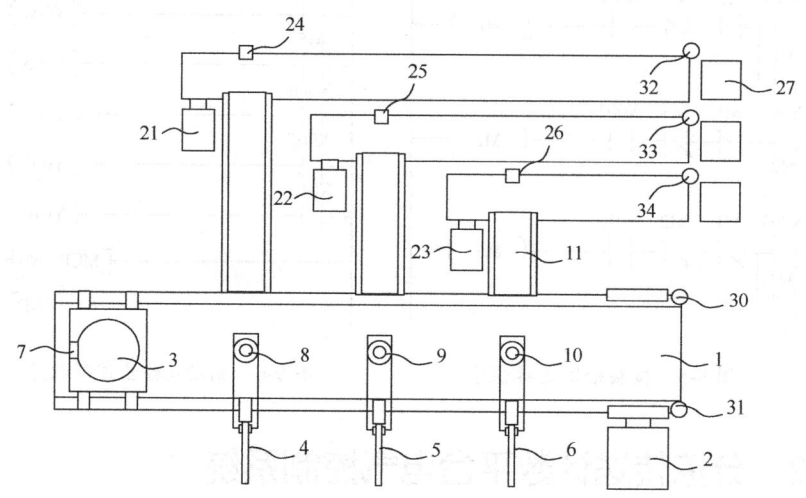

图 9-7　分拣传送计数平台示意图

1—传送带；2—分拣带电动机；3—进料口；4、5、6—推料气缸；8—电感传感器；9、10—光纤传感器；
21、22、23—计数带电机；7、24、25、26—光电传感器；27—物料框；
30—上电指示灯；31—停车指示灯；32～34—计数指示灯

9.2.2 控制要求分析

设计物料传送分拣计数控制程序共分为以下三个步骤。

第一步：检测物料并启动传送带。

第二步：分拣过程，物料检测传感器检测出物料→变频器驱动电动机正转→当金属物料检测传感器有信号时→料槽 A 对应的光纤传感器有输出→推料气缸 4 推出；当检测到白色塑料物料时→料槽 B 对应的光纤传感器有输出→推料气缸 5 推出；当检测到黑色物料时→料槽 C 对应的光纤传感器有输出→推料气缸 6 推出。三个气缸均由各自对应的电磁阀来控制，电动机的正反转和速度均受变频器外部端子 STR、STF、RH、RM、RL 的控制。

第三步：计数过程，当物料从料槽中滑落时，光电传感器检测到物料，计数加 1，并启动传送带，当计件数量小于 15 时，指示灯常亮；当计件数量等于或大于 15 时，指示灯闪烁；当计件数量为 20 时，10s 后计数传送带停止运行，同时指示灯熄灭。

9.2.3 PLC 硬件接线及 I/O 口地址分配

采用 FX$_{2N}$-48MR 型 PLC 作为控制器，传送带控制使用三菱 E470 变频器，三线制的光电传感器与 PLC 的连线如图 9-8 所示；物料传送分拣计数系统的 I/O 口地址分配表见表 9-2 所示。

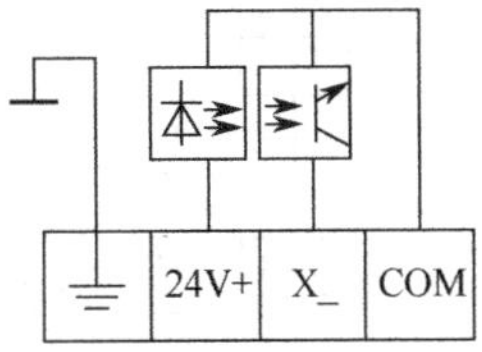

图 9-8 三线制的光电传感器与 PLC 的连线

表 9-2 物料传送分拣计数系统的 I/O 口地址分配表

输入端子			输出端子		
元件	地址	功能说明	元件	地址	功能说明
按钮 SB0	X0	停止按钮	平台工作指示灯	Y0	设备上电
光电传感器 GD1	X1	金属物料	平台停止指示灯	Y1	设备停机
光电传感器 GD2	X2	白色物流	金属物料指示灯	Y2	金属物料数量
光电传感器 GD3	X3	黑色物流	白色物料指示灯	Y3	白色物料数量
光电传感器 GD4	X4	入料检测	黑色物料指示灯	Y4	黑色物料数量
电感传感器 DG1	X5	金属物料检测	计数带电机 1	Y5	金属计数带驱动
光纤传感器 GQ1	X6	白色物料检测	计数带电机 2	Y6	白色计数带驱动
光纤传感器 GQ2	X7	黑色物料检测	计数带电机 3	Y7	黑色计数带驱动
行程 SQ1	X11	推料气缸 4 伸出限位	推料气缸 4 电磁阀	Y11	控制推料气缸 4 工作
行程 SQ2	X12	推料气缸 4 缩回限位	推料气缸 5 电磁阀	Y12	控制推料气缸 5 工作
行程 SQ3	X13	推料气缸 5 伸出限位	推料气缸 6 电磁阀	Y13	控制推料气缸 6 工作
行程 SQ4	X14	推料气缸 5 缩回限位	变频器 STF 端	Y14	正转
行程 SQ5	X15	推料气缸 6 伸出限位	变频器 STR 端	Y15	反转
行程 SQ6	X16	气缸 6 缩回限位	变频器 RH 端	Y16	高速
			变频器 RM 端	Y17	低速

9.2.4 程序设计

物料传送分拣部分顺序功能图如图 9-9 所示，图中使用 S500 作为第一步，使系统断电保持，其中，M51 为初始位置标志。图 9-9 可以转换成梯形图。利用断电保持型辅助继电器 M899，当三个推料气缸都处于缩回状态且传送带处于停止状态时，才能在落料口放入物料。图 9-10 为顺序功能图的初始化程序段。图 9-11 为使用 ZCP 功能指令编写的物料计数部分梯形图。

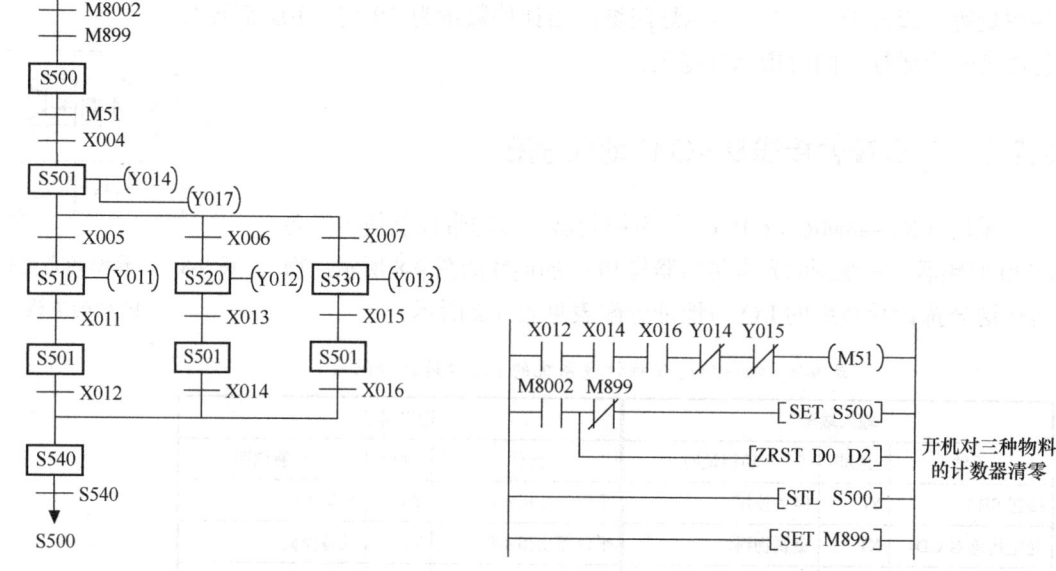

图 9-9　物料传送分拣部分顺序功能图

图 9-10　顺序功能图的初始化程序段

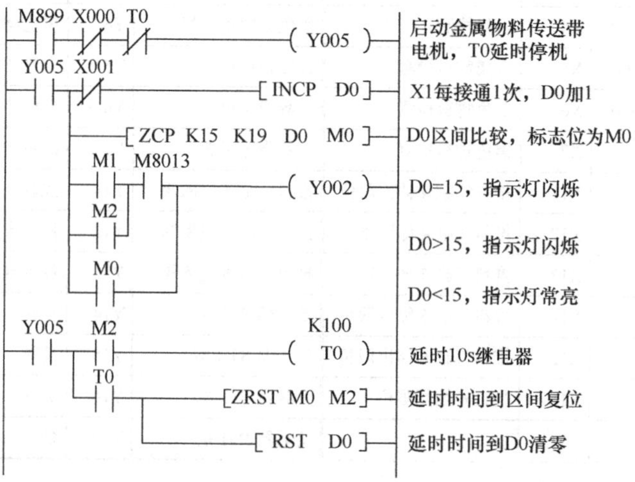

图 9-11　使用 ZCP 功能指令编写的物料计数部分梯形图

9.3 立体车库控制系统

伴随着我国国民经济与汽车制造业的发展，汽车保有量爆发式增长。根据公安部在 2019 年年初发布的数据显示，去年全国小型载客汽车保有量首次突破两亿台，仅在这一年时间内，全国就有 3172 万辆新注册车辆。为了解决停车位紧缺的现状，立体车库凭借其占地小，空间使用率高，运行稳定的突出特点赢得了人们的青睐。

随着机械式立体车库的发展，逐渐形成了多种类型的立体车库，按照车库结构及其运行原理可以分为升降式、循环式、横移式、堆垛式等。图 9-12 是升降横移式立体车库示意图，这种立体车库具有结构简单、操作方便、安全性高、性价比高等特点，从而占据了我国立体车库的大部分市场额度。本例针对 3 层 3 列 7 车位升降横移式立体车库控制系统进行分析与设计。

图 9-12 升降横移式立体车库示意图

对于 3×3 立体车库，下面两层共有 4 台车可以进行横移，第 1 层和第 2 层各有 2 台车可以进行横移，这两层各留有 1 个空车位，供载车板左右横移用，输送小车及载车板左右横移的动力源是横移输送电机，左右横移终点由限位开关进行定位保护。升降传动机构包括升降固定架及载车板，载车板作为承载车装置，除第 1 层不需要载车板升降外，其他层每个载车板都可以进行升降，第 2 层有 2 个载车板可以进行升降，第 3 层设有 3 个升降托盘可以进行升降，升降拖盘的动力源是升降电机，当限位开关对升降托盘升降到位时进行定位保护。在车库的运行过程中，第 3 层的升降托盘只有升降运动没有横移运动，其余层既有升降运动又有横移运动。横移和升降的传动方式均是电动机首先带动主动链轮，其次主动链轮带动从动链轮，从而通过主轴驱动行走链轮带动框架，实现载车板的运动。

立体车库的第 1 层装有下降限位开关；第 1 层和第 2 层的横梁处均装有平移限位开关；第 2 层和第 3 层的纵梁处均装有上升限位开关，当载车板触碰到限位开关后载车板自动停止。第 2 层和第 3 层的纵梁上均装有防坠落安全挂钩信号装置，当载车板上升到位后，挂钩就会自动勾住勾环，以防止当升降电机制动器失灵后，载车板坠落而引起安全事故。

9.3.1 车辆存取控制方案

车库管理人员通过控制器实现对车库的存取车管理。车库检测系统要能够对车库的实时信息进行反馈，通过接触式限位开关作为控制车位升降及横移的限制条件，以便于进行自动控制或者手动操作，继而完成汽车的存取过程。

车辆存取路径规划如下。图 9-13 是立体车库车位号设置图，1、2、3 号车位可以直接存取车辆；9 号车位需下降后再存取车辆；对于 8 号车位，需先将 5 号和 2 号载车板右移，再将 8 号载车板下降后才能存取车辆；对于 7 号车位，需要先将 1、2、4、5 号 4 个载车板右移，再将 7 号载车板下降后才能存取车辆；对于 5 号车位，需先将 2 号载车板右移，再将 5 号载车板下降后才能存取车辆；对于 4 号车位，需要先将 1、2 号载车板右移，再将 4 号载车板下降后才能存取车辆。

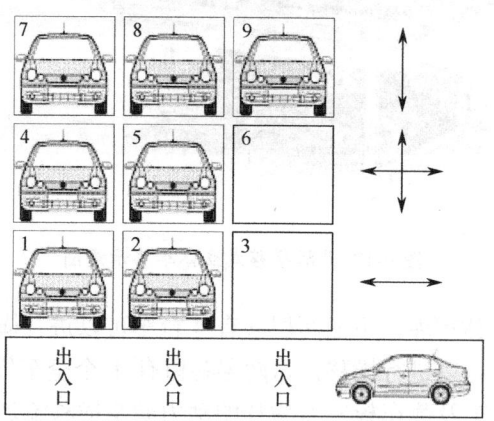

图 9-13 立体车库车位号设置图

9.3.2 PLC 硬件接线及 I/O 口地址分配

根据 I/O 口地址的功能设定及实际应用需要，选用了继电器输出的 FX_{2N}-128MR 型 PLC，该继电器的输入和输出具有的点数为 64 点。表 9-3 和表 9-4 分别是立体车库的输入信号分配表和输出信号分配表。

表 9-3 立体车库的输入信号分配表

输入地址	说明	输入地址	说明
X0	启动按钮	X31~X32	1~2 号车位有车光电开关
X1	断电按钮	X33~X34	4~5 号车位有车光电开关
X2	停止按钮	X35~X37	7~9 号车位有车光电开关
X3	存车按钮	X40~X42	1~3 号车位下降限位开关
X4	取车按钮	X43~X47	4~8 号车位上升限位开关
X5	1 号位进库停车到位按钮	X50	9 号车位上升限位开关
X6	2 号位进库停车到位按钮	X51~X56	4~9 号车位挂钩信号
X7	3 号位进库停车到位按钮	X57	3 号载车板检测信号
X10~X17	1~8 号车位选择按钮	X60	6 号载车板检测信号
X20	9 号车位选择按钮	X61~X62	1~2 号载车板检测信号
X21~X26	1~6 号车位下降限位开关	X63~X64	4~5 号载车板检测信号
X27	预留	X65~X67	7~9 号载车板检测信号
X30	预留	X70~X77	热继电器

表 9-4 立体车库的输出信号分配表

输出地址	说明	输出地址	说明
Y0	电源灯	Y13	5 号电动机向右平移
Y1	存车运行灯	Y14	5 号电动机向左平移
Y2	取车运行灯	Y15	5 号电动机上升
Y3	1 号电动机向右平移	Y16	5 号电动机下降
Y4	1 号电动机向左平移	Y17	7 号电动机上升
Y5	2 号电动机向右平移	Y20	7 号电动机下降
Y6	2 号电动机向左平移	Y21	8 号电动机上升
Y7	4 号电动机向右平移	Y22	8 号电动机下降
Y10	4 号电动机向左平移	Y23	9 号电动机上升
Y11	4 号电动机上升	Y24	9 号电动机下降
Y12	4 号电动机下降	Y26~Y27	车位指示灯
Y30~Y34	车位指示灯		

9.3.3 程序设计

图 9-14 是自动方式下存取车流程图，在该图中，自动存车的流程为：工作人员手动输入存车程序后，PLC 立即扫描所有车位，若没有空位，档梁会保持关闭状态；若有空位，则会显示"车位有空"，随即取空车位信号并记录，将空车位的标号送入数据寄存器中，PLC 通过处理数据寄存器的数据得知空车位的位置，最后将车辆拖拽到空车位的位置。将车拖拽到目标车位后，将载车板复位，然后检测载车板是否到位，载车板到位后，该车位的寄存器置 1。这是一次完整的存车动作。

自动取车的流程为：进入取车程序，工作人员首先把取车号输入数据寄存器中并记录，通过 PLC 对数据寄存器中的数据处理得知目标车辆的具体位置，将载车板运行到目标车位，分别控制升降机和目标载车板执行取车的动作。在升降机和载车板都运行到位后，载车板将车辆送上升降机，升降机到达底层后，所有机械部件都停止运行，等待车主将车开走。车主将车开走后，该车位寄存器置 0。表明该车位无车了，取车流程结束。

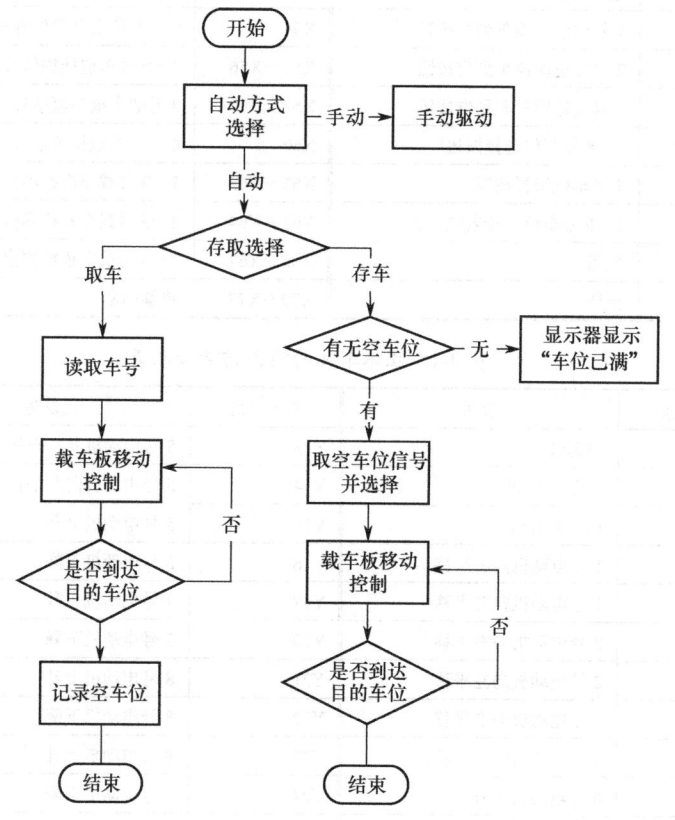

图 9-14　自动方式下存取车流程图

存取选择编程：按下启动按钮，系统供电，并进入等待状态，等候取车信号或者存车信号，启动按钮 X0 与 X1 是断电按钮，X3 是存车按钮，X4 是取车按钮，X2 是车辆存入完成后或者取出完成后的断开存取车信号，等待下一次信号。启动和存取车梯形图如图 9-15 所示。

在该程序设计中，主要的难点是第 1 层以上各车的存取操作，因为停在第 1 层车位的车直接开进、开出即可，而对第 1 层以上的任意一个车位操作时，因受到其他车位状态的影响，故最关键的是根据车辆存取路径规划，保证被下降车位的下层车位没有载车板，即空出下降通道。

最基础的编程方法是：首先在上层载车板下降前，检查下层是否有车，根据不同情况编写子程序进行调用，如取 8 号车位的车辆，对于取 8 号车位的载车板移动情况进行分析，有 8 种可能，如图 9-16 所示。每种可能均需要编写载车板移动子程序。

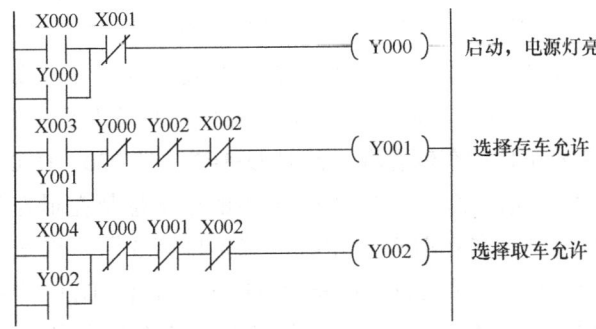

图 9-15　启动和存取车梯形图

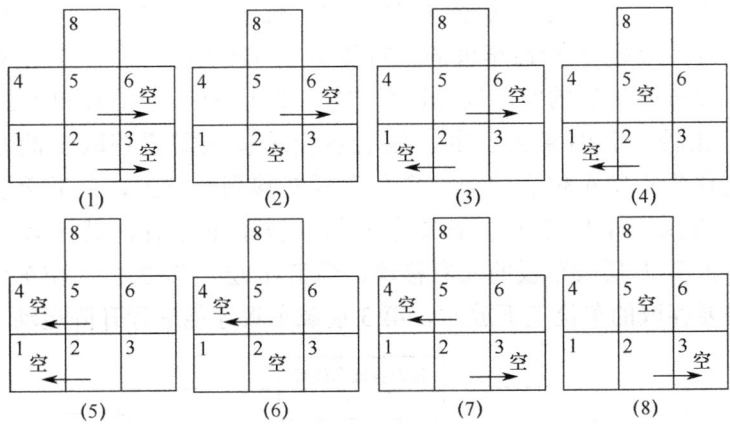

图 9-16　取 8 号车位的载车板移动情况分析

图 9-17 是取 8 号车位车辆的主程序，编程时通过载车板检测信号的组合条件及 CALL 指令编写程序。

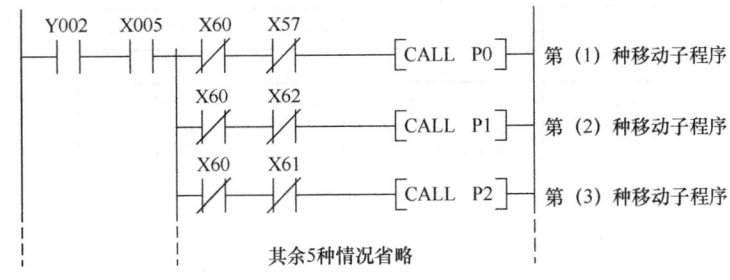

图 9-17　取 8 号车位车辆的主程序

可见，在车库规模小的情况下是可以将每种移动情况都编写到程序中的，若车库规模较大，这显然是不切实际的，会使程序非常庞大。因此，组合归纳出一种通用的程序设计方法是非常必要的，设计思路如下。

图 9-18 是载车板移动控制程序流程图。第 1 层以上的载车板的升降都必须先使其下层对应的车位为空车位后才能进行，在 D10、D20 中存放第 1 层和第 2 层的空车位号，在 D21、D31 中存放需要存取的第 2 层、第 3 层车位的车位号，在此，每层的车位号编号都是从左到右依次为 1，2，3，…。对于 8 号车位的车辆存取，此时 D31=2，在 D20、D10 中分别存放着第 2 层、第 1 层的空车位号，假设此时的空车位都在最左边的车位，则 D20=1，D10=1。在存取车操作时，首先将第 3 层存取车的车位号与第 2 层的空车位号进行比较，即把 D31 中的数和 D20 中的数进行比较，若比较结果大于零，则表示空车位在需要存取车的车位左边，这样先把空车位右边第一个载车板左移到空车位上，之后重复上述过程。直到空车位在上一层需要存取的车位正下方时，其比较结果为零，此时停止第 2 层载车板的左右移动。与此同时，将第 3 层存取车的车位号与第 1 层的空车位号进行比较，即把 D31 中的数和 D10 中的数进行比较，若结果大于零，则表示空车位在需要存取车的车位左边，这样先把空车位右边第一个载车板左移到空位上，之后重复上述过程，直到空车位在上层需要存取的车位正下方时，其比较结果为零，停止第 1 层载车板的左右移动。当第 1 层、第 2 层的空车位都在第 3 层要存取的车位正下放时，第 3 层载车板才能进行升降运动。

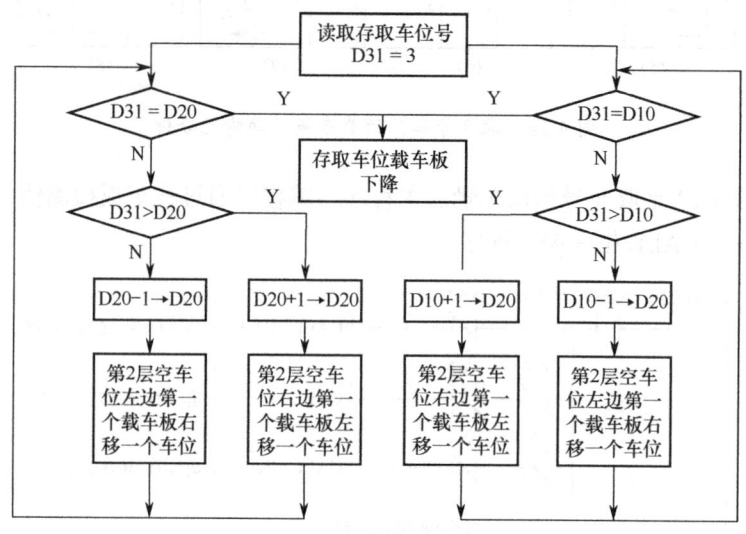

图 9-18　载车板移动控制程序流程图

图 9-19 是第 3 层车位的车辆存取控制梯形图。第 1 层载车板是根据 M44、M47、M66、M69 状态进行左右移动的；第 2 层载车板是根据

M24、M27、M30、M33 状态进行左右移动的；只有当 M21=1、M41=1 时，第 3 层载车板才可以进行升降运动。第 2 层车位的车辆存取控制与第 3 层的相似，第 1 层车位的车辆存取时，无须移动载车板，车辆直接进出即可。

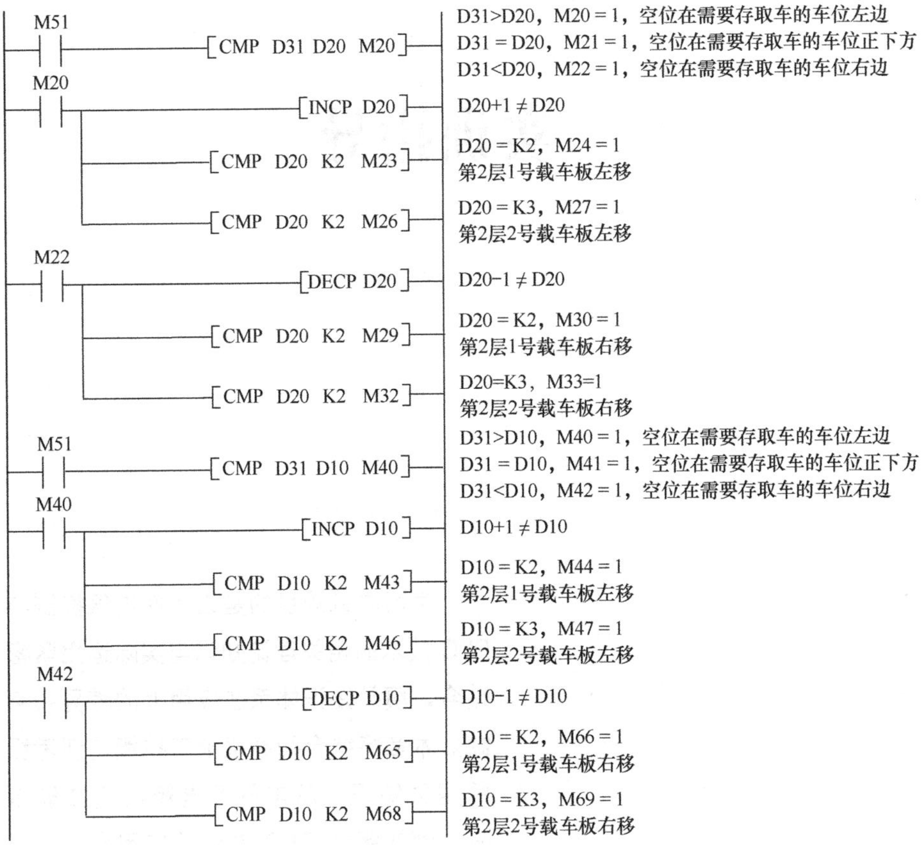

```
M51
─┤├──────────[CMP D31 D20 M20]    D31>D20, M20=1, 空位在需要存取车的车位左边
M20                                D31=D20, M21=1, 空位在需要存取车的车位正下方
─┤├──────────[INCP D20]            D31<D20, M22=1, 空位在需要存取车的车位右边
      │                            D20+1 ≠ D20
      ├──────[CMP D20 K2 M23]      D20=K2, M24=1
      │                            第2层1号载车板左移
      └──────[CMP D20 K2 M26]      D20=K3, M27=1
                                   第2层2号载车板左移
M22
─┤├──────────[DECP D20]            D20-1 ≠ D20
      │
      ├──────[CMP D20 K2 M29]      D20=K2, M30=1
      │                            第2层1号载车板右移
      └──────[CMP D20 K2 M32]      D20=K3, M33=1
                                   第2层2号载车板右移
M51
─┤├──────────[CMP D31 D10 M40]    D31>D10, M40=1, 空位在需要存取车的车位左边
M40                                D31=D10, M41=1, 空位在需要存取车的车位正下方
─┤├──────────[INCP D10]            D31<D10, M42=1, 空位在需要存取车的车位右边
      │                            D10+1 ≠ D10
      ├──────[CMP D10 K2 M43]      D10=K2, M44=1
      │                            第2层1号载车板左移
      └──────[CMP D10 K2 M46]      D10=K3, M47=1
                                   第2层2号载车板左移
M42
─┤├──────────[DECP D10]            D10-1 ≠ D10
      │
      ├──────[CMP D10 K2 M65]      D10=K2, M66=1
      │                            第2层1号载车板右移
      └──────[CMP D10 K2 M68]      D10=K3, M69=1
                                   第2层2号载车板右移
```

图 9-19 第 3 层车位的车辆存取控制梯形图

第 10 章

实训指导

学习本章的目的是为了使电气控制与 PLC 技术的相关理论知识与实际运用紧密贴合,填补知识体系在应用上的差异和空缺。本章将结合初高级电工技能培训考级的相关知识,从电气配电箱接线技能出发,到新版本 PLC 软件的使用介绍,让读者可以更快地上手实践。

10.1 电气配电箱接线技能

10.1.1 配电箱接线安装要求

1. 电源引入线与配电箱上的布线

配电箱上的布线要横平竖直、无交叉、归边走线、长线沉底,走线成束,如图 10-1(a)所示。

2. 安装接地线与零线

(1) 零线应该与接零排妥善连接。引入线中的零线(或地线)进箱需直接接零排(或接地排),并排列整齐、连接牢固,如图 10-1(b)所示。

(2) 接零系统与接地系统必须严格分开,各自成体系,如图 10-1(c)所示。

> 【问题 10-1】
> 如何区别零线和地线?如何测量?
> 答:零线(N)颜色需用黑色、蓝色;地线(PE)颜色须用黄、绿双色线。
> 因为零线的对地电位不一定为零。所以可将万用表置于交流挡 500V,手捏一个表笔,另一个表笔分别接触电源线。其中,电压高的是火线,电压低的是零线,电压为 0 的是地线。

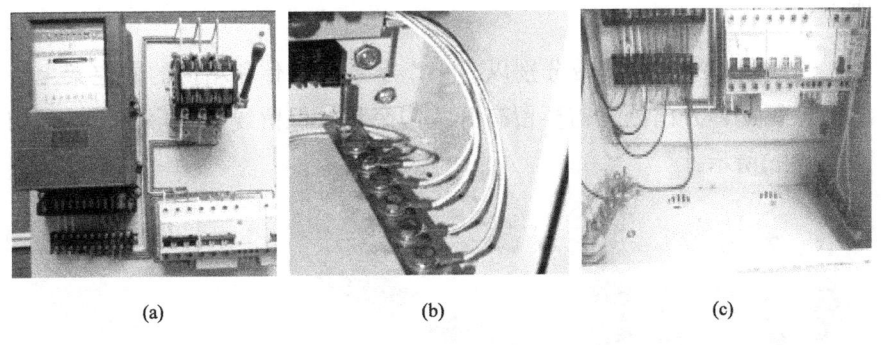

(a)   (b)   (c)

图 10-1 配电箱正确接线方式示意

10.1.2 电气控制箱接线安装要求

1. 电器布局

图 10-2 是某大型设备的电气控制箱。电器摆放原则:按散热程度、长短一致、线路最短、操作方便、整齐美观的原则摆放。尺寸大致相同的电器配电箱水平摆放在一起。电器排列顺序:主线路断路器、开关电源摆在配电箱的最上方按进线顺序放置,第 2 排一般是主控制器,第 3 排是继电器或接触器,第 4 排是输出型继电器或接触器、热继电器、过流继电器等后级执行电器。

图 10-2　某大型设备的电气控制箱

较重的电器（如变压器、大接触器、变频器、驱动等）一般布置在电盘的中下方，其中需要散热的电器最好摆放在靠近通风口的位置。为了方便控制使用，一些底部风扇的变频器可以安装在电器柜中上部通风良好的位置。

电器固定：应横平竖直，水平倾斜度不超过 3°，需要散热的电器（如变压器、驱动器等）相互间隔应大于 25mm，线槽到电器接线处至少留出 20mm 的距离。

2. 箱门线保护与固定要求

箱门线保护与固定的正确处置示意图如图 10-3 所示。

（1）从配电板到箱门的信号线、控制线的总线束应用缠绕管保护，支路线束应用缠绕管保护或扎带捆绑，必须规范成束，分束绑扎、整齐美观，余量合适，如图 10-3(a)所示。

（2）绑扎带切割不能留余太长，必须小于 1mm 且不割手，如图 10-3(b) 所示。

（3）箱门线应用扎带分别以"十"字绑在箱体和箱门的固定架上。缠绕管在箱体开门处，需要留有开关门余量，保留线束的弯曲弹性，如图 10-3(c)所示。

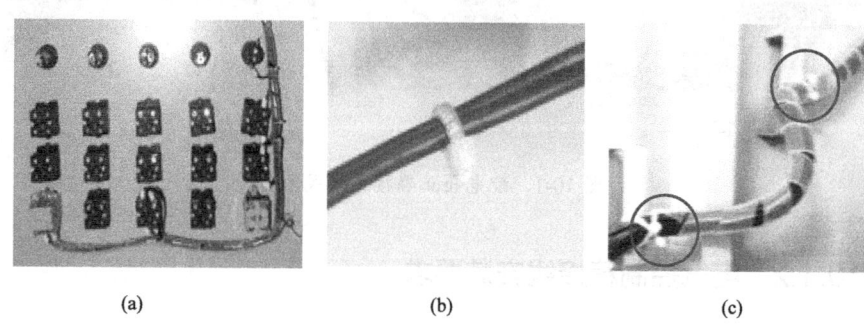

(a)　　　　　　　　　　(b)　　　　　　　　　　(c)

图 10-3　箱门线保护与固定的正确处置示意图

3. 接线与端子加工

常用的接线端子与走线示意图如图 10-4 所示。

（1）不允许用绝缘破损的导线，导线露出绝缘层的长度以完全插入线鼻且前后方不露铜丝为宜，如图 10-4(a)所示。较细导线（横截面积小于 $0.25mm^2$ 的导线）应压入线鼻 1/2 的绝缘层以增强其强度。

（2）端子接入触点的连接处不允许压导线的绝缘部分，如图 10-4(b)

所示。

（3）为了保障安全载流量，对于电流较大（大于 20A）的导线，压接在同一线鼻上不能超过 2 根；对于较细的导线（横截面积小于 1.5mm²），压接在同一线鼻上的导线不能超过 3 根。当多根导线接在同一个接线端子时，不允许使用一个接线端子进行并线连接，号码管（线号标签）也应分开标注，如图 10-4(c)所示。

（4）接线端子的引出线应排列整齐，接线端子压接不能松动，如图 10-4(d)所示。

（5）导线连接时必须使用合适的冷压端子（线鼻），根据表 10-1 选择线鼻的型号。同时，需要套上号码管，号码管应排列整齐，按图纸标号，并将标号面朝外，绑扎带均匀、间距相等，如图 10-4(e)所示。

表 10-1　线鼻的型号

线鼻型号	适用的接线柱
O 型	变压器、电动机用螺帽固定的接线柱
U 型	T 型组合螺栓接线柱（如断路器、接触器、继电器等）
一字型	螺栓顶丝型接线柱（如 O 型）
薄片型	U 型包络式压接接线柱（如大电流断路器、接触器、滤波器等）
搪锡压接型	直径较小的接线端子

4. 线槽

线槽布置的要求为：配电板左、右、上方布线槽力求遮盖住配电板边缘，以看不到配电板剪切线为要求。固定配电箱的开孔应避开线槽、接线端子，允许在拆卸方便的电器下方开孔。直角拐角处两线槽要相交 45º，线槽盖相接缝隙不超过 1mm。

线槽内导线不得打绞、接头，不准将安装中的多余导线塞进线槽，如图 10-4(f)所示。

(a)

(b)

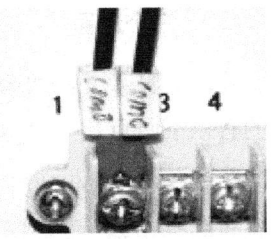
(c)

图 10-4　常用的接线端子与走线示意图

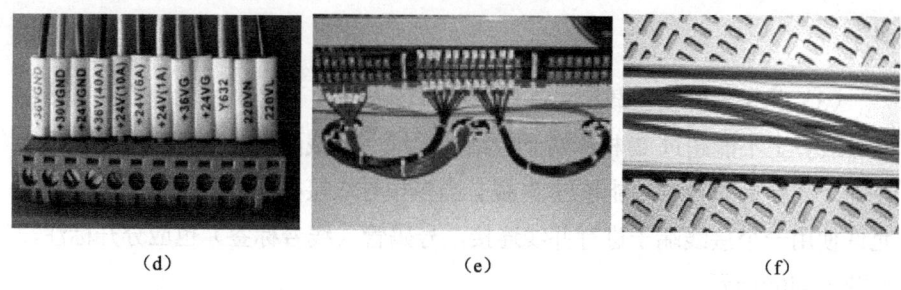

(d)　　　　　　　　　(e)　　　　　　　　　(f)

图 10-4　常用的接线端子与走线示意图（续）

10.2　使用 PLC 改造继电器–接触器控制电路的方法

10.2.1　改造思路

1. 三个确定

（1）确定主电路。在 PLC 改造电气控制的继电器–接触器控制系统中，若不做功能上的改善和拓展，则主电路基本保持不变。需要说明的是，若电路中没有保护部分，则必须要添加该部分。若电路的功能需要拓展，则必须将原电路重新设计，而不仅是重新设计拓展部分，充分考虑控制要求。

（2）确定输入部分。输入信号是直接的主令控制电器或者保护电器的触点、实际的反馈信号所带来的实际控制信号。因此，输入部分可以外接按钮的触点、位置开关的触点、感应开关的触点、热继电器的触点、速度继电器的触点和其他控制感应继电器的执行触点。

（3）确定输出部分。输出是控制执行电器的部分，从电动机控制电路的角度来说，主要就是接触器。在这一部分需要强调的是，若是交流控制环境，而 PLC 未带交流接口，则必须采用中间继电器外接端口，引入所需的交流电源。

2. 三个过程

（1）过程一：明确任务，分配 I/O 设备，画出 PLC 接线图。需要说明的有以下两点。

① 输入部分的触点应尽量采用常开触点，使得梯形图编程时使用的触点与继电器–接触器电路使用的触点保持一致。这样，初学者能更加直观地理解 PLC 程序和控制原理图之间的转换关系。

② 输出部分需要电气联锁（一般指硬件互锁），可以通过接触器辅助

触点进行硬件互锁，也可以通过软件互锁。

（2）过程二：编程元件的选择。一般的规则是：输入部分用 X 代替（注意编号的对应），输出部分用 Y 代替（注意编号的对应），中间继电器用通用型辅助继电器代替，时间继电器用定时器代替，等等。热继电器、速度继电器等已经是输入部分了，在此不用考虑。

（3）过程三：消除竞争，预防短路。在某些控制电路（如双重互锁正反转电路）中，在电动机正转的情况下，突然给出反转信号，由于 PLC 是逐行扫描的工作方式，因此会出现竞争现象，从而引起电源的相间短路，这很危险，必须要消除。类似的情况在三相交流电动机星-三角降压启动控制中也存在。我们必须采用合理的方法来解决这类情况。

【例 10-1】在 PLC 的星-三角降压启动控制中，消除竞争的问题。

利用 FX_{2N}-16MT 改造图 2-21 三个接触器星-三角降压启动控制电路，其硬件电路如图 10-5 所示。

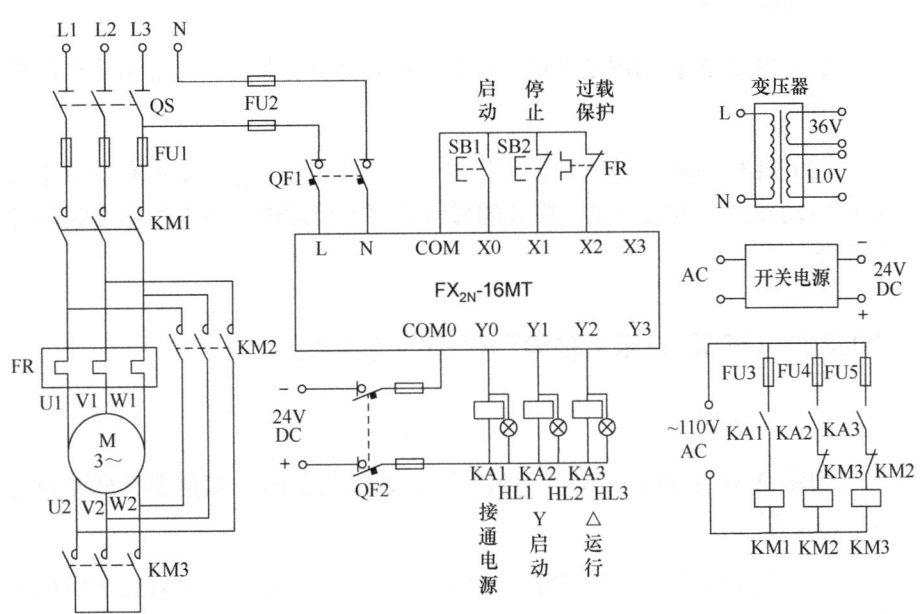

图 10-5　星-三角降压启动的硬件电路图

由于 FX_{2N}-16MT 是晶体管输出型 PLC，即未带交流接口，属于直流输出方式，因此必须采用中间继电器外接端口，中间继电器的线圈采用开关电源供电，将变压器输出端 110V 交流输出转变为 24V 直流电流，而中间继电器的触点引入需要的是 110V 交流电源。为了保证某个接触器线圈能正常工作，避免线圈短路烧毁变压器，由中间继电器驱动的接触器线圈的每一路均要带有熔断器（FU3~FU5）。

为了防止 KM1 与 KM2 之间的竞争及 KM2 与 KM3 之间的竞争，我们采用时间空余来解决。所谓时间空余是指人为地引入一个时间段，使其处于状态转换的两种状态之间，以冒险来消除竞争的一种方法。对应的梯形图如图 10-6 所示。其中，T200、T201 就是人为引入的时间空余设置。T201 比 T200 的定时时长长 10ms，从而解决了由 PLC 扫描带来的 KM2 和 KM3 之间的竞争问题。

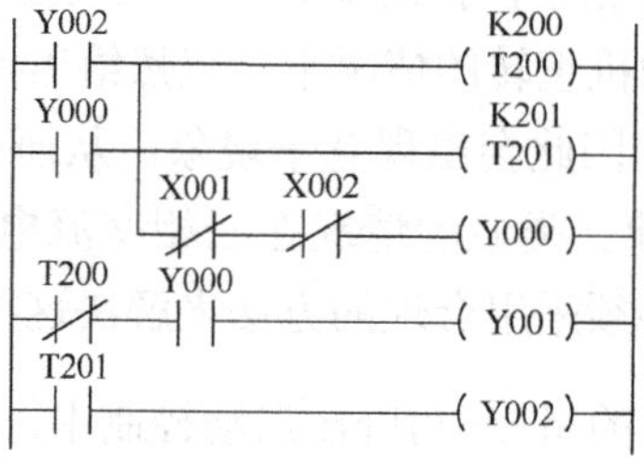

图 10-6 具有竞争消除的稳定星-三角降压启动控制梯形图

3. 两点不同

（1）PLC 的梯形图是严格二维的，不容许有交叉线，触点不能放在垂直位置上。

（2）PLC 的程序处理是逐行扫描的，而继电器电路是给所有继电器触点同时动作的。也就是说，前者的梯级顺序不可颠倒，后者的梯级顺序可以颠倒。

10.2.2 C650 车床主轴电动机控制电路改造

1. 控制要求

如图 2-37 所示的 C650 车床主轴电动机的继电器-接触器典型控制电路，具有以下功能。

（1）正反转功能：当 KM1、KM3 接通时，正转；当 KM2、KM3 接通时，电动机反转。

（2）点动试车功能：SB2 为点动按钮。

（3）反接制动功能：当 KM1 单独接通时，电动机是反转的反接制动；当 KM2 单独接通时，电动机是正转的反接制动。

2. PLC 端口设置

根据主电路接触器、热继电器的数量和作用，以及控制电路指令类元件的数量和作用，设计如图 10-7 所示的 C650 车床主轴电动机的 PLC 端口接线。

控制电路中的中间继电器较多的电路图称为复杂电气控制电路原理图。对这种电路进行转换的过程中要注意以下两点：① 分离原来的中间继电器的功能，使之具体化；② 分解垂直方向的电气控制单元。

3. 梯形图编程

C650 车床主轴电动机 PLC 编程梯形图如图 10-8 所示，由于具有相同梯形图的输出线圈 Y 只能出现一次，因此无论某个方向转动是用于正向运行，还是用于反向制动，都需要通过辅助继电器 M 来进行剥离。M0 和 M10 驱动 Y000；M1 和 M11 驱动 Y001；为了保证在电动机正转或反转时，按下端子 X2 的停止按钮，不会出现两种制动方式，因为程序逐行扫描出现了制动与驱动竞争，故需要通过 T230 延时 10ms 来消除该竞争。

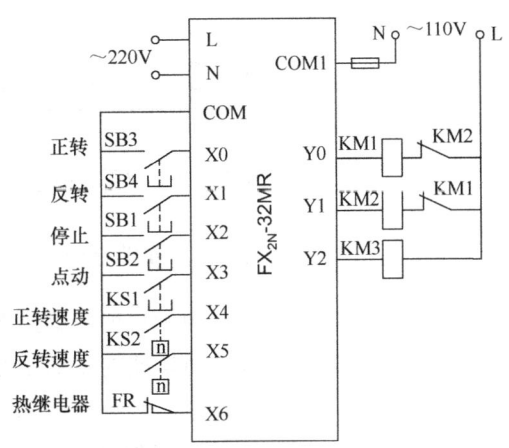

图 10-7 C650 车床主轴电动机的 PLC 端口接线

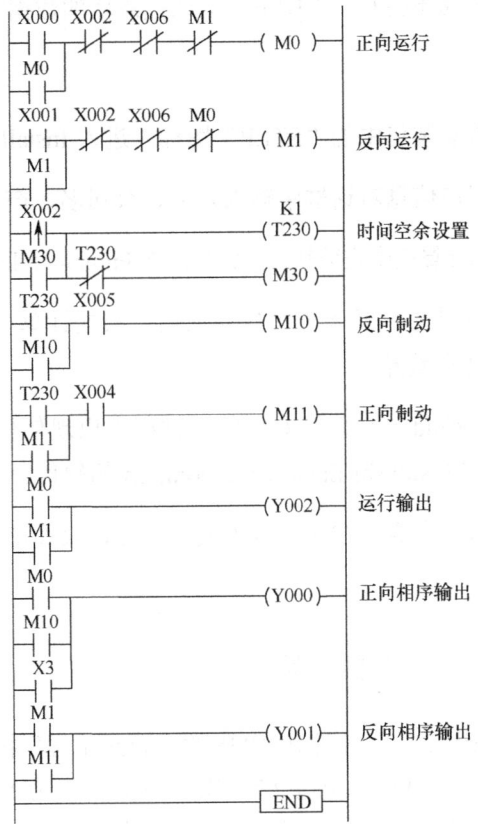

图 10-8 C650 车床主轴电动机 PLC 编程梯形图

10.3 PLC 编程软件及使用

10.3.1 GX Works 2 软件介绍与安装

1. 软件介绍

由于目前电脑操作系统普遍采用 Windows 7 或是 Windows 10，因此三菱公司早期的 FXGP/GX Developer Version 在现有电脑中的安装和使用不够稳定，并且使用 GX Developer Version 软件对编写的程序进行模拟仿真运行需要额外安装 Simulator，所以使用不够方便。2011 年后，推出的编程软件 GX Works 2 与现有操作系统的兼容性更好，并且该软件有简单工程和结构工程两种编程方式。GX Works 2 支持梯形图、指令表、SFC、ST、结构化梯形图等编程语言，并且集成了程序仿真软件，即 GX Simulator2。GX Works 2 具备程序编辑、参数设定、网络设定、监控、仿真调试、在线更改、智能功能模块设置等功能，适用于三菱 Q、FX 系列 PLC，并且可实现 PLC 与 HMI、运动控制器的数据共享。

2. 软件安装

步骤 1：单击安装包中的"STEP"图标，进入 Installshield 向导。

步骤 2：在用户信息对话框中输入姓名、公司名、产品序列号。

步骤 3：选择计算机中安装软件的磁盘：D:\Program Files(x86)\MELSOFT。

步骤 4：待安装进度及配置文件完成后，根据计算机硬件配置水平的不同，等待时间会有差异。

步骤 5：当 Windows 系统安全监测过程中出现信任对话框时，选择"安装"信任来自 Mitsubishi Electric Corporation 的软件。

图 10-9　软件图标

步骤 6：单击"完成"按钮，退出安装向导，桌面出现如图 10-9 所示的软件图标。

10.3.2 GX Works 2 的使用

运行 GX Works 2，单击图 10-10 中的"新建工程"按钮，弹出"新建工程"对话框，选择 PLC 系列为 FXCPU；PLC 类型为 FX2N/FX2NC；程序语言可以选择梯形图或 SFC，这里选择梯形图。

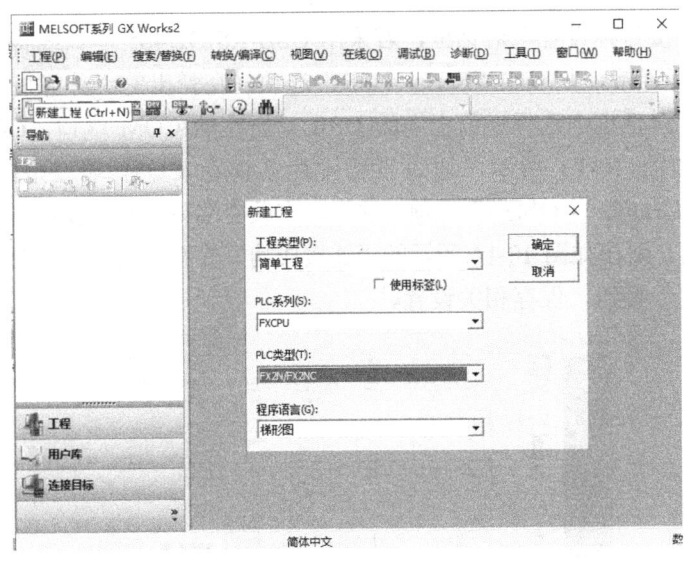

图 10-10 "新建工程"对话框

当出现菜单快捷键修改"新建工程"对话框时,可以选择"下次不再显示该信息"选项,即对快捷键不修改。采用默认方式,即 F2 为写入模式;Shift+F2 为读取模式;F3 为监视模式;Shift+F2 为监视写入模式。单击"保存"按钮,选择保存的文件路径,并为工程命名。

1. 网络设置

"网络设置及程序编程"界面如图 10-11 所示。若编程计算机需要直接对 PLC 下载程序,则在编写程序前,应先单击"连接目标"选项,设定网络状态,选择当前连接目标中的"Connection1"选项,弹出如图 10-12 所

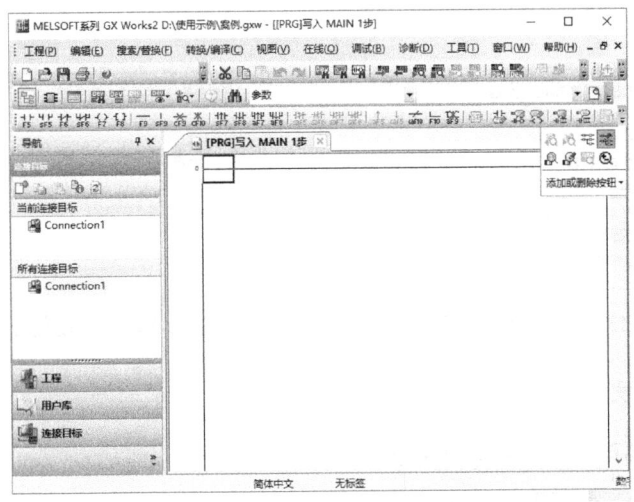

图 10-11 "网络设置及程序编程"界面

示的"连接目标设置"对话框,若采用 USB-RS232/485 串口线将计算机与 PLC 进行连接,则双击"Serial USB"选项,在弹出的"计算机侧串行详细设置"对话框中选择通信电缆的 USB 口所在的 COM 端口,COM 端口号识别如图 10-13 所示,通过设备管理器查看 COM 端口中的"USB-SERIAL CH340(COM3)"选项。注意,在改变端口后,需要单击"通信测试"按钮,跳出如图 10-14 所示的"连接成功"界面,然后单击图 10-12 中的"确定"按钮,保存相关设置。

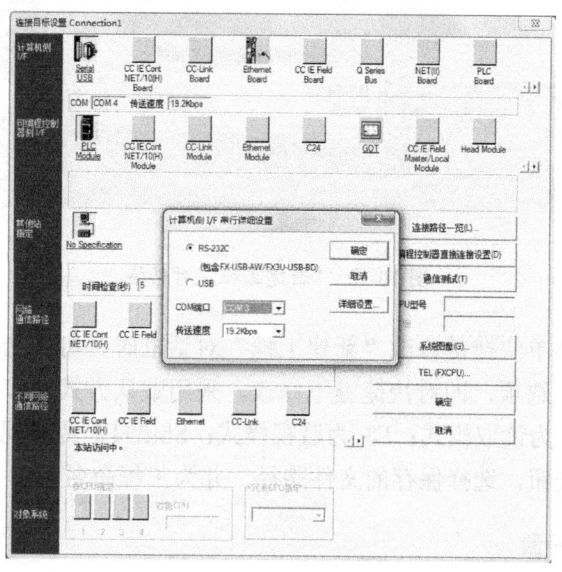

图 10-12 "连接目标设置"对话框

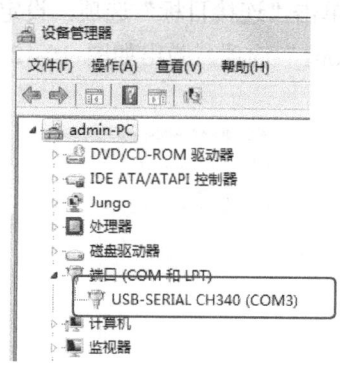

图 10-13 COM 端口号识别

图 10-14 "连接成功"界面

2. 编程过程

(1) 梯形图编程的基本技能

编写程序时首先需要保证当前处于写入模式,在主程序编辑区的黑色长实线上,选择放置位置后(编程界面中用蓝色方框表示),使用如图 10-15 所示的梯形图菜单中的条件与输出，或是在弹出的如图 10-16 所示的"搜索"对话框的编辑栏中依次选择：输入条件、输出线圈、功能指令等，并可根据操作要求和提示输入参数。例如，选择"-[ ]-"选项，输入 zrst 功能指令，弹出提示"ZRST 位/BIN16 位(D)位/BIN16 位(D)"。

编程过程中，插入和删除行或列，如图 10-17 所示，单击鼠标右键，在编辑中选择行插入。编辑完成后，出现如图 10-18 所示的未编译的程序示意图，程序背景是灰色，需要单击"转换"图标，或按下 F4 按钮进行编译，编译通过后，背景变为白色。

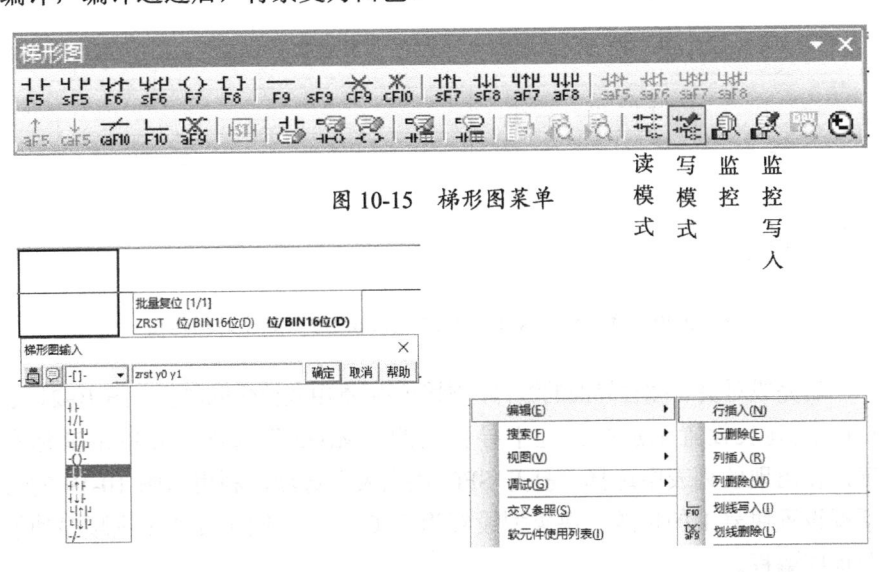

图 10-15 梯形图菜单

图 10-16 "搜索"对话框

图 10-17 插入和删除行或列

【任务 10-1】
若分别单击编辑搜索对话框中的图标 ▤ ▣，则会出现什么现象？
答：若单击第一个图标，则对话框不会在编辑完一个条件后消失，会在同行导线上依次为编程者提供编程输入的需要。若单击第二个图标，则会在输入条件或是输出结果时，提示对其触点添加标签，并说明其作用。

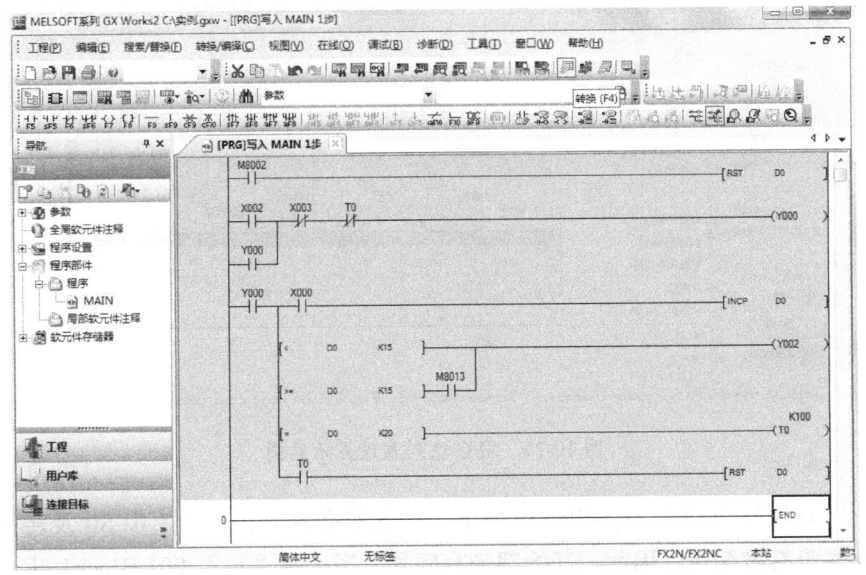

图 10-18 未编译的程序示意图

(2) SFC 编程的基本技能

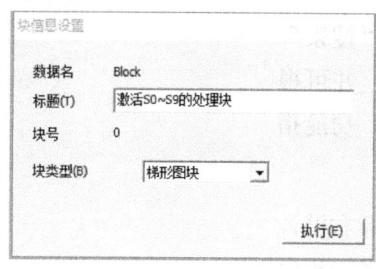

图 10-19 "块信息设置"对话框

在新建工程时,选择程序语言"SFC",弹出图 10-19 所示的"块信息设置"对话框,块号为 0,块类型选择:梯形图块,作用是采用梯形图编程激活 S0~S9 的处理快,具体的初始步选择根据实际编程情况决定。单击"执行"选项,进入块 0 的编程界面。在文件名为[PRG]写入 000:Block"的文件中编写图 5-5 的喷泉控制 SFC 编程图的激活 S0 初始步的梯形图,如图 10-20 所示。

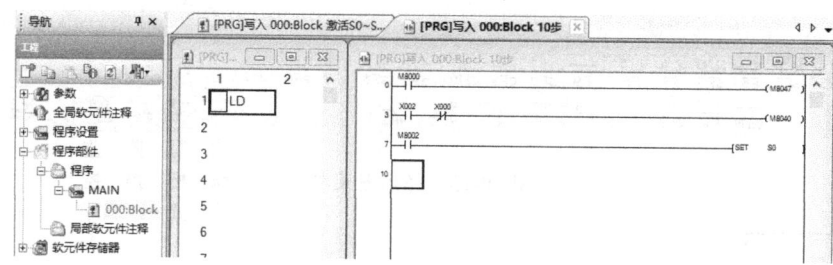

图 10-20 喷泉控制 SFC 编程图的激活 S0 初始步的梯形图

若完成对块 0 编程界面的编译,则程序背景由灰色变成白色。图 10-21 是 SFC 块列表设置示意图。选中导航区的"MAIN"选项,并单击鼠标右键,在出现的列表中选择"打开 SFC 块列表"选项,利用与图 10-19 的对话框设置块号 1 的标题,块类型设置为 SFC,进入新的 SFC 步进顺序功能图程序编程。

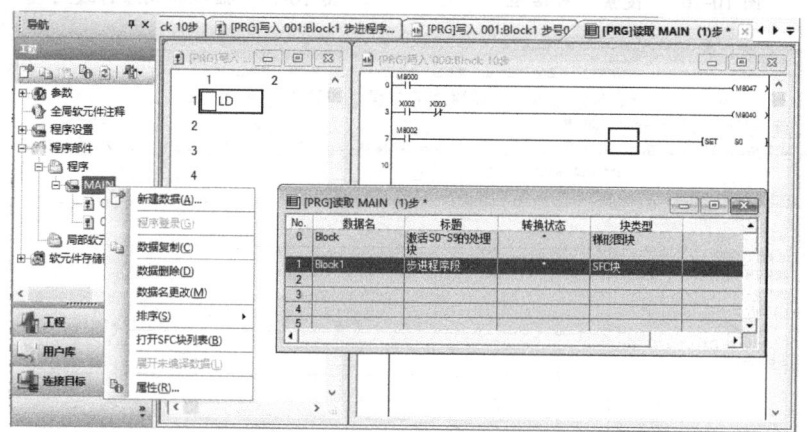

图 10-21 SFC 块列表设置示意图

软件自动提供一个初始步 S0 和一个转移条件,由于初始步 S0 及转移条件没有被编辑,因此一开始都带有问号,当选择"写入 001:Block1 步进程序段 1 步"窗口时,菜单自动变成如图 10-22 所示的 SFC 菜单,灰色的功能图标会在单击步进程序段的不同区域时，变成可以使用的黑色。双击图标方框，可以对初始步的 STEP 序号进行修改（S0~S9）；当选择"写入 001:Block1 步号 0"的梯形图编程窗口时，菜单自动变回图 10-15 所示的梯形图菜单，此时可以对块的动作进行梯形图编程。

图 10-22　SFC 菜单

同样地，单击带问号的转移条件，利用右侧对应的梯形图编程窗口，编写转移条件，转移条件的输出采用键盘直接敲击"TRAN"，切记不需要选择功能指令线圈符号，否则会提示错误。

【问题 10-2】
如何编写复杂条件中的转移条件？
答：与梯形图编程一样，可以使用 AND、OR 等指令，但是输出不能是线圈，只能是 TRAN 指令。

普通步的添加方式如图 10-23 所示，可以在转移条件下方黑色小圆点处双击鼠标，弹出对话框，默认出现 STEP 10 的第一个普通步，可以将 10 修改为 20 作为起始的普通步。

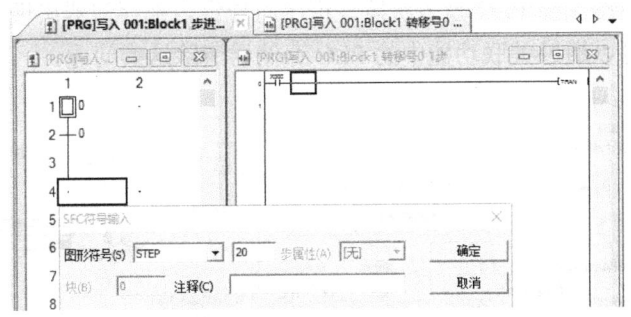

图 10-23　普通步的添加方式

同样地，转移条件的添加方式如图 10-24 所示，可以在步的下方黑色小圆点（长方形指示框）处双击鼠标，或者在如图 10-22 所示的 SFC 菜单单击 F5 的图标，此时软件弹出对话框，系统自动按顺序给 TR 转移条件定

图 10-24　转移条件的添加方式

【问题 10-3】
如何设置选择分支和并行分支？
答：选择分支（F6）前面不能有转移条件，而并行分支（F7）前面必须有转移条件。

义序号 1。选择分支的分合通过选择 F6 和 F8 的图标完成，并行分支的分合通过选择 F7 和 F9 的图标完成，跳转转移采用带箭头的图标→，图形符号 JUMP，后面跟需要跳转到的步号。

3. 下载与调试

若编译通过，则选择"在线"菜单中的"PLC 写入"选项，或是单击图标，弹出如图 10-25 所示的"在线数据操作"对话框，正在编辑的程序没有软元件注释，或者出于对程序的保密，不希望其他使用者通过"PLC 读取"的方式复制程序，一般单击"参数+程序"按钮，此时只有程序和参数对象被选中，单击"执行"按钮，弹出"在线数据操作"对话框，当远程 PLC 处于运行状态时，提示是否需要远程切换为 STOP 状态并下载程序，若选择远程设置使 PLC 处于 STOP 状态，则下载进度条的变化表示写入进度。GX Works 2 会根据程序大小（步数）自动对 PLC 进行快速写入。而 GX Develop 则需要在写入时选择下载的程序步数，否则写入速度将会很慢。当 PLC 因多次擦写程序而导致内部存储器出现不可预知的问题时，可以通过关联功能中的 PLC 存储器清除这类问题。

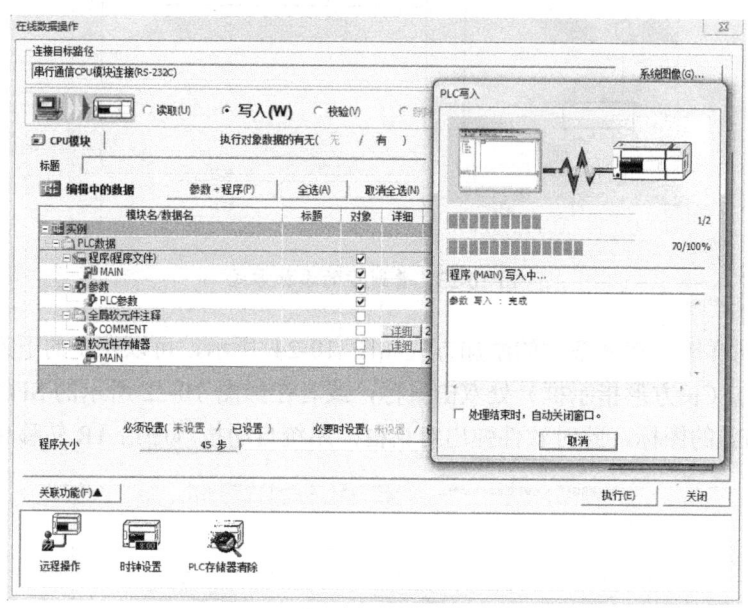

图 10-25 "在线数据操作"对话框

在程序写入成功后，在保证通信正常情况下，可以通过单击梯形图菜单（见图 10-15）中的监视图标进入监视界面，采用比较指令编写物流计数带控制程序监控状态图，如图 10-26 所示。

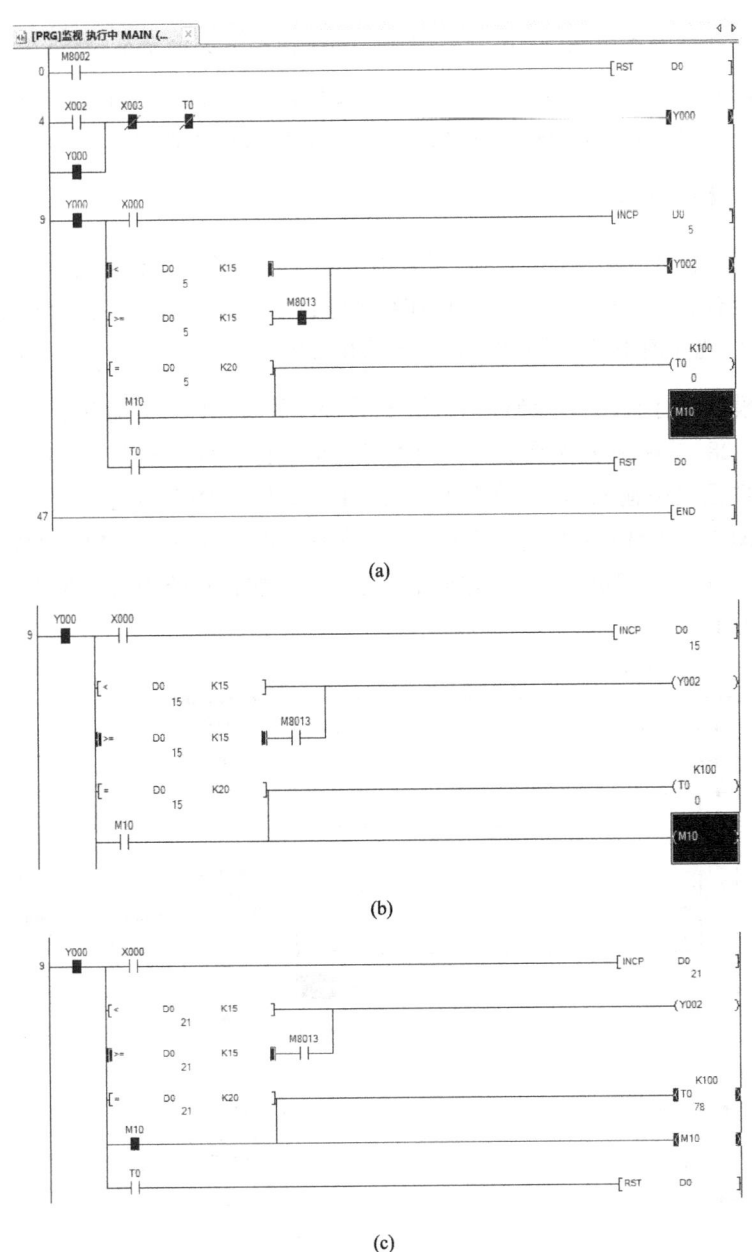

图 10-26 物流计数带控制程序监控状态图

X002 信号导通一次后，计数带驱动输出线圈 Y000 自锁后运行，Y000 运行后，监测光电传感器的信号，每次物件经过时，都会通过 INCP 指令使计数值存放寄存器加 1，若图 10-26(a)中的 D0 计数值在 5~15 范围内，则指示灯常亮；若图 10-26(b)中的 D0 计数值增加到 15，则指示灯在 M8013 的驱动中间隔 1s 闪烁一次；若图 10-26(c)中的比较指令采用 D0=K20，则为了避免 D0 中的计数值超过 20，T0 定时条件不满足停止定时,需要辅助继电器 M10 自锁保持;若比较指令采用 D0>=K20,则不需要辅助继电器自锁保持;若定时器 T0 定时延时 10s,则复位指令 RST 将 D0 清零,与此同时 Y000 输出线圈复位,计数带停止计数。

4. 模拟运行

若编程计算机不能与 PLC 进行网络连接,或者出于安全性考虑,两者之间没有进行网络连接,则可以在编译通过后,先单击模拟运行方式图标 ,出现如图 10-27 所示的 GX Simulator2 窗口。

模拟运行时,可以通过单击 查找程序的软元件值并对其进行修改,图 10-28 是模拟运行监视与软元件当前值修改界面,在图 10-28(a)中的软元件标签中输入 X2,数据类型为 bit,单击"ON"按钮,则 Y000 输出;图 10-28(b)模拟光电传感器信号,在软元件标签中输入 X0,数据类型为 bit,单击"ON/OFF"取反按钮,则 D0 的数据因 INCP 脉冲增 1 指令使数据加 1。

图 10-27 "GX Simulator2" 窗口

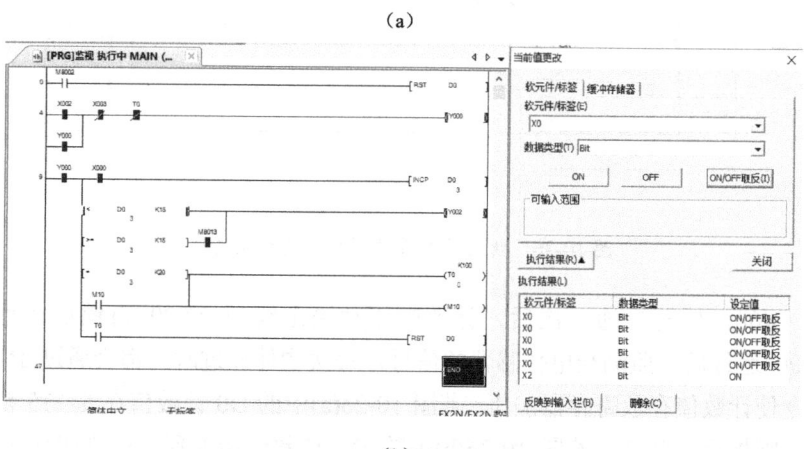

(a)

(b)

图 10-28 模拟运行监视与软元件当前值修改界面

参 考 文 献

[1] 三菱公司 FX2N 编程手册、三菱变频器 FR-S540 使用手册、FX 通信用户手册[Z]. 2001.

[2] 张万忠，刘明芹. 电气控制与 PLC 应用技术[M]. 北京：化学工业出版社，2012.

[3] 刘美俊. 电气控制与 PLC 工程应用[M]. 北京：机械工业出版社，2011.

[4] 巫莉，黄江峰. 电气控制与 PLC 应用（第 2 版）[M]. 北京：中国电力出版社，2011.

[5] 张培志. 电气控制与可编程序控制器[M]. 北京：化学工业出版社，2014.

[6] 熊幸明. 电气控制与 PLC（第2版）[M]. 北京：机械工业出版社，2017.

[7] 肖建章. 高级维修电工专业技能训练[M]. 北京：中国劳动社会保障出版社，2004.

[8] 范金玲，李洪群. 基于 RS-485 的 PLC 与变频器的通信控制[J]. 机械制造与自动化，2010(06).

[9] 宋振源. 基于 PLC 的升降横移式立体停车库的控制系统设计[D]. 河北：河北科技大学，2017.

[10] 居荣，鞠勇. 基于 PLC 的通用多层升降横移式立体车库控制系统的设计[J]. 电气自动化，2007(03).

[11] 岳玉霞. 采用三菱 PLC 改造货梯电控系统[J]. 电世界，2008(06).

反侵权盗版声明

电子工业出版社依法对本作品享有专有出版权。任何未经权利人书面许可，复制、销售或通过信息网络传播本作品的行为；歪曲、篡改、剽窃本作品的行为，均违反《中华人民共和国著作权法》，其行为人应承担相应的民事责任和行政责任，构成犯罪的，将被依法追究刑事责任。

为了维护市场秩序，保护权利人的合法权益，我社将依法查处和打击侵权盗版的单位和个人。欢迎社会各界人士积极举报侵权盗版行为，本社将奖励举报有功人员，并保证举报人的信息不被泄露。

举报电话：（010）88254396；（010）88258888
传　　真：（010）88254397
E-mail：dbqq@phei.com.cn
通信地址：北京市万寿路173信箱
　　　　　电子工业出版社总编办公室
邮　　编：100036